Karl Wagner/Bernd Rex

Praktische Personalführung

Karl Wagner/Bernd Rex

Praktische Personalführung

Eine moderne Einführung

Mit Fallstudien

2., überarbeitete Auflage

Professor Dr. Karl Wagner lehrt Personalwirtschaft an der Fachhochschule Rosenheim und ist selbstständiger Unternehmensberater.

Dipl.-Betriebswirt (FH) Bernd Rex ist freier Trainer und Unternehmensberater (www.rex-consulting.com).

Die Deutsche Bibliothek – CIP-Einheitsaufnahme

1. Auflage November 1998
2., überarbeitete Auflage April 2001

Alle Rechte vorbehalten
© Springer Fachmedien Wiesbaden 2001
Ursprünglich erschienen bei Betriebswirtschaftlicher Verlag Dr. Th. Gabler GmbH, Wiesbaden 2001

Lektorat: Jutta Hauser-Fahr / Karin Janssen

www.gabler.de

Das Werk einschließlich aller seiner Teile ist urheberrechtlich geschützt. Jede Verwertung außerhalb der engen Grenzen des Urheberrechtsgesetzes ist ohne Zustimmung des Verlags unzulässig und strafbar. Das gilt insbesondere für Vervielfältigungen, Übersetzungen, Mikroverfilmungen und die Einspeicherung und Verarbeitung in elektronischen Systemen.

Die Wiedergabe von Gebrauchsnamen, Handelsnamen, Warenbezeichnungen usw. in diesem Werk berechtigt auch ohne besondere Kennzeichnung nicht zu der Annahme, dass solche Namen im Sinne der Warenzeichen- und Markenschutz-Gesetzgebung als frei zu betrachten wären und daher von jedermann benutzt werden dürften.

Umschlaggestaltung: Ulrike Weigel, www.CorporateDesignGroup.de, Wiesbaden

ISBN 978-3-409-22130-6   ISBN 978-3-663-11123-8 (eBook)
DOI 10.1007/978-3-663-11123-8

Gewidmet in Liebe und ewiger Dankbarkeit

Unserer Mutter
Augusta Wagner (1927 – 2000)

Vorwort zur zweiten Auflage

Die praktische Personalführung geht in die zweite Runde! Das Thema ist weiterhin aktuell, und der Nachholbedarf in Sachen angemessener Personalführung ist in etlichen Unternehmen „objektiv" weiter vorhanden. Viele Firmen sind mit dem Problem konfrontiert, neue Generationen von Führungskräften als Nachfolger der Nachkriegs-Gründergeneration effektiv ins Spiel zu bringen. Schwierigkeit und Notwendigkeit geben sich die Hand: alte, verkrustete Strukturen, wertgewandelte Generationen von „Baby-Boomern" und mittendrin die Personen, welche als Führungskräfte gemeinsam mit den Mitarbeitern die entscheidenden Weichen für den zukünftigen Erfolg ihres Unternehmens stellen sollen.

Ich habe entsprechend der Resonanz auf die erste Auflage versucht, diesbezüglich in die vorliegende zweite Auflage noch mehr praktische Anleitungshilfen einzubeziehen. Dabei danke ich wieder Herrn Alexander Teschke, der sich in Nachfolge von Bernd Rex in bewährter Manier wieder vorbildlich und unermüdlich um notwendige Veränderungen im Layout gekümmert hat.

ROSENHEIM, IM MÄRZ 2001   PROF. DR. KARL WAGNER

Vorwort zur ersten Auflage

Personalführung ist „in". Viele Unternehmen erkennen zusehens, dass die logische Kette Einstellen – Verwalten – Ausstellen den Produktionsfaktor Arbeit als wertvollste, aber auch störungsanfälligste Ressource im Unternehmen unterbelichtet. Was veranlasst jedoch die Verfasser, in einer Zeit, in der folglich Veröffentlichungen im Bereich der sogenannten soft skills Inflation haben, insbesondere Beiträge lange Zeit ergrauter Eminenzen der Theorie für Praxiszwecke neu zu überdenken?

Vorliegendes Buch versteht sich nicht als einer von etlichen Versuchen, das Gebiet der Personalführung vom Katheder her abzuhandeln. Das Werk, das auf einer Skript-Vorlage von Prof. Dr. Bernd Westermann basiert, verbindet vielmehr die wichtigsten herkömmlichen theoretischen Ansätze mit praktischen Impulsen. Ob die hier dargestellten Hilfestellungen aus der Theorie veraltet sind oder nicht, mag am Ende der Leser selbst beurteilen: Die Lerninhalte können, nachdem entsprechende Grundlagen vom Klassikern kritisch würdigend dargestellt wurden, in unmittelbar auf sie bezug nehmenden *kursiv* gedruckten Beispielen und Fallstudien auf ihre Praxistauglichkeit hin überprüft werden.

Dazu wird ein zeitgemäßer „interaktiver" Führungsansatz favorisiert, der den Erfolg einer modernen praktischen Personalführung sowohl auf Seiten der Führungskraft als auch auf der der Geführten beleuchtet. Ausgehend von aktuellen Erkenntnissen der Personalführungsforschung und –lehre wird insbesondere gezeigt, wie vorsichtig und Schritt für Schritt die entsprechenden Instrumente umgesetzt werden müssen. Eingedenk unserer eigenen Erziehung und Sozialisation wird ersichtlich, dass zum Teil die seit dem Zeitalter des Reengineering in der Managementliteratur blind propagierte „kooperative" Führung nicht automatisch tradierten und schwer überkommbaren autoritären Führungsmodellen überlegen ist. Vielmehr hängt der Führungserfolg einerseits von einer gründlichen Analyse bestimmter Führungssituationen ab. Andererseits müsste die Richtung der Führungsbemühungen schon aus Gründen nachweisbaren Erfolgs des kooperativen Stils für Führungskräfte und Geführte immer zu mehr „Partnerschaft" gehen.

Nachdem der Leser zum Thema mit ausreichendem Hintergrundwissen versorgt wurde, werden ab dem Kapitel Motivation fünf Fallstudien, die aus echten, ja typischen Praxiserfahrungen resultieren bzw. von Studenten des Seminars „Mitarbeiterführung" in ihren praktischen Studiensemestern erlebt wurden, schriftlich nachgestellt. Jede dieser Fallstudien wird am Ende durch Fragen abgerundet, die mit Kenntnis der Grundlagen des jeweils vorgeschalteten Theorieteils beantwortet werden können. Da praktische Personalführung ohne gesunden Menschenverstand nicht funktioniert, verstehen sich die auf die Fragen folgenden Lösungsskizzen nur als geistiges Grundgerüst, das mit einer eigenen kreativen Bearbeitung des jeweiligen Falles in Verbindung gebracht werden kann. Letztliches Ziel ist es, dem Leser auch und gerade für scheinbar hoffnungslose Führungssituationen Mut zu machen, die eine oder andere Lösung selbst auszuprobieren bzw. von erfahrenen Beratern implementieren zu lassen. Dies ist die Nagelprobe für die praktische Personalführung und der Anspruch, an dem der Erfolg des vorliegenden Werkes zu messen ist.

Jenes ist nun ein Co-Produkt von Hochschullehrer und Student. Herr Bernd Rex als der Layouter hat etliche Folien und Darstellungen, die wir gemeinsam während der letzten Jahre für Lehrveranstaltungen an der Fachhochschule Rosenheim erarbeiteten, in das Buch eingebracht und somit eine entscheidende Voraussetzung für eine didaktisch verdauliche Stoffaufbereitung geschaffen. Die wichtigsten Abbildungen können über die Verfasser auch als vierfarbige Folien bezogen werden.

An dieser Stelle möchten wir insbesondere unserem dritten Glied im Bunde danken. Herr Alexander Teschke hat als unser Chefredakteur jederzeit zuverlässig den Kontakt zwischen Texter und Layouter hergestellt und sich in mühevoller Kleinarbeit durch die immer wieder nötig werdenden Änderungen gehangelt.

ROSENHEIM, IM OKTOBER 1998   PROF. DR. KARL WAGNER & BERND REX

Inhaltsverzeichnis

Vorwort 7

Inhaltsverzeichnis 9

1. **Einführung: praktische Personalführung zwischen Soziologie und Psychologie** 13
   1.1 Soziologie 13
   1.2 Psychologie 15
   1.3 Drei Entwicklungsphasen 16
   1.4 Zur weiteren Gliederung dieses Buches 18

2. **Die menschliche Bedürfnisstruktur** 21
   2.1 Das menschliche Verhalten 21
       Exkurs: Drei implizite Menschenbilder 23
   2.2 Die Erwartungs-Valenz-Theorie 24
   2.3 Selektive Wahrnehmung 25
   2.4 Wahrnehmung und Selbsteinschätzung 29
   2.5 Motivkonflikte 32
   2.6 Bedürfnis 33
       2.6.1 Die Bedürfnishierarchie nach Maslow (1954) 34
       2.6.2 Kritik am Maslow-Konzept 36
       2.6.3 Das Bedürfnis nach Leistung 39
       2.6.4 Das Bedürfnis nach kognitiver Konsistenz 43
       2.6.5 „Anti-Bedürfnis" Frustration 45
       Exkurs 1: Frustration und die vier Schreckgespenster der Personalführung 51
       Exkurs 2: Praktische Folgerung für die Personalführung 56

3. **Motivation** 58
   3.1 Zwei Begriffe 58
   3.2 Arten von Motivation und die Motivationsmatrix 60
       3.2.1 Zwei Gegensatzpaare 60
       3.2.2 Die Frage der Messbarkeit von Motivation 62
   3.3 Arbeitszufriedenheit und Leistung 65

3.4 Die Zwei-Faktoren Theorie von Herzberg (1959) ... 66
   3.4.1 Zentrale Forschungsergebnisse ... 68
   3.4.2 Zwei Konsequenzen für die praktische Personalführung ... 71
   3.4.3 Kritische Würdigung der Zwei-Faktoren-Theorie ... 73
   3.4.4 Die heutige praktische Bedeutung der Zwei-Faktoren-Theorie ... 75

3.5 Individualisierte Organisation ... 85

4. Forschungsgegenstand „Gruppe – Team" ... 97

4.1 Die Gruppe in der Sicht der betrieblichen Sozialpsychologie ... 97
   4.1.1 Definitionsmerkmale ... 98
   4.1.2 Typen ... 98

4.2 Zwei Gruppeneigenschaften ... 102
   4.2.1 Gruppenkohäsion ... 102
   4.2.2 Gruppenkonvergenz ... 103

4.3 Gruppenstruktur ... 108
   4.3.1 Der Prozess der Rollenbildung ... 108
   4.3.2 Rolle - Verwandte Begriffe ... 110
   4.3.3 Rollen in modernen Teams ... 110

4.4 Soziometrie als Analyse-Instrument für informelle Gruppen ... 115

4.5 Gruppendynamik und Personalführung ... 117
   Fallstudie Nr. 3 ... 128

5. Führung ... 133

5.1 Historische Entwicklung ... 134

5.2 Praktische Führungsforschung ... 136
   5.2.1 Eigenschaftsansatz der Führung ... 138
   5.2.2 Der gruppendynamische und der Interaktions-Ansatz ... 142
   5.2.3 Situativer oder Interdependenz-Ansatz ... 144
   Exkurs: Die Messung des Führungserfolgs ... 145
   5.2.4 Das Kontingenzmodell von Fiedler (1967) ... 148
   5.2.5 Zusammenschau: Situative Bedingungen und Gefahren autoritärer bzw. kooperativer Führung ... 150

5.3 Führungs"theorien" ... 156
   5.3.1 Die XY-Theorie von McGregor (1960) ... 159
   5.3.2 Differenzierte polare Einteilungen ... 162
      5.3.2.1 Das Führungskontinuum nach Tannenbaum und Schmidt (1958) ... 162
      5.3.2.2 Die aufgaben- und mitarbeiterorientierte Führung ... 163
   5.3.3 Skalare Einteilungen ... 164
   5.3.4 Mehrdimensionale Einteilungen ... 167

| | 5.3.4.1 | Das Verhaltensgitter nach Blake und Mouton (1964) | 168 |
| | 5.3.4.2 | Die situative-kooperative Reifegradtheorie von Hersey und Blanchard (1972) | 170 |

Literaturverzeichnis 185

Abbildungsverzeichnis 190

1. Einführung: praktische Personalführung zwischen Soziologie und Psychologie

Moderne praktische Personalführung unterscheidet sich von der herkömmlichen „Aus-dem-Bauch-heraus-Führung". Die Führungskraft geht den Ursachen für Führungsprobleme mit wissenschaftlichen Instrumenten näher auf den Grund, und setzt dann entsprechende Handlungsempfehlungen unter Berücksichtigung des Faktors „Mensch" um. Aus diesem Grund befassen wir uns im Startpunkt der Ursachenanalyse nicht mit betriebswirtschaftlichen Erfolgszahlen, sondern mit der Komplexität menschlichen Verhaltens. Praktische Personalführung bedient sich dazu in Forschung und Lehre der sog. **Verhaltenswissenschaften**, insbesondere der Soziologie und der Psychologie. Um dem Leser ein grundlegendes Verständnis für die später folgenden Inhalte zu vermitteln, werden beide Disziplinen in den nachfolgenden Ausführungen kurz allgemein, und dann spezifisch unter organisationellen bzw. betrieblichen Gesichtspunkten skizziert.

1.1 Soziologie

a) die **allgemeine Soziologie** ist im weitesten Sinne eine Wissenschaft, welche Regelmäßigkeiten in der menschlichen Gesellschaft untersucht. Die etwas enger gefasste Definition des Soziologen Max WEBER, die wir teilen, geht nicht von einer abstrakten Gesellschaft, sondern vom persönlichen **Handeln** der Individuen aus. Sein Verständnis von Soziologie will konkret „soziales Handeln deutend  verstehen und dadurch in seinem Ablauf ursächlich erklären.... Handeln soll dabei ein menschliches Verhalten (... Tun, Unterlassen oder Dulden) heißen, wenn und insofern als der oder die Handelnden mit ihm einen subjektiven Sinn verbinden. Soziales Handeln aber soll ein solches Handeln heißen, welches seinem von dem oder den Handelnden gemeinten Sinn nach auf das Verhalten anderer bezogen wird und daran in seinem Ablauf orientiert ist"[1]. Diese Definition ist der Startpunkt unseres Vorgehens. Da wir aber, anders als WEBER und viele traditionelle Wissenschaftler, an Änderung von Verhalten und Handeln interessiert sind, werden wir später versuchen, für Mensch und Betrieb nützliche Regieanweisungen für die alltägliche Praxis abzuleiten.

---

[1] Weber, M., Soziologische Grundbegriffe. Tübingen 1981 [1921], S.19.

Aus WEBERs Definition ergeben sich als soziologische Betätigungsfelder:

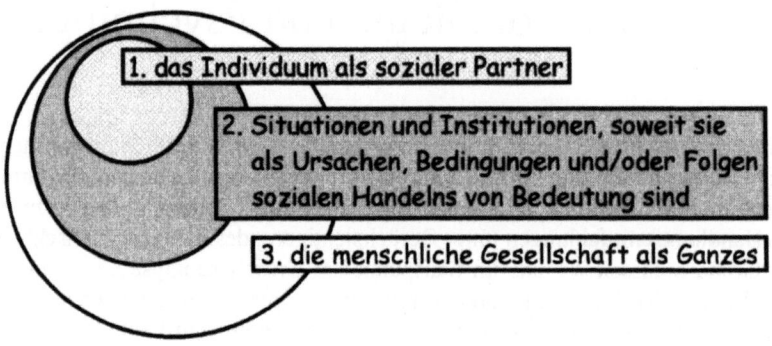

Abbildung 1: Untersuchungsgegenstand der Soziologie[2]

b) **Organisationssoziologie:** Soziales Handeln vollzieht sich häufig in Betrieben, Behörden, Schulen, Parteien, Vereinen, beim Militär usw., also in Organisationen. Diese begreifen wir als **zielgerichtete sozio-technische Systeme** oder Institutionen. Elemente dieser Systeme sind die Mitglieder der Organisationen, sowie das Problem der scheinbaren Verselbständigung von sozialem Handeln.

Da die Organisation ein besonderer Bedingungsrahmen ist, in dem Handeln/Verhalten und zwischenmenschliche Beziehungen Eigengesetzlichkeiten entwickeln, hat sich als Teilgebiet der Soziologie die Organisationssoziologie entwickelt.

Organisationssoziologie ist demzufolge die Wissenschaft von den regelmäßig auftretenden zwischenmenschlichen Beziehungen einschließlich dem sie begründenden Handeln in Organisationen. Ihr Untersuchungsgegenstand ist das Individuum als Mitglied einer oder mehrerer Organisationen und die Organisation selber. Vereinfacht gesprochen: die Soziologie ist am „Sozio"-Aspekt sowie an den Wechselwirkungen zum „technischen" Aspekt interessiert.

c) Die **Betriebssoziologie** als Teilgebiet der Organisationssoziologie richtet sein Augenmerk auf den Betrieb, der sich nach der obigen Definition neben Vereinen, Schulen, Militär usw. als eine spezielle Organisation definiert. Themen sind u.a.:

- die Auswirkungen des Arbeitsprozesses auf das soziale Handeln und die sozialen Rollen von Führungskräften und Mitarbeitern;
- die formalen und informalen Aspekte sozialer Beziehungen im Betrieb;

---

[2] Darstellung nach Walter L. Bühl in Käsler, D., Grundlagen der Soziologie. Stuttgart 1976, S. 9.

Einführung: praktische Personalführung zwischen Soziologie und Psychologie   15

- das hierarchische System der Über- und Unterordnung und seine Auswirkungen;
- Wechselwirkungen zwischen Betrieb und Umwelt[3].

> **Übung:** Überlegen Sie sich bitte für jedes der vier betriebssoziologischen Themen ein konkretes betriebliches Führungsproblem, aus dem ebenso konkrete Veränderungsmöglichkeiten für die praktische Personalführung deutlich werden!

1.2 Psychologie

Die Psychologie ist „die Wissenschaft von Erleben und Verhalten des Individuums"[4]. Ihr Gegenstand ist somit weiter gefasst als unsere oben beschriebene Auffassung von Soziologie. Nicht nur sinnhaftes, sondern jedes menschliche **Verhalten** (Tun, Dulden oder Unterlassen) sowie das Fühlen aus der Sicht des Individuums werden thematisiert. Entsprechend der ausgeführten Definition der Organisationssoziologie untersucht die **Organisationspsychologie** „die Zusammenhänge des Erlebens und Verhaltens von Menschen mit den Struktur-, Prozess- und Zielcharakteristika von Organisationen"[5].

Die **Betriebspsychologie** wiederum untersucht schließlich diesen, wie oben enger gefassten Teilausschnitt der Organisationspsychologie aus dem Blickwinkel des Einzelnen:

---

[3] In Anlehnung an Fürstenberg, F., Grundlagen der Betriebssoziologie. Köln und Opladen 1964, S. 4f.
[4] Bornewasser, M., Einführung in die Sozialpsychologie. Heidelberg 1979, S.9.
[5] Schuler, H., Organisationspszchologie. Bern/Göttingen, 1995, S V.

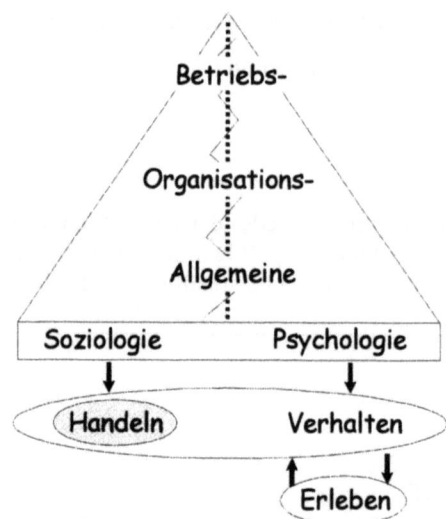

Abbildung 2: Gegenstand von Soziologie und Psychologie

Fazit: Eine stichhaltige Abgrenzung zwischen Soziologie und Psychologie ist für die praktische Personalführung konsequent nicht durchführbar. Untersuchungsobjekte und Problemkreise decken sich weitgehend. Der Unterschied liegt vor allem im Ausgangspunkt: die Psychologie geht vom Fühlen und Verhalten des Individuums aus; Ursachen und Folgen intrapersoneller Prozesse werden dagegen von der Soziologie aus dem Blickwinkel „der" Gesellschaft untersucht. Deshalb wird im vorliegenden praktischen Werk von **betrieblicher Sozialpsychologie** gesprochen, um die in der akademischen Wissenschaft üblichen Abgrenzungs- bzw. Eingemeindungsversuche der einen oder anderen Seite begrifflich auszuschließen[6]. Nicht die theoretische Diskussion, sondern DER MENSCH STEHT IM MITTELPUNKT. Ziel dieses Buches ist schlichtweg, hierzu komprimiertes, praxisnahes Basiswissen in bezug auf Veränderungspotentiale bereitzustellen.

1.3 Drei Entwicklungsphasen

1) Die betriebliche Sozialpsychologie entsteht jenseits des Erklärens und Verstehens als praktisch angewandte Psychologie um 1900 im Werk des amerikanischen Inge-

---

[6] Typische Beispiele, welche in diesem Werk ohne Ansehen auf deren soziologische oder psychologische Herkunft Eingang nehmen, sind die eher psychologischen Konsistenztheorien (Kapitel 2.6.4) oder die eher soziologische Rollentheorie (Kapitel 4.3).

nieurs Frederick W. TAYLOR[7]. Diese erste Phase wird als **industrielle Psychotechnik** (human engineering) bezeichnet, da es TAYLOR im wesentlichen um die Anpassung des Menschen und somit um reine „top-down" Ziele im Leistungsprozess ging. Wichtige Elemente waren Gestaltung der Arbeitsbedingungen und -methoden, Arbeitsgeräte, Anlernprozesse und Ausleseverfahren. TAYLORS Ziel lässt sich letztlich dadurch definieren, die menschliche Arbeitsleistung zu erhöhen. Dahinter steht ein mechanistisches Menschenbild: der Mensch als eine Art Mehrzweckmaschine, die rationell eingesetzt werden muss, um betriebliche Bedürfnisse zu befriedigen. Einzige „entsprechende" menschliche Bedürfnisse sind Vermeidung von Strafen und Erreichen von hohen Löhnen. Mögliche Leistungsanreize sind für TAYLOR also allein wirtschaftlich-materiell.

2) Die zweite Phase in der Entwicklung der betrieblichen Sozialpsychologie geht genau umgekehrt von den Geselligkeitsbedürfnissen des Individuums aus (bottom-up). Hier wird danach gefragt, wie der Mensch subjektiv seine Arbeitswelt erlebt bzw. darauf in seinem Verhalten reagiert (**Human- Relations-Bewegung**). Ein entscheidender Anstoß sind hier die amerikanischen Hawthorne-Experimente[8] von Elton MAYO. Insbesondere wurden während einer ausgedehnten Untersuchungszeit in den Jahren 1924 bis 1939 bei verschiedenen Arbeitsgruppen zwei nicht-taylorische Aspekte entdeckt:

- Die Bedeutung der zwischenmenschlichen **Kommunikation:** *Eine Gruppe von Arbeiterinnen leistete unter Reduzierung der Arbeitsplatzbeleuchtung auf Mondlichtstärke mehr als je zuvor, weil diese sich durch das Experiment beobachtet fühlten und das Experiment zum „Gesprächsthema Nr. 1" wurde.*

- Die Bedeutung von **Gruppennormen:** *Die Versuchsleiter in einem anderen verhaltenswissenschaftlichen Experiment waren davon ausgegangen, dass die Mitarbeiter nach TAYLOR unter der Aussicht des Akkordlohnes besonders viel leisten würden. In Wirklichkeit produzierten sie weit weniger, als wozu sie physisch in der Lage gewesen wären. Die Mitarbeiter hatten, ohne dies in nennenswerter Form zu reflektieren, eigene Handlungsmaßstäbe festgelegt (informelle Gruppennormen). Diese bewegten sich weit unter der offiziellen Norm – wer zu viel leistete, musste sich von der Belegschaft das Etikett „Normbrecher" anhängen lassen, wer zu wenig leistete, wurde als „Gauner" tituliert*[9].

Die Motivation zur Leistung wird also in der Human-Relations-Bewegung im Startpunkt aus der Perspektive des Mitarbeiters gesehen. Insbesondere werden seine sogenannten **sozialen** Bedürfnisse erkannt. Wichtige Konsequenzen für die praktische Personalführung sind das Abhalten von Betriebsfeiern, die Einrichtung von Kantinen oder Lob und Anerkennung.

---

[7] Zusammenfassend zu Taylors Werk etwa Breisig, T., It's Team Time. Eichenzell 1990, S. 57 oder Warnecke, H. J., Revolution der Unternehmenskultur. Berlin 1993, S 137-139.

[8] Wir beziehen uns hier rein exemplarisch auf die Darstellungen von Müller, St., Hawthorne-Effekt, in: WiSt 4/1983, S. 204f. und Breisig, T., a.a.O., S.57f.

[9] Vgl. z.B. die Darstellung bei Rahn, H., Betriebliche Führung. Ludwigshafen 1990. S. 238.

3) Die dritte Phase, die **moderne betriebliche Sozialpsychologie,** versucht Phase eins und zwei zu integrieren: Betriebliche *und* mitarbeiterspezifische Bedürfnisse werden nicht mehr als Einbahnstraßen gesehen, sondern als miteinander im Tauziehen befindliche Faktoren (Gegenstromprinzip). Dieser Zeitraum setzt - ausgehend von den USA - etwa in den 50er Jahren ein, und rückt moderne sozialpsychologische Aspekte des Betriebes im Umfeld einer demokratischer werdenden Gesellschaft in den Vordergrund der Betrachtung: Betriebsklima, Verhalten des Menschen in formellen und informellen Gruppen, sowie Konflikthandhabung sind einige typische gegenseitige Themenschwerpunkte dieses noch währenden Zeitabschnitts. Sie zeigen, dass der traditionelle Konflikt zwischen wirtschaftlichen und sozialen Zielen in der erfolgreichen praktischen Personalführung konstruktiv sein kann, wenn ein intelligenter Zielausgleich in Aussicht steht. Wie der Konflikt als „Köder des Denkens"[10] zum Garanten einer positiven Unternehmens- *und* Mitarbeiterentwicklung werden kann, darüber möchte das vorliegende Werk in den Kapiteln zwei bis fünf Auskunft geben.

1.4 Zur weiteren Gliederung dieses Buches

Führungskräfte in einem modernen Unternehmen beschäftigt Menschen nach der dritten Phase der betrieblichen Sozialpsychologie also nicht nur, um **wirtschaftlichen Ziele** zu erreichen. Führungsdenken und –handeln befindet sich vielmehr im Spagat zwischen betrieblichen und menschlichen Bedürfnissen. Damit der Einsatz von Mitarbeitern unter optimaler Berücksichtigung derer **individueller und sozialer Ziele** zum Erfolg führt, müssen also handlungsrelevante Informationen über sie vorhanden sein; und zwar nicht nur Sachinformationen über das Anforderungsprofil des einzelnen Mitarbeiters (Ausbildung, Berufspraxis, besondere Fähigkeiten etc.), sondern grundsätzliche sozialpsychologische Informationen über menschliches Erleben, Verhalten und Handeln im Unternehmen.

- In **Kapitel 2** werden deshalb auf der Basis der oben eingeführten Verhaltenswissenschaften allgemeine sozialpsychologische Erkenntnisse über den Menschen und sein **Verhalten** im Unternehmen vorgestellt. Aufbauend auf dem sog. Verhaltenskreislauf wird untersucht, welche **Wahrnehmung** und welche **Bedürfnisse** dem Verhalten respektive dem Handeln jeweils zugrunde liegen.

- In **Kapitel 3 (Motivation)** werden daraus praktische Schlussfolgerungen gezogen, mit welchen konkret operationalisierbaren Instrumenten menschliche Bedürfnisse und unternehmerische Zielsetzungen in Übereinstimmung gebracht werden können (Motivation als „Klammer" der Personalführung). Dabei wird nach einem idealen,

---

[10] So der berühmt gewordene Spruch des Pragmatikers James Dewey in seinem Werk Democracy and Education. New York 1917.

Einführung: praktische Personalführung zwischen Soziologie und Psychologie

zeitangemessenen und situativ einsetzbaren **Motivationsmix** gesucht, bei dem als Ziel aktives Handeln von Mitarbeitern und Teams den zentralen Stellenwert hat.

- Da Menschen in ihrem Fühlen, Denken, Verhalten einschließlich Handeln wesentlich von ihrer jeweiligen zwischenmenschlichen Umgebung abhängig sind, befasst sich **Kapitel 4** mit **Gruppenhandeln** und **Gruppenverhalten** (Menschen in Gruppen, Gruppen untereinander). Ausgehend von der Erfassung spezifischer Gruppeneigenschaften und –Gruppenstrukturen wird ansatzweise gezeigt, wie gruppendynamische Erkenntnisse genutzt werden können, um aus einer Gruppe ein funktionsfähiges Team zu machen.

- **Kapitel 5 (Führung)** als nun grundlegend sozialpsychologisch durchdachtes System ist der Endpunkt unserer Ausführungen. Wir gehen davon aus, dass praktische Personalführung eine vom selbständigen Handeln der Menschen unter günstigen Umständen abhängige Variable darstellt und keine Laune, mit dem wir als Führungskräfte oder Geführte rechnen müssen wie mit Wind und Wetter. Schlussfolgerungen aus den vorangegangenen Kapiteln für das Führungshandeln und -verhalten in betrieblichen Organisationen runden die Thematik ab.

Moderne praktische Personalführung geht noch einen Schritt weiter. Sie ist daran interessiert, firmenübergreifend gemeinsame Maßstäbe für die Qualität der Personalarbeit, und die der Unternehmensleitung allgemein aufzustellen. Wir stellen deshalb unter den Vorzeichen eines zusammenwachsenden Europas in drei Abschnitten Verbindungslinien zu den Kriterien des Europäischen Qualitätsmanagements (EFQM[11]) her. Jenes fordert in 29% seiner Kriterien direkt Aspekte der modernen praktischen Personalführung heraus:

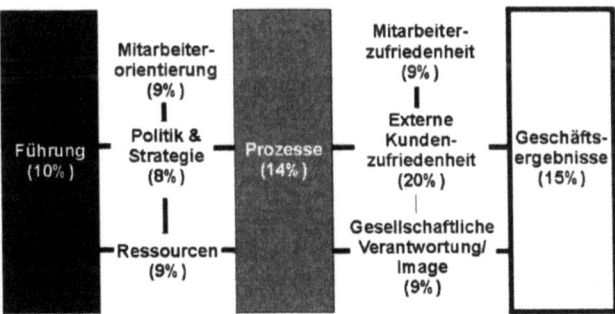

Abbildung 3: EFQM-Modell

- zu 9% Mitarbeiter- (oder in diesem Werk: Bedürfnis-) orientierung (Kapitel 2.6)
- zu 9% Mitarbeiterzufriedenheit (Kapitel 3.4)
- zu 10% Führung (Kapitel 5)

---

[11] Ausgeschrieben „European Foundation of Quality Management".

„Mitarbeiter- oder Bedürfnisorientierung" sowie „Führung" werden im EFQM den sogenannten „Befähiger-Faktoren" **(enablers)** zugeordnet, die mit „Politik und Strategie" sowie „Ressourcen" als Input in die Arbeitswelt einfließen. „Mitarbeiterzufriedenheit" rangiert dagegen neben „externer Kundenzufriedenheit", „gesellschaftlicher Verantwortung"/„Image" und „Geschäftsergebnissen" unter den Ergebnisfaktoren **(results)**. Der Faktor „Prozesse" letztlich ist ein „Zwidder-Faktor". Er bezieht sich auf die Qualität unterschiedlicher betrieblicher Abläufe etwa nach EN ISO 9000 ff.. Zusammenfassend läßt sich sagen, dass die Mitarbeiter bei allen Faktoren des EFQM direkt oder indirekt den entscheidenden Beitrag zum praktischen Qualitätsmanagement leiten. Die Bedeutung einer modernen, zeitlich angemessenen praktischen Personalführung zum Erfolg des Unternehmens kann an dieser Stelle nur eindringlich betont werden.

Unser Ziel ist es deshalb, letztlich nachzuweisen, dass zur praktischen Bearbeitung des EFQM-Katalogs Schritt für Schritt sozialpsychologisches Hintergrundwissen bereitgestellt werden muss.

2. Die menschliche Bedürfnisstruktur

2.1 Das menschliche Verhalten

Warum verhalten sich Menschen im Betrieb – manchmal leistungsgerecht, manchmal geht die Rechnung der Betriebswirte aus „menschlichen" Gründen nicht auf. Die Grundannahme jeglichen menschlichen **Verhaltens** basiert auf vergleichsweise einfachen Experimenten im Tierreich in bezug auf die Nahrungsaufnahme oder den Sexualtrieb: Verhalten wird durch **Bedürfnisse** (Mangelgefühle, Motive) verursacht und ist auf **Ziele** gerichtet. Ist ein Ziel erreicht, dann tritt im Idealfall **Sättigung** ein, das Bedürfnis ist befriedigt[12]. Nach einem gewissen **Zeitablauf** werden die meisten Bedürfnisse wieder handlungs- bzw. verhaltenswirksam. In Anlehnung an Tierexperimente des oft zitierten russischen Tierforschers Iwan PAWLOW (1906)[13] kann der Zusammenhang zwischen Bedürfnis, Verhalten und Ziel vereinfacht nach Victor H. VROOM[14] in folgendem Kreislauf dargestellt werden:

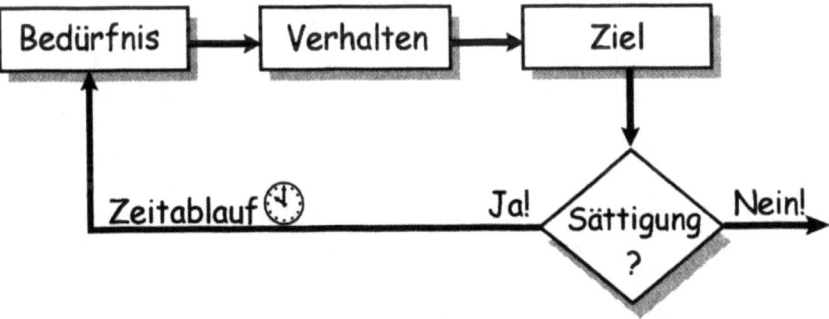

Abbildung 4: Verhaltenskreislauf nach V. H. Vroom

Statt „Ziel" hat PAWLOW den Begriff „Reiz" oder „Stimulus" gebraucht, um auszudrücken, dass der Anstoß zur Entstehung eines Bedürfnisses vom Ziel ausgeht[15]. Mit be-

---

[12] Die Folgen einer *Nicht*-Sättigung beim Menschen werden im Kapitel 2.6.5. „Frustration" ausführlich beschrieben.

[13] Vgl. Dankwart, R., Pawlows Hunde. Stuttgart 1993.

[14] Im Orginal findet sich dieses Grundmodell aller neueren Prozesstheorien menschlichen Verhaltens bei Vroom, V. H., Motivation. New York/London/Sydney 1964.

[15] Mertens, W./Fuchs, G., Krise der Sozialpsychologie. München 1978, S. 24-49.

sonders eindrucksvollen Versuchen hat der österreichische Psychologe Konrad LORENZ den tierischen Verhaltenskreislauf untersucht, dem wir bereits erste Folgerungen für das Handeln/Verhalten im Betrieb und für die praktische Personalführung entnehmen können.

LORENZ bot in seinem Spitzmaus-Experiment Mäusen das Ziel „Essen". In einer ersten Versuchsanordnung stellte er ein Labyrinth auf, durch welches sich die Mäuse hangeln mussten, um an die begehrte Nahrung zu gelangen. Die Mäuse lernten dieses Verhalten und behielten ihre gewohnten Wege zum Futternapf selbst dann noch bei, als in einer zweiten Versuchsanordnung das Labyrinth mit seinen zuvor obligatorischen Umwegen weggenommen wurde.

Übung: Kommt Ihnen diese Situation vertraut vor? Welche Konsequenzen würden Sie aus diesem Experiment für die praktische Personalführung ziehen?

Im Vergleich zur Tierwelt zeigt uns der Umgang mit modernen Menschen im Betrieb eine in der Geschichte nie gekannte Vielfalt möglicher Verhaltensalternativen[16]. Denn jeder Mitarbeiter und jede Führungskraft zeichnet sich aus als eine eigenständige Persönlichkeit in einer komplexen Umwelt, deutlich unterscheidbar von anderen. Der Mensch hat im Prinzip die Möglichkeit, aktiv und willentlich zu handeln, d. h. sich im Verhalten nicht bloß von seiner biologisch festgelegten Struktur oder einmal gelerntem und dann zeitlebens für „richtig" befundenem Tun, Dulden oder Unterlassen leiten zu lassen. Handeln als mit Sinn bedachtes Verhalten nach Max WEBER ist weitaus weniger determiniert als ein mehr oder weniger festgelegtes tierisches Reaktionsmuster. Einige Bedürfnisse lassen sich bei manchen Menschen überhaupt nicht sättigen, z.B. *Bedürfnisse nach Prestige, nach Reichtum*. Entsprechende menschliche Eigenschaften, Fühlen, Denken und Verhalten sind teils angeboren, teils angelernt, teils umgelernt. Angesichts der Tatsache, dass die individuellen Unterschiede so deutlich hervorstechen, ist es einerseits schwierig, allgemeingültiges über das Verhalten der Menschen im Betrieb auszusagen, wie etwa in der Tierwelt. Andererseits gehen auch intelligente und selbstreflexive Führungskräfte immer von mehr oder weniger bewussten **Menschenbildern** aus, welche ein dem entsprechendes Verhalten der Geführten ziemlich vorhersagbar machen[17]. Eine Organisations- und Führungskonzeption enthält demnach zwangsläufig eine bestimmte

---

[16] Diese wurden als erste von dem amerikanischen Soziologen Talcott Parsons thematisiert z.B. in Scheuch, E. K., Grundbegriffe der Soziologie. Stuttgart 1975, S. 306-318.

[17] Vgl. genauer in Kapitel 5.3.1.

Vorstellung vom menschlichen Verhalten, welche wie folgend dargestellt das reale Tun, Dulden oder Unterlassen der Geführten stark beeinflussen kann.

Exkurs: Drei implizite Menschenbilder

1) In seiner "Wissenschaftlichen Betriebsführung" (der ersten Phase der betrieblichen Sozialpsychologie) gehen TAYLORisten von einem -sehr tierisch erscheinenden- menschlichen Verhalten aus: Der Mitarbeiter hat demnach im Unternehmen einzig und allein das Bedürfnis, Geld zu verdienen und Strafe zu vermeiden. Er kann in dieser Sichtweise als sich rein reaktiv verhaltend angesehene Schachfigur nur durch Druck zum Arbeiten angehalten werden (**homo oeconomicus**). Dieses Bild ist in der Praxis bei etlichen Unternehmen auch im 21.Jahrhundert vorherrschend geblieben.

2) Die Einseitigkeit dieser sehr pessimistischen Vorstellung vom menschlichen Verhalten wurde bei den Hawthorne-Experimenten deutlich. Die sich daraus entwickelnde Human-Relations-Bewegung ging im Gegensatz zu TAYLOR von einem Menschen aus, dessen vorwiegendes Bedürfnis im Unternehmen besonders gute soziale Kontakte zu Kollegen und Vorgesetzten auszeichneten (**social man**). Diese Vorstellung erscheint in Zeiten von kostenbewusstem Denken als einseitig und wirtschaftlich überhaupt nicht vertretbar, spielt sich aber inoffiziell durchaus ab.

3) Ein Großteil der modernen herrschenden Lehre, jedoch nur ein eher geringer Prozentsatz von Führungskräften geht nach Edgar SCHEIN[18] von einem komplexen Menschenbild aus (**complex man**), das die Vielfalt der Individuen und ihrer Bedürfnisse systematisch berücksichtigt. Der einzelne Mensch ist von vielerlei Bedürfnissen gekennzeichnet, die sich im Zeitablauf und situationsabhängig ändern können. Das trotz Komplexität vorfindbare systematische Zusammenwirken dieser Bedürfnisse wird im nebenstehenden Schaubild deutlich, in dem die Führungskraft „FK" *(Trainer)* die eher unsichtbare Rolle eines Coach einnimmt und die Mitarbeiter „MA" *(die Fußballspieler)* im Team selbständig und sehr eigendynamisch zum Erfolg des Unternehmens in einer komplexen Umwelt beitragen[19]. *Die Zuschauer als Kunden quittieren Erfolg oder Misserfolg durch Beifall oder Buh-Rufe.*

---

[18] Schein, E., Organisationspsychologie. Wiesbaden 1980, S. 17.
[19] Zusammenfassend zum Thema „Führung und Menschenbild" siehe Abb. 70 auf S. 165 f..

2.2 Die Erwartungs-Valenz-Theorie

Eine Vielfalt von komplexen, oft undurchsichtigen Bedürfnissen oder „Motiven" bestimmt also das Verhalten des modernen Mitarbeiters. Dennoch ist die Lage für die moderne praktische Personalführung nicht ganz hoffnungslos. Denn ein Bedürfnis bestimmt um so mehr das Verhalten, je größer der **Wert** ist, den das Individuum dem angestrebten Ziel zumisst. Weiterhin bestimmt ein Bedürfnis um so mehr das Verhalten, je höher die **Erwartung** des Individuums ist, das Ziel auch wirklich zu erreichen. Dieser Zusammenhang wird vereinfacht durch die Formel ausgedrückt[20]:

> ■ **Erwartung X Wert = Verhalten (Erwartungs-Valenz-Theorie)**

Beispielsweise wird ein Mensch sich um eine für ihn sehr interessante Stelle (W=1) nicht bewerben, wenn er seine Bewerbung für aussichtslos hält (E=0). Ebenso wird er handeln, wenn er zwar glaubt, eine bestimmte Stelle mit Sicherheit antreten zu können (E=1), diese Stelle für ihn aber uninteressant erscheint (W=0). Das andere Extrem: Der Mensch wird sich eher um eine Stelle bewerben, die für ihn sehr erstrebenswert ist (W≈1), um so eher, wenn er die Chancen seiner Bewerbung als sehr hoch einschätzt (E≈1).

Die Erwartung, ob ein Ziel auf einem bestimmten Weg oder mit einem bestimmten Verfahren erreichbar ist, ist abhängig von der umgebenden Situation sowie dementsprechenden Kenntnissen und Fähigkeiten des Individuums.

Dabei gilt vereinfacht gesprochen: Je günstiger die Situation, je besser die Kenntnisse eines geeigneten Verfahrens, das Ziel zu erreichen, und je zweckmäßiger die Fähigkeiten dazu vom Handelnden eingeschätzt werden, um so höher wird seine Erwartung sein. Ganz entscheidender Aspekt, der allem Verstehen und Erklären gedanklich vorangeht: Für handelnde Menschen zählen nicht „die" objektive Situation, „die" objektiven Kenntnisse und Fähigkeiten, sondern persönliche „subjektive" Vorstellungen, die Bilder, welche die an der Führung Beteiligten von der Situation und von ihren eigenen Fähigkeiten haben. Diese Bilder sind als „mentale Modelle"[21] entstanden aus den Wahrnehmungen, sprich aus den Erfahrungen der Individuen mit ihrer Umwelt und mit sich selbst. Und darüber handelt unser nächster Abschnitt.

---

[20] Vgl. Lawler, E. E., Motivierung in Organisationen. Bern/Stuttgart 1977, S. 112 sowie Kapitel 3.6.

[21] Senge, P., Feldbuch zur Fünften Disziplin, Kunst und Praxis der lernenden Organisation. Stuttgart 1996 [zuerst amerikanisch 1994], S. 271-342.

2.3 Selektive Wahrnehmung

Anders als in der Tierwelt, ist die subjektive Wahrnehmung für alle fünf angesprochenen Stellgrößen des menschlichen Verhaltenskreislaufs von entscheidender Bedeutung. Sie bestimmt grundlegend unsere *Bedürfnis*geneigtheiten in Richtung auf entsprechende *Ziele*, ebenso wie die Frage, ob und wann diese *gesättigt* sind. Das Problem der Perspektivgebundenheit unserer Wahrnehmung ist aber noch allgemeiner, wie aus folgendem Kurzexperiment sichtbar wird.

Übung[22]:

Betrachten Sie bitte schweigend zu zweit oder zu dritt das Bild der Dame genau. Merken Sie sich alle Details. Nach einer Minute können Sie die wichtigsten Punkte *Ihres* Bildes in Ihrem Team besprechen.

1. Es ist das Bild einer Dame?
2. Sie hat eine Feder im Haar?
3. Es ist ein Tuch auf dem Kopf?
4. Sie hat einen Pelz um den Nacken?
5. Die Feder ist gebogen?
6. Die Farbe des Pelzes ist der Haarfarbe gleich?
7. Das Kopftuch deckt nicht den Vorderteil der Haare?
8. Das Haar erscheint so als sei es sehr dunkel?
9. Das Alter der Dame ist etwa ....?

Abbildung 5: Frau im Experiment zur selektiven Wahrnehmung von W. E. Hill

---

[22] Im Original von W.E. Hill [1905] hier nach Brocher, T., Gruppendynamik und Erwachsenenbildung, Braunschweig 1976, S. 154 f.

„Die" Wirklichkeit im modernen Betriebsalltag erweist sich allerdings für unsere Wahrnehmung als wesentlich komplexer als diese fast 100 Jahre alte Übung mit der Begabung, nicht subjektiv nur eine alte oder junge Frau, sondern *beide* zu sehen. Die Zahl der möglichen Beobachtungen und Wahrnehmungen, die auf die Menschen in einer modernen Informationsgesellschaft (Daniel BELL) einströmen, sind aber um ein Vielfaches größer als das, was sie tatsächlich aufnehmen und verarbeiten können. Deshalb müssen Mitarbeiter und Führungskräfte aus dem gesamten Wahrnehmungs"kuchen" selektive Teile auswählen. Das Bild von der Realität des betrieblichen Alltags, von sich selber und von anderen ist also immer unvollkommen. Die Auswahl dessen, was beim Menschen selektiv Beobachtung findet, erfolgt nun nicht zufällig, sondern nach gewissen **Grundregeln der selektiven Wahrnehmung**[23]:

- Menschen nehmen Informationen eher wahr, die ihre Bedürfnisbefriedigung fördern könnten und/oder ihre Wertvorstellungen und Erwartungen unterstützen.

- Ebenfalls nehmen sie Informationen eher wahr, die ihre Bedürfnisbefriedigung erheblich bedrohen und/oder ihren Wertvorstellungen und Erwartungen in bedrohlicher Weise entgegenstehen.

- Menschen nehmen Informationen eher nicht wahr, die ihre Bedürfnisbefriedigung nicht berühren oder (geringfügig) stören und/oder ihren Wertvorstellungen und Erwartungen (geringfügig) widersprechen.

Beispielsweise kann Mitarbeiterin A in einer Abteilungsbesprechung (von der sie nur subjektiv behalten kann, was „wichtig" ist) eine Bemerkung des Vorgesetzten, die für sie ein Lob darstellt, wahrnehmen. Eine Bemerkung, die sie als leichten, versteckten Tadel auffassen könnte, wird sie eher überhören oder schnell vergessen; eine direkte, offene Kritik aber sehr wohl zur Kenntnis nehmen[24]. *Bei Mitarbeiterin B könnte -entsprechend ihrer Persönlichkeit*[25]*- der Wahrnehmungsprozess genau umgekehrt laufen.*

Diese Regelmäßigkeit selektiver Wahrnehmung, in zahlreichen Versuchen nachgewiesen, bestätigt sich auch in unserer Alltagserfahrung. Diese Erkenntnis führt uns sinnbildlich und „ohne Worte" zum sogenannten **Thomas-Theorem:**

> „If men define a situation as real, it becomes real by its consequences".
> (William I. Thomas)[26]

---

[23] Drei von fünf oft diskutierten Thesen von G. C. Homans in ders., Elementarformen sozialen Verhaltens. Opladen 1972.

[24] Selektive Wahrnehmung lässt sich trainieren! Man denke an die Wahrnehmung des wartenden Passagiers in der Schlange am Fahrkartenschalter im Vergleich zu einem Forscher, der dort eine Schwachstellenanalyse unternimmt oder den Versuch, bei einer Party als „Mikrophon" entweder alle Stimmen genauer, oder aber einzelne Unterhaltungen zu hören (Kerner, S., Die Geheimnisse der Kommunikation. München 1982, S. 77).

[25] Vgl. Kapitel 4.3.3 S. 112., bei dem ein Persönlichkeitstest hierzu nähere Informationen bereitstellt.

[26] So 1923 der amerikanische Soziologe W. I. Thomas (zitiert nach Helle, H. J., Verstehende So-

Die menschliche Bedürfnisstruktur 27

© 1998 King Features Syndicate, Inc./Distr. Bulls

Abbildung 6: Hägar und die Erde

Das Beispiel, den Naturwissenschaften entlehnt, lehrt den Beweis, dass es gar keine objektiven Situationen „an sich" gibt, sondern diese erst „durch das selektive Nadelöhr unseres Bewusstseins" schlüpfen müssen, um „für sich" handlungsrelevant werden zu können (Alfred SCHÜTZ)[27]. *Bei der Feststellung einer mittelmäßigen Fehlzeitenquote entsteht für die eine Führungskraft Leidens- und Handlungsdruck, während für eine andere nur der Blick auf das Zahlenwerk der Handelsbilanz von Belang ist und bleibt.*

Während Tiere sich aufgrund der Datenauswahl und einer dem folgenden Reizreaktion verhalten, ist die Logik des Handelns bzw. des Verhaltens beim Menschen um einiges komplizierter. Chris ARGYRIS[28] hat mit einer **Abstraktionsleiter** zeigen können, dass menschliches Handeln im Vergleich zum tierischen Verhalten in psychologisch aufeinander aufbauende Wahrnehmungsstrukturen eingebettet ist:

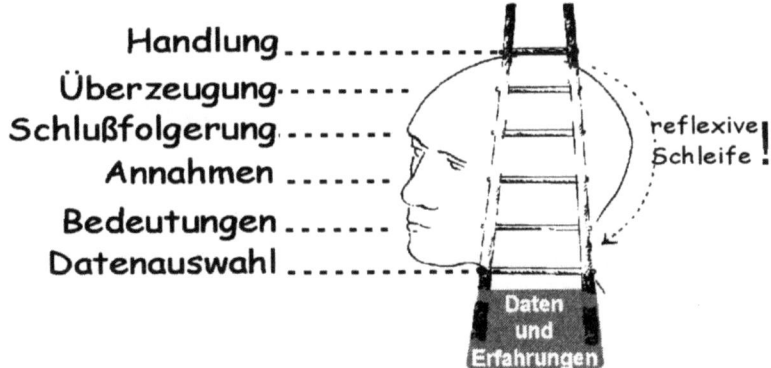

Abbildung 7: Die Leiter der Schlussfolgerungen nach Ch. Argyris

---

ziologie und Theorie der Symbolischen Interaktion. Stuttgart 1992, S. 57.)
[27] Schütz., A., Strukturen der Lebenswelt. In: Ders., Gesammelte Aufsätze, Band 3. Den Haag 1958, S. 153-170.
[28] Argyris, Ch., Strategien für den Umgang mit mentalen Modellen. In Senge, P., a.a.O., S.280ff.

Im Gegensatz zum Tier, das sich bereits aufgrund der Datenauswahl verhält, muss ein sinnhaft handelnder Mensch nach ARGYRIS vier mentale Zwischenschritte durchlaufen. Zunächst fügt er subjektive **Bedeutungen** hinsichtlich der selektiv ausgewählten Daten hinzu und entwickelt dann mehr oder weniger allgemeine **Annahmen**. Entsprechende **Schlussfolgerungen** in bezug auf den vorliegenden „Fall" sowie die Entwicklung allgemeiner **Überzeugungen** bedingen dann in letzter Konsequenz, dass Führungskräfte und Mitarbeiter **handeln**. Sicher lässt sich dieser Ablauf nur aus der Perspektive des Verhaltenswissenschaftlers bewusst rekonstruieren.

Subjektive Wahrnehmungen lassen sich nicht gleichschalten. Jedoch basieren Erfolg oder Misserfolg wirtschaftlichen Handelns auf der Möglichkeit, unterschiedliche Wahrnehmungen der Beteiligten auf optimale Weise abzustimmen[29]. Dem vereinfachten Verhaltenskreislauf können wir nun einen dem menschlichen Handeln adäquaten **Lernkreis** entgegenhalten. Durch eine optimale Abstimmung der Wahrnehmung **herbeigeführtes „gemeinsames Problembewusstsein und Problemverständnis"** ist dabei die erste und entscheidende Instanz für menschliches Handeln zwischen Führungskräften und Mitarbeitern:

Abbildung 8: Der M.I.T.-Lernkreis[30]

---

[29] Vgl. unsere Schlussfolgerungen zur Teamarbeit im Kap. 4.5, die demonstrieren, daß durch gemeinsame Abstimmungsprozeduren Ideen entstehen, die ein einzelner nie dürchführen würde (Vester, F., Denken, Lernen, Vergessen. München 1978).

[30] Dieser stammt im Original vom Massachusetts Institute of Technology (nach Materialien zu einem Vortrag an der Fachhochschule Rosenheim zur „Lernenden Organisation" von Straßer, E. am 30.10.1996). Vgl. die Beschreibung von Becker, H./Langosch, I., Produktivität und Menschlichkeit. Stuttgart 1995, S. 26-31.

> **Übung:** Bitte, überlegen Sie auch für Ihren Alltag (Betrieb, allgemeine Sozialbeziehungen) Beispiele für funktionierende Abstraktionsleitern!
>
> Wie können Sie durch konkret umsetzbare Lernkreise mit den jeweils Beteiligten von der Leiter abspringen?

2.4 Wahrnehmung und Selbsteinschätzung

Unter den Voraussetzungen des „complex man" sind Ausmaß und Richtung der selektiven Wahrnehmung unterschiedlich ausgeprägt. Deswegen ist die Idee, sich durch praktische Lernkreise im Wahrnehmen und im Handeln abzustimmen, nicht leicht umzusetzen. Die Chance aber, die Umwelt, eigene Kenntnisse und Fähigkeiten „inter-subjektiv" mehr oder weniger zutreffend einzuschätzen, kann geradezu als wesentliches menschliches Unterscheidungsmerkmal betrachtet werden. Die Möglichkeit einer eher realistischen oder utopischen Selbsteinschätzung menschlichen Handelns aber wird aus folgender idealtypischen Gegenüberstellung deutlich:

1. Mitarbeiter und Führungskräfte, die ihre Umwelt und ihre eigenen Eigenschaften realistisch sehen und sich entsprechend abstimmen können, setzen sich im allgemeinen auch realistische Ziele. Sie haben über diese Ziele und den Weg dahin sehr konkrete Vorstellungen. Da sie die Erfahrung gemacht haben, dass ihre eigenen Vorstellungen in der Regel zutreffend sind, können sie sich auf ihre Selbsteinschätzungsfähigkeit verlassen. Sie wählen daher gerne Aufgaben von mittlerer Schwierigkeit, die zwar anspruchsvoll, aber bei Einsatz der eigenen Kenntnisse und Fähigkeiten erreichbar sind. Sie schreiben den Erfolg ihrer Bemühungen daher auch den eigenen fachlichen und sozialen Fähigkeiten zu. Solche Menschen bezeichnen wir als **erfolgsmotiviert** oder **Realisten**.

2. Das Gegenstück dazu sind **Utopisten**. Diese Mitarbeiter und Führungskräfte lassen sich bei der Wahrnehmung der Umwelt und der eigenen Fähigkeiten eher von (optimistischen) Wünschen oder (pessimistischen) Ängsten leiten. Ihre Vorstellungen stimmen mit der Realität nicht sehr gut überein. Die Zielsetzungen solcher **misserfolgsmotivierter** Menschen sind häufig zu hoch oder zu niedrig, ihre Vorstellungen von den anzustrebenden Zielen unklar und ungenau, offene und ehrliche Abstimmungen mit ihren Sozialpartnern durch Schaffung eines gemeinsamen Problembewusstseins sind die Ausnahme *(z.B. wenn sie sich bereits unmittelbar in Not fühlen)*. Da sie so häufig die Erfahrung gemacht haben, dass ihre Einschätzungen der Umwelt, der eigenen Fähigkeiten und Kenntnisse nicht zutreffend ist, verlassen sie

sich nicht auf ihre eigenen Fähigkeiten. Sie machen ihr „Schicksal" oder die Astrologie für Erfolg oder Misserfolg ihres Handelns verantwortlich. Den Erfolg eigener Bemühungen schreibt der Optimist also häufig günstigen Umständen oder sich selbst, der Pessimist häufig ungünstigen Umständen oder anderen zu. Ob das Individuum eher in die eine, oder in die andere Richtung neigt, lässt sich durch einen auszugsweisen Fragebogen des amerikanischen Psychologen Martin SELIGMAN erforschen:[31]

Fragebogen zur Erfolgsmotivierung

1) **Sie vergessen den Geburtstag Ihres Mannes/Ihrer Frau (Freundes/Freundin).**
   A   Ich vergesse Geburtstage häufig.
   B   Ich war mit anderen Dingen beschäftigt.

2) **Sie retten einen Menschen vor dem Ersticken.**
   A   Ich kenne eine Technik, mit der man jemanden vor dem Ersticken retten kann.
   B   Ich weiß, was man in Krisensituationen tun muss.

3) **Sie müssen in der Leihbücherei zehn Mark bezahlen, weil Sie ein Buch nicht rechtzeitig zurückgegeben haben.**
   A   Wenn mich ein Buch fesselt, vergesse ich oft, wann ich es wieder abgeben muss.
   B   Ich war so damit beschäftigt, meine Arbeit zu schreiben, dass ich vergessen habe, das Buch zurückzugeben.

4) **Sie waren das ganze Jahr hindurch kerngesund.**
   A   Nur wenig Leute in meiner Umgebung waren krank, deshalb bestand wenig Ansteckungsgefahr.
   B   Ich habe dafür gesorgt, dass ich gut esse und schlafe.

5) **Sie erzählen einen Witz und alle lachen.**
   A   Der Witz war gut.
   B   Ich habe den Witz genau im richtigen Moment erzählt.

Abbildung 9: Exemplarischer Fragebogen zur Erfolgsmotivierung nach M. Seligman

---

[31] Auszugweise entnommen aus: Psychologie heute, Mai 1991, S. 27.

Die menschliche Bedürfnisstruktur 31

> **Übung:** Testen Sie sich bitte selbst und andere! Wie schätzen Sie den Erkenntniswert dieser Übung ein? Zur Auflösung siehe nachstehende Anmerkung[32].

Der amerikanische Sozialpsychologe George Herbert MEAD hat das individuelle Ausmaß, sich im Handeln von erfolgs- oder misserfolgsmotivierten, spricht selbst- oder fremdbestimmten Faktoren leiten zu lassen, in seiner **Sozialisationstheorie**[33] zum Ausdruck gebracht[34]. Dieser Vorstellung zufolge entwickelt der Mensch das Ausmaß seiner (Miss-) Erfolgsmotivierung für sein Selbst-Konzept („**Self**") im Laufe seiner Erziehung und sonstiger gesellschaftlicher Einflüsse. Läßt er sich stark von „objektiven", in seiner Gruppe oder Kultur gültigen Regeln leiten („Me"), so ist sein Selbstkonzept („Self") schwach ausgeprägt. Gelingt es ihm, seine spielerisch-kreativen Potentiale („I") im Umgang mit anderen aktiv einfließen zu lassen, lässt er sich eher als erfolgsmotiviert bezeichnen. Wenn allerdings die herrschenden Regeln im Betrieb oder Alltag diese Kreativität unterbinden, wird unter diesen Bedingungen konformes Handeln im Sinne des „Me" als erfolgsmotiviert zu bezeichnen sein.

„Me"	individuelle Wirkung von Normen, Tabus, Vorschriften	"objektiv"	**ME**
„Self"	Vernunft, Verstand, Kalkül, Konformität, Unterwerfung Anpassung		"SELF" ⇄ Identität
„I"	ursprüngliche Gefühle, Bedürfnisse, Triebe	"subjektiv"	**I**

Abbildung 10: I, ME and Self nach George H. Mead

---

[32] **Auflösung:**

Aufgabe	1	2	3	4	5
Antwort	A => 1	A => 0	A => 1	A => 0	A => 0
	B => 0	B => 1	B => 0	B => 1	B => 1

Je mehr Punkte gesammelt wurden, desto erfolgsmotivierter ist nach dieser Versuchsanordnung der Proband.

[33] Zum Begriff der Sozialisation vgl. S. 21 in diesem Werk.

[34] Mead, G. H., Mind, Self and Society. Chicago 1952 (zitiert nach Helle, H. J., Verstehende Soziologie und Theorie der Symbolischen Interaktion. Stuttgart 1992, S. 79). Wir haben uns entgegen dem in der Psychologie gängigen Modell des Wiener Psychoanalytikers Siegmund Freud (z.B. in Stopp , U., Betriebliche Sozialpsychologie. Grafenau, S. 44) für Meads Denkmodell entschieden, weil das „Self" als Regelinstanz zwischen „I" und „Me" nicht als ohnmächtig und vordeterminiert angesehen wird wie das „Ich" bei Freud.

2.5 Motivkonflikte

Da das menschliche Verhalten von einer Vielzahl von Bedürfnissen und Motiven bestimmt ist, liegt es nahe, dass sich einzelne von ihnen widersprechen. Für die Wahrnehmung des Menschen entsteht dadurch ein innerer „mentaler" Motivkonflikt, den er mit sich selbst austragen muss[35].

Kurt LEWIN[36] hat dazu folgende drei mentale Konflikttypen unterschieden:

a) **Appetenz – Appetenz – Konflikt**

Das Individuum ist in seiner mentalen Abstraktionsleiter hin- und hergerissen zwischen der Zielwahl zweier oder (seltener) mehrerer Bedürfnisse.

Beispiel: Ein hochmotivierter Mitarbeiter kann sich mit seinem Ersparnissen entweder als Mitunternehmer kurzfristig in die Firma einkaufen oder aber den lange ersehnten neuen PKW erwerben.

b) **Appetenz – Aversions – Konflikt**

Ein solcher Konflikt kann darin bestehen, dass Mitarbeiter und Führungskraft nur eines von zwei oder mehreren Bedürfnissen befriedigen können oder dass mit der Befriedigung eines Bedürfnisses gleichzeitig etwas in Kauf genommen werden muss, was der Betroffene eigentlich vermeiden wollte. Bei Zielerreichung wird vermutlich gleichzeitig ein negatives Ziel zu akquiriert.

Beispiel: Um die Gruppenprämie nicht zu gefährden, muss das gesamte Arbeitsteam permanent unbezahlt Mehrarbeiten leisten.

c) **Aversions – Aversions – Konflikt**

Das Individuum hat das Bedürfnis, zwei oder mehrere Ziele zu vermeiden. Egal, für welcher Vorgehen sich der Einzelne entscheidet – er wird in jedem Fall nicht um das als unangenehm bewertete Ziel herumkommen.

Beispiel: Eine Mitarbeiterin mit hohen Fehlzeiten muß sich, um eine Krankheit vorzutäuschen, in ärztliche Behandlung begeben oder in der Abteilung die schwer lädierte Person mimen, die auf Geheiß der Führungskraft nach Hause geschickt wird.

---

[35] Eines von drei typischen Bestätigungsfeldern einer Führungskraft als Coach ist „Hilfe zur Selbsthilfe" im „Coaching-Kontinuum" (Sattelberger, T., Coaching-Alter Wein in neuen Schläuchen? In: Personalführung 5/1988, S. 594).

[36] Zitiert nach Scheuer, A., Konstruktiver Umgang mit Konflikten Vortragsunterlagen an der Fachhochschule Rosenheim am 03.12.1990. Vgl. auch Hentze, J., Personalführungslehre. Bern/Stuttgart/Wien 1997, S.368.

2.6 Bedürfnis

Nach dem aktuellen EFQM – Modell umfasst die sogenannte Bedürfnis- oder Mitarbeiterorientierung als Befähiger-Faktor (enabler) folgende Aspekte, die im Rahmen einer Selbstbewertung vom Anwender näher zu beschreiben sind:

- Wie Mitarbeiterressourcen geplant und verbessert werden.
- Wie die Fähigkeiten der Mitarbeiter aufrechterhalten und weiterentwickelt werden.
- Wie Ziele mit Mitarbeitern vereinbart werden.
- Wie Mitarbeiter beteiligt, zu selbständigem Handeln autorisiert und ihre Leistungen anerkannt werden.
- Wie ein effektiver Dialog zwischen den Mitarbeitern und der Organisation erreicht wird.
- Wie für die Mitarbeiter gesorgt wird.

Welches Wissen kann die betriebliche Sozialpsychologie auf der Basis der obigen Ausführungen zu diesem Thema beisteuern?

Unter einem Bedürfnis verstehen wir in klar ersichtlicher Anlehnung an den Verhaltenskreislauf eine **Verhaltensgeneigtheit** hinsichtlich eines subjektiv als wertvoll definierten Objektes. Dieses Objekt kann zunächst jenseits unserer subjektiven Wahrnehmung real existieren; möglicherweise ist es aber nur in unserer subjektiven Traumwelt oder Illusion real.

Eine Vielzahl solcher Bedürfnisse oder „Motive" bestimmen das menschliche Verhalten. Ein Teil dieser Bedürfnisse - die Basis - erscheint angeboren (bei MEAD das „I"). Der weitaus größere Teil aber wird in verschiedenen gesellschaftlichen Bezügen gelernt bzw. umgelernt (MEADs „Me"). Art und Inhalt des Lernens - wir sprechen von der „zweiten Geburt des Menschen" in der Gesellschaft oder „**Sozialisation**[37]"- sind von der menschlichen Umgebung geprägt. Daher ist das Lernen der meisten Bedürfnisse vom sozialen Milieu abhängig *(Familie, Nachbarn, Arbeitskollegen u.a.)*, im größeren Rahmen von der kulturellen Umgebung *(Wertvorstellungen in einer Bevölkerungsschicht, der Unternehmenskultur usw.)*[38].

Für die betriebliche Sozialpsychologie ist dabei von Bedeutung, dass ein wichtiger Teil der Lerninhalte in frühester Kindheit erworben wurde und fest mit dem Charakter des

---

[37] Vgl. ausführlich Hurrelmann, K., Handbuch der Sozialisationsforschung. Weinheim 1982.

[38] Zu den bedeutendsten wissenschaftlichen Veröffentlichungen zum Thema Sozialisation zählt das Werk von Berger, P./Luckmann, T., Die gesellschaftliche Konstruktion der Wirklichkeit. Frankfurt/Main 1982 [1969]. Interessant und spannend zu lesen u. a. durch seine Studien in Indianerstämmen ist weiter der Ansatz von Erikson, E. H., Kindheit und Gesellschaft. Stuttgart 1987.

Individuums verbunden ist („**primäre** Sozialisation")[39]. Diese Lerninhalte können durch spätere Informationen der „**sekundären** Sozialisation" (in etwa ab dem Alter von 5 Jahren) nur noch „umgelernt" werden[40]: Unsere primäre „prägende" Sozialisation bildet das bleibende Grundmuster für unser Erleben und Verhalten. Bestenfalls treten die gelernten Strickmuster der Kindheit nur durch tiefenpsychologisches Einfühlungsvermögen wieder ursprünglich (originär) zum Vorschein. Die tief in unserem inneren „Me" eingeprägten mentalen Modelle gleichen geologischen Sedimenten, die von aktuellen Modellen überdeckt[41] werden. Vor dem Hintergrund dieser Einsicht erscheint es auch schwer, angeborene und erlernte Bedürfnisse zu unterscheiden:

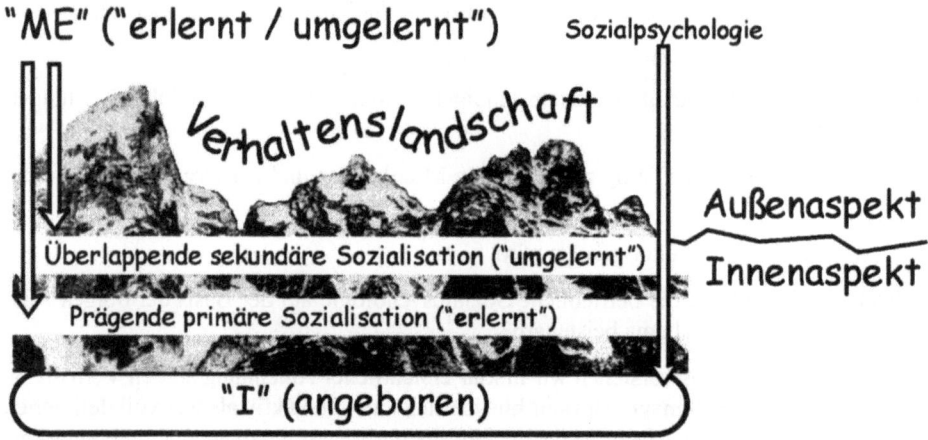

Abbildung 11: Sedimente in der Sozialisation

2.6.1 Die Bedürfnishierarchie nach Maslow (1954)

Um angesichts der Fülle unterschiedlicher Bedürfnisse Schlussfolgerungen für die praktische Personalführung ziehen zu können, abstrahiert die Sozialpsychologie, um das den Menschen typisch Gemeinsame herausstellen. Die am meisten bekannte und diskutierte Einteilung der menschlichen Bedürfnisse stammt von Abraham H. MASLOW (1954). Dieser geht von fünf **Bedürfnisfamilien** aus, die eine hierarchische Rangordnung bilden:

---

[39] Einführend hierzu etwa Scheuch, E. K., Grundbegriffe der Soziologie. Stuttgart 1979, S. 72-75.
[40] Vgl. Petermann, U., Kinder und Jugendliche besser verstehen. München 1985. Näheres dazu siehe im Kapitel 4 „Gruppe".
[41] Vgl. Berger, P./ Luckmann, T., a.a.O., S. 72-75.

Die menschliche Bedürfnisstruktur

Abbildung 12: Bedürfnispyramide nach Maslow[42]

Die grundlegende Hypothese lautet: Eine Bedürfnisschicht wird erst dann für das menschliche Verhalten wirksam, wenn die darunterliegenden Bedürfnisschichten im Großen und Ganzen befriedigt sind. *Ein Mitarbeiter, der ums nackte Überleben kämpfen muss, wird demnach sein ganzes Verhalten darauf ausrichten, seine physischen (Grund-) Bedürfnisse (I) und seine Sicherheitsbedürfnisse (II) zu befriedigen. Er wird sich also um Nahrung, Kleidung und Wohnung bemühen. Für ihn existieren in dieser Situation keine anderen Bedürfnisse. Wenn sich dagegen ein Mitarbeiter intensiv um soziale Kontakte, Freundschaften und menschliche Geborgenheit bemüht (III), so nimmt MASLOW an, dass seine physischen Bedürfnisse (I) und seine Sicherheitsbedürfnisse (II) im Großen und Ganzen befriedigt sind usw.*[43]

MASLOW teilt die fünf Bedürfnisfamilien weiter in zwei Gruppen ein: die vier unteren Bedürfnisschichten bezeichnet er als **Defizitbedürfnisse**. Werden diese Mangelzustände befriedigt, verlieren die entsprechenden Bedürfnisse an Wirksamkeit auf das menschliche Verhalten.

Das Bedürfnis noch Selbstverwirklichung (V) dagegen definiert MASLOW als **Wachstumsbedürfnis**. Das heißt: das Bedürfnis, die eigenen Fähigkeiten und Anlagen immer wieder zu entfalten, kann niemals nachhaltig gesättigt werden. Der ansonsten im wesentlichen gesättigte Mensch wird sich von einem Selbstverwirklichungsbedürfnis zum nächsten hangeln.

---

[42] Vgl. z.B. unlängst die Darstellung von Hentze, J., a.a.O., S.124-127.

[43] Siehe im Original Maslow, A. H., Motivation and Personality. New York 1954.

2.6.2 Kritik am Maslow-Konzept

Die Bedürfnis-Typologie von MASLOW hat vor allem die Führungs**lehre** nachhaltig beeinflusst. Darüber hinaus bereitet das Konzept bereitet gerade in einer Zeit, in der Mitunternehmertum, Qualitäts- und Kreativitätsmanagement mehr denn je gefragt sind, heute vielfach die Basis für die praktische Mitarbeiterorientierung. Aus der kritischen Auseinandersetzung mit dem Konzept kurz die wichtigsten Praxis-Argumente:

1) Bedürfnisse lassen sich in der Regel nicht isolieren; das Verhalten des modernen „komplexen" Menschen ist in der Regel auf die Befriedigung mehrerer Bedürfnisse gerichtet. *So dient die Einnahme eines Mittagessens in der Werkskantine oder im Sozialraum nicht nur der Nahrungsaufnahme, sondern auch der Befriedigung sozialer Bedürfnisse (unter netten Leuten sein). Existiert neben der Arbeiterkantine eine solche für die Angestellten oder gar für leitende Angestellte, so dient das Essen gegebenenfalls auch der Befriedigung von Differenzierungsbedürfnissen (in einer der eigenen Wertschätzung angemessenen Umgebung sein, ein Gericht bestellen, das dem gesellschaftlichen Status des Betreffenden entspricht).*

Die folgende graphische Darstellung von D. KRECH und D. CRUTCHFIELD[44] demonstriert, dass

a) mehrere Bedürfnisschichten gleichzeitig wirksam sein können (mit unterschiedlicher Intensität) und

b) die höheren Bedürfnisse im Lauf der Entwicklung des Menschen tendenziell eine größere Wirkung auf das Verhalten haben:

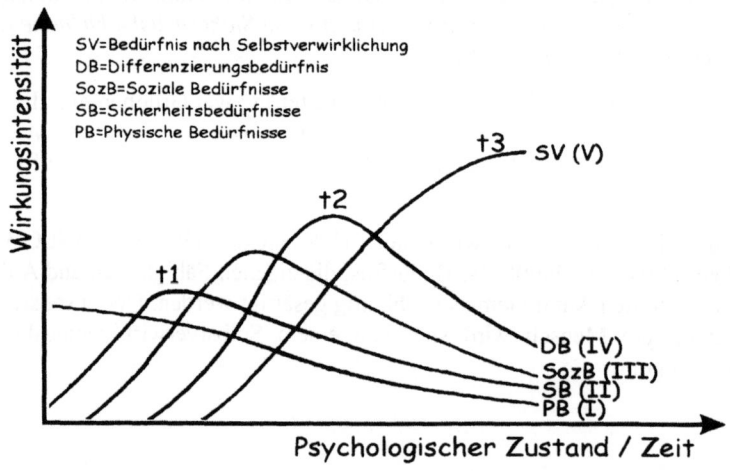

Abbildung 13: Verlauf der situativen Bedürfniswahrnehmung nach Krech und Crutchfield[45]

---

[44] Zitat nach Hentze, J., Personalführungslehre. Bern/Stuttgart/Wien 1997, S. 126.

Auf der Ordinate ist die Wirkungsintensität der einzelnen Bedürfnisschicht auf das menschliche Verhalten abzulesen, auf der Abszisse der jeweils individuelle, sozialpsychologische Zustand (je weniger Bedürfnisse eines Menschen erfüllt sind, um so mehr nähert sich dieser dem Nullpunkt). *Nach einer durchzechten Nacht wird auch der Selbstverwirklicher erst einmal seinen Grundbedürfnissen nachkommen müssen (t1), ebenso wie der „Otto-Normal-Mitarbeiter" über „mittlere Bedürfnisse" nicht hinauskommen wird (t2) – es sei denn, es gelingt der Führungskraft, Differenzierungs- oder gar Selbstverwirklichungsbedürfnisse zu motiviert (t3).*

Die hierarchische Rangordnung der Bedürfnisse, wie sie in der Bedürfnispyramide dargestellt wird, erscheint zwar durchaus einleuchtend, bleibt aber spekulativ. Es lässt sich eine Reihe von Gegenbeispielen anführen: *der hungernde Künstler strebt Selbstverwirklichung an und vernachlässigt dabei Grundbedürfnisse und Sicherheitsbedürfnisse. Für den Abenteurer in einem südostasiatischen joint-venture ist gerade der Verzicht auf Sicherheit Teil der Selbstverwirklichung. Dem rücksichtslosen Karrieremacher geht es um Status und Anerkennung auf Kosten freundschaftlicher Beziehungen und eines guten Familienlebens. Auch für ihn scheint die Rangfolge MASLOWs nicht zu gelten. Entscheidend ist vielmehr das sog. Flow-Erlebnis*[46].

Trotz dieser und anderer Kritikpunkte[47] bietet das Konzept eine gute Entscheidungshilfe für die praktische Personalführung: Wenn ein Vorgesetzter seine Mitarbeiter so gut kennt und analysiert, dass er ihre jeweils vorrangig verhaltensbestimmenden Bedürfnisschichten versteht, dann vermag er nicht nur die Folgen seiner Entscheidungen, Anweisungen und Maßnahmen besser erklären. Durch praktisch angewandte Personalführung kann er zusätzlich versuchen, sein Motivationsmix zu optimieren[48]. Die Kunst für die praktische Personalführung besteht nun darin, im gemeinsamen Problembewusstwerdungs- und Zieldefinitionsprozess aus der - sehr allgemein gehaltenen – Bedürfnispyramide (links) eine Motivationspyramide (rechts) zu formen:

---

45 Darstellung nach Krech, D/Crutchfield, R. S., Grundlagen der Psychologie, Bd. I. Weinheim/Basel 1974, S. 416.

46 Vgl. im Kapitel 2.6.3. bezugnehmend auf den Ansatz von Csikscentmihaly (nach: Huhn, G., Das Flow-Erleben als Schlüssel für Lernen, Wachstum und Motivation. In: Personalführung 6/1999, S. 24-30.)

47 Zu einer weitergehenden Kritik an Maslows Ansatz, die ihm das Einhalten wissenschaftlicher Standards abspricht, siehe Miner, J. B., Theories of Organizational Behavior. Hinsdale 1985. Eine zusammenfassende Kritik bietet Heckhausen, H., Motivation. Berlin/Heidelberg/New York 1989, S 76 ff.

48 Wie die Art und Weise des Motivierens mit Maslows Konzept zusammenhängt, siehe in Kapitel 3.1.

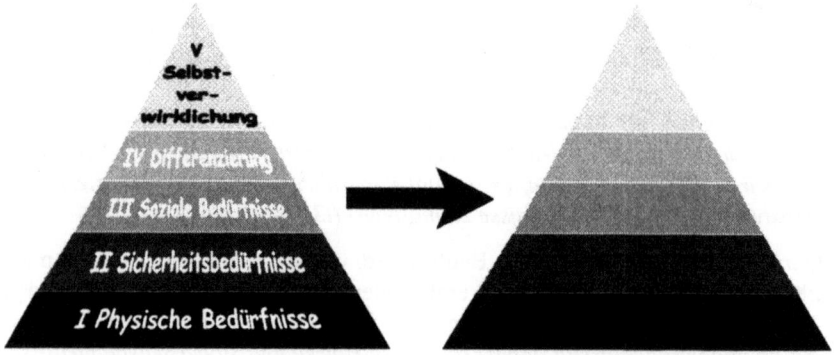

Abbildung 14: Von der Bedürfnispyramide von MASLOW zur Motivationspyramide der Personalführung[49]

> **Übung:** Vom Erkennen der Bedürfnisse zur Motivation- überlegen Sie sich bitte für die vier oberen Stufen der Motivationspyramide (rechts) jeweils eine konkrete betriebliche Motivationsmaßnahme, bevor Sie im Text weiterlesen!

Auch für Teile der Belegschaft kann in bestimmten Situationen davon ausgegangen werden, dass überwiegend eine Bedürfnisschicht die Mitarbeitermotivation bestimmt, wie die drei folgenden Praxisbeispiele demonstrieren.

- *So erscheint es beispielsweise wenig sinnvoll, durch Betriebsausflüge das Betriebsklima verbessern zu wollen, wenn gleichzeitig (z.B. wegen Auftragsmangel) Mitarbeiter mit dem Verlust ihres Arbeitsplatzes rechnen müssen, also ihr Sicherheitsbedürfnis erheblich bedroht ist.*

- *Ebenso wirkungslos wäre es nach dem MASLOW-Konzept, den sozialen Bedürfnissen durch exzessive Betriebsausflüge u.ä. entgegenzukommen, wenn ein gutes Betriebsklima bereits besteht oder diese Bedürfnisse nicht sonderlich verhaltensbestimmend wirken. Vielleicht sind die Mitarbeiter in erster Linie in diesem Fall mehr an der Übernahme selbstverantwortlicher Arbeiten interessiert und die für weitergehende soziale Bedürfnisse zu opfernde Zeit steht nach Wahrnehmung der Beteiligten in keiner Relation zu dem zu erwartenden Output.*

- *In einem anderen Falle wäre die Entwicklung eines aufwendigen Weiterbildungsprogramms mit Karriereplanung für qualifizierte Mitarbeiter (Differenzierungsbedürfnis) dann ziemlich wirkungslos, wenn die Beziehungen zwischen Mitarbeitern*

---

[49] In Anlehnung an eine Idee von Warnecke, H. J., a.a.O., S. 52.

und Vorgesetzten allgemein als schlecht angesehen werden (soziales Bedürfnis) und auch bei qualifizierten Mitarbeitern („objektiv" nachweisbar durch die Statistik) starke Fluktuationsgeneigtheit besteht.

Weil die modernen menschlichen Bedürfnisse komplex sind, werden in 2.6.3. - 2.6.6. anschließend an MASLOW noch drei für die praktische Personalführung wichtige Realtypen näher behandelt, insbesondere um auf das thematisch zentrale Thema der Bedürfnissteuerung „Motivation" einzustimmen (Kapitel 3).

> **Frage:** Welche Schlussfolgerungen würden Sie aufgrund des MASLOW-Konzepts für die praktische Personalführung ziehen? Inwieweit ist das Modell praktikabel für Sie und wo liegen die Grenzen (Beispiele)?

2.6.3 Das Bedürfnis nach Leistung

a) Definition und Begriffsabgrenzung

Leistung ist die Zauberformel für die Motivation des klassischen Betriebswirtes:

> **Leistung**
>
> - **Ein zielgerichtetes Handeln/Verhalten**
> - **das sich vom Durchschnitt**
> - **quantitativ oder qualitativ**
> - **in positiver Weise abhebt.**

Der Begriff ist für die Sozialpsychologie damit das Ergebnis subjektiven persönlichen Handelns/Verhaltens in einer bestimmten Situation, wie sie durch die Wahrnehmung anderer (interner oder externer Kunden) interpretiert wird[50]. Klassischerweise ist hier in

---

50 Ähnlich zum Leistungsbegriff, allerdings aus verengter betriebswirtschaftlicher Sicht siehe Rahn, H., a.a.O., S.42: „Leistung ist der von der Organisation messbare Output einer Handlung".

der Personalführung der Mitarbeiter angesprochen, welcher von der Führungskraft zur Leistungserbringung anfangs aufgerufen und angespornt, später idealerweise nach der Ausbringungsmenge oder -qualität bewertet wird[51]. Der subjektiv gemeinte Sinn des Handelnden, der die Leistung vollbringt, wird also dadurch, dass andere sie erst als mehr oder weniger erfolgreiches Verhalten definieren, relativiert: *Wenn die Geschäftsleitung der Auffassung ist, das letzte Wirtschaftsjahr sei bezüglich der Leistung der Mitarbeiter „total mies" gelaufen, dann wird die anfangs vielleicht hohe Handlungs- und Leistungsbereitschaft in der Belegschaft durch die Sichtweise des Chefs zum Fehlverhalten degradiert, wodurch „das" Ziel nicht erreicht werden konnte.*

Lange Zeit seit TAYLORs Studien wurde Leistung gleichgesetzt mit einer Erhöhung der quantitativen Ausbringungsmenge. Seit im Management zusehens der TQM-Gedanke Einzug gehalten hat, werden verstärkt auch Qualitätsaspekte bei der Bewertung von Leistungen ins Kalkül gezogen. Im European Quality Award[52] sind auch die Systeme der praktischen Personalführung über den Weg einer Selbstbewertung einschätzbar geworden. Eine solche qualitative Leistung definiert sich verstärkt über praktizierte interne und externe Kundennähe[53].

b) Betriebliche Praxis

Bei dem Bedürfnis nach Leistung konnte nachgewiesen werden, dass es sich um ein erlerntes, von der Kultur und der sozialen Schicht abhängiges Bedürfnis handelt. Das Bedürfnis nach Leistung scheint so bei vielen Menschen insbesondere in der kälteren Hemisphäre auch entgegen der These einer Hierarchie der Bedürfnisse vorhanden zu *sein (Manager mit einer 60- oder 70-Stundenwoche, Sportler, die ohne Aussicht auf Publikumserfolg enorme Anstrengungen vollbringen, Hobbygärtner usw.).* Nach den Erkenntnissen der MASLOW-Pyramide kann das Bedürfnis nach Leistung zu allen Bedürfnisfamilien gehören. Manchmal stellt sich jedoch die Frage, ob das mit der Leistung angestrebte Ziel das eigentliche Verhaltensmotiv oder die sozialpsychologische Wahrnehmung eines Leistungsprozesses selber ist.

Obwohl MASLOWs Ansatz eine wichtige Hilfe für die Motivationslogik ist, scheint in der Praxis der Leistungsmotivation das sog. **Flow-Erlebnis** entscheidend. Kann, jenseits der Pyramide, durch eine Tätigkeit ein Zustand erreicht werden, bei dem der einzelne voll aufgeht und ein besonderes Glücksgefühl des Gelingens erlebt? Der Psychologe mit dem unaussprechlichen Namen Mihaly Csikszentmihali spricht dabei von dem entscheidenden menschlichen Streben, strapaziöse und mit viel Einsatz verbundene um ihrer

---

[51] Zur logischen Verbindungslinie vom Anforderungsprofil über die Zielvereinbarung zum Personaleinsatz und dem entsprechend folgenden Leistungsentgelt siehe Wagner, K. / Nowak, U., Personalwirtschaft. Rosenheim 1997 [1994], S. 95.

[52] Der Preis, der jährlich von der European Foundation of Quality Management (EFQM) vergeben wird (einführend dazu vgl. Kapitel 1.4).

[53] In unserem Fall „Mitarbeiterorientierung" und „Mitarbeiterzufriedenheit". Eine genaue Darlegung dieser Aspekte siehe in Kapitel 2.6, 3.4 und 5.1.

selbst willen auszuführen[54]. Dieses Flow-Erlebnis kann sämtliche Bedürfnisfamilien nach MASLOW umfassen.

Das daraus resultierende Grundproblem für die praktische Personalführung besteht insbesondere bei „einfacheren" Mitarbeitergruppen sicher darin, dass die Vorstellung von einem Flow- und Leistungsbedürfnis des Menschen nicht der Alltagserfahrung einer Führungsperson entspricht. *Eltern, Lehrer und Vorgesetzte beklagen sich häufiger über faule Kinder, Schüler und Mitarbeiter, als dass diese sich über entsprechend fleißige freuen.* Diese Erfahrung scheint die Hypothese eines Flow- oder Leistungsbedürfnisses zu widerlegen, weil es sich gerade im Hinblick auf die betrieblichen Ziele meistens um **fremdbestimmte** Leistung handelt. Diese wird nicht aus einem persönlichen, inneren Bedürfnis erbracht, sondern dient dem Individuum als Mittel zur Erreichung anderer Ziele *(z.B. Entgeltmaximierung zu Konsumzwecken)* oder zur Vermeidung des Arbeitsplatzverlustes (Sicherheitsbedürfnis).

c) Analyse

Im folgenden wollen wir deshalb Leistung kurz anhand von zwei bereits behandelten Ansätzen analysieren, um dem Leser die sozialpsychologische Verknüpfung zu verdeutlichen.

c 1) Im Sinne der **MASLOW-Pyramide** lassen sich zwei Argumente dafür nennen, dass die Alltagserfahrung vom eher leistungsunwilligen Mitarbeiter nicht der Annahme eines menschlichen Leistungsbedürfnisses widerspricht:

- Ein Mitarbeiter wird wenig Bedürfnis nach Leistung verspüren, wenn diese Leistung im Sinne der Eingangsdefinition nicht ein Akt der Selbstverwirklichung ist oder seine Differenzierungsbedürfnisse befriedigt. *(Dies ist für einen Ingenieur, der eine Brücke konstruiert, möglich, aber sicherlich nur im geringen Umfang für einen Fließbandarbeiter).*

- Soweit Sicherheits- und Sozialbedürfnisse eines Mitarbeiters nicht im wesentlichen befriedigt sind, können darüberliegende Bedürfnisschichten (denen das Leistungsbedürfnis am ehesten zugerechnet wird) nur im Ausnahmefall verhaltensrelevant werden.

  Dies trifft beispielsweise in einer betrieblichen Situation zu, in der ein Mitarbeiter Schwierigkeiten mit Kollegen und Vorgesetzten hat, also seine sozialen Bedürfnisse unbefriedigt sind.

c 2) Das Leistungsverhalten wird nach der „**Erwartungs-Valenz-Theorie**[55]" logischerweise durch folgende Einflüsse mitbestimmt: je höher die vom Mitarbeiter geschätzte Wahrscheinlichkeit, eine Leistung nach der Interpretation der Regelinstanz

---

54 **Huhn, G.**, Das Flow-Erleben als Schlüssel für Lernen, Wachstum und Motivation. In: Personalführung 6/1999, S. 24-30.
55 Ausführlich bei Rahn, H., a.a.O., S. 43.

(i.d.R. der Führungskraft) erfolgreich zu vollbringen, um so eher wird dadurch das Verhalten bestimmt. Andererseits erscheint es zufriedenstellender, eine als „schwierig" definierte Leistung erfolgreich erbracht zu haben als eine „leichte". Eine solche Aufgabe ist mit maximaler Wahrscheinlichkeit zu schaffen; je schwieriger die Aufgabe wahrgenommen wird, um so geringer ist die Wahrscheinlichkeit, sie zu erfüllen.

Mit anderen Worten: Je wahrscheinlicher (leichter) eine Aufgabe zu lösen ist, um so uninteressanter erscheint sie als Leistungsziel; je unwahrscheinlicher (schwieriger) sie zu lösen ist, als um so uninteressanter wird sie angesehen, weil (durch die subjektive Situationsdefinition der Beteiligten bedingt!) ein Erfolg ja kaum zu erwarten ist.

Die Gegenläufigkeit erklärt, warum Mitarbeiter mit hoher Leistungsmotivation (in der Regel „**erfolgsmotivierte**" Menschen)[56] Aufgaben von mittlerer Schwierigkeit wählen. Menschen, die sich vor Misserfolgen schützen wollen, ziehen eher leichtere oder schwerere Aufgaben vor. Wenn sie eine schwere Aufgabe nicht bewältigen können, so liegen die Gründe für die Misserfolge für den Betrachter erkennbar in der Aufgabe selbst und nicht bei demjenigen, der den „Mut" hatte, eine solche schwere Aufgabe anzugehen[57]. Die daraus abzuleitenden Folgerungen werden in Kapitel 3 (Motivation) dargestellt.

Der Fall:

Herr Gorb, ein junger Diplom-Betriebswirt, erhält einen neuen Arbeitsvertrag, der für ihn den Aufstieg zum Abteilungsleiter bedeutet. Er findet dort folgenden Passus wieder: "Bei einem Umsatz von 4 Mio. EURO erhält Herr Gorb 3% Umsatzbeteiligung."

Zufällig trifft Herr Gorb beim Mittagessen seinen Vorgänger, der ihm sagt, dass die letzten vier Jahre während dessen Tätigkeit als Abteilungsleiter nie mehr als durchschnittlich 2,5 Mio. EURO Umsatz p.a. erzielt wurden. Herr Gorb geht zum Geschäftsführer (als dessen Assistent Sie dem Gespräch beiwohnen) und beklagt sich über die "unrealistische Aufbürdung arbeitsvertraglicher Pflichten", die er "nie und nimmer unterschreiben" werde.

---

[56] Vgl. Kapitel 2.2.

> **Übung:**
> 1. Bitte, analysieren Sie den Fall aus der Perspektive des Assistenten der Geschäftsführung nach der Erwartungs-Valenz-Theorie!
> 2. Was tun Sie als Assistent der Geschäftsführung, der diesem Gespräch als Moderator beigewohnt hat?

2.6.4 Das Bedürfnis nach kognitiver Konsistenz

Verhalten wurde im obigen Kreislauf erklärt als von einer dem Bedürfnis vorausgehenden Wahrnehmung („Kognition[58]") verursacht und auf ein Ziel gerichtet. Wenn sich bei der Bemühung, ein Ziel zu erreichen, Hindernisse in den Weg stellen, so reagiert der Mensch normalerweise mit vermehrter Anstrengung, diesen mentalen „**dissonanten**" **Motivkonflikt** abzubauen. Hindernisse, ja sogar aktive Widerstände sind also nicht negativ zu bewerten, sondern können durch angezielten Spannungsabbau verstärkend auf menschliches Handeln wirken, können motivieren.

Die sozialpsychologischen Konsistenztheorien[59] zeigen nun, dass ein Individuum danach strebt, sein Wissen, seine Kognitionen (Wahrnehmungen), Überzeugungen und Meinungen über sich und seine Umwelt auf Dauer einigermaßen widerspruchsfrei (konsistent) zu halten. Im Grunde genommen ist auch ein Bedürfnis nach Leistung durch das Streben nach kognitiver Konsistenz zu erklären. Überspitzt gesagt ist auch Leistung und das Flow-Erlebnis kein Bedürfnis als solches. Menschen versuchen vielmehr, Dissonanz zu vermeiden und Konsistenz zu erlangen.

Beispiel 1: *Ein Widerspruch der Überzeugungen und Meinungen entsteht beispielsweise, wenn ein Mitarbeiter seinen Vorgesetzten für einen sehr gerechten und fachlich kompetenten Menschen hält, dieser Vorgesetzte jedoch häufig schwere Kritik an dem Mitarbei-*

---

57 Zur empirischen Ableitung von „(miss-)" erfolgsmotivierten Menschen siehe Kapitel 2.4.
58 Kognitiv orientierte sozialpsychologische Ansätze richten ihr Augenmerk nach dem Verhaltenskreislauf eher auf die Innenseite des Individuums wie „Denken, Wahrnehmen, Einstellungen, Erwartungen, Überzeugungen" (Mertens, W., Krise der Sozialpsychologie. München 1978, S. 50 ff. oder Bornewasser, M., et al., a.a.O., S. 73-103).
59 Diese wurde in Zusammenhang mit der Einstellungsforschung entwickelt. Sie datieren zurück auf das Werk von Leon Festinger [1957] und wurden von mehreren Autoren teilweise zeitgleich konzeptualisiert und erforscht (zusammenfassend für verschiedene Ansätze etwa Bornewasser, M., et al., a.a.O., S. 78-95).

*ter übt. Entweder gibt der Mitarbeiter sein Selbstbild auf und nimmt die Kritik an (Sättigung) oder er ändert seine Meinung vom Chef (Reorganisation der Bedürfnisse durch Nicht-Sättigung). So oder so versucht er, den Widerspruch in seiner Wahrnehmung (**kognitive Dissonanz**) aufzuheben. Ob und inwieweit ihm dies gelingt, ist eine weiterführende Frage, die im nächsten Unterabschnitt „Frustration" näher untersucht werden muss.*

Beispiel 2: *Käufer von Autos lesen am häufigsten die Werbeanzeigen ihrer eigenen Marke, um so nachträglich immer wieder eine (kognitive) Bestätigung für ihren Kauf zu erlangen. Es soll also Konsistenz bestehen zwischen mehreren Bewusstseinsinhalten. Die Abstraktionsleiter[60], die den Menschen von der selektiven Wahrnehmung zum Handeln motiviert, funktioniert hier verkürzt dargestellt wie folgt:*

---

[60] Dargestellt im Abschnitt 2.3.

Die menschliche Bedürfnisstruktur

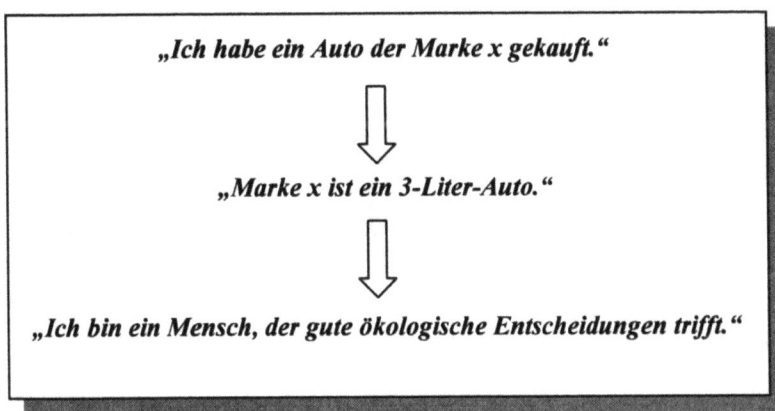

Abbildung 15: Beispielhafter Ablauf einer nachträglichen kognitiven Bestätigung

Kognitive Konsistenz wird durch selektive Wahrnehmung gestützt: Informationen, die die Konsistenz stören könnten (z.B. *die Information, dass Automarke y bei gleicher Qualität erheblich billiger ist als Marke x*), werden gar nicht wahrgenommen oder in ihrer Bedrohlichkeit mental abgewiegelt („*da ist bestimmt irgendwie der Wurm drin*"...).

Fazit: Die Folgerung für die praktische Personalführung spiegelt sich zunächst in der Erkenntnis wieder, dass die Wahrnehmung im Wechselspiel von kognitiver Konsistenz und Dissonanz verläuft. Mitarbeiter und Führungskräfte brauchen Dissonanzerlebnisse, Herausforderungen, an denen sie lernen und so einen subjektiven Mehrwert am Arbeitsalltag gewinnen. Ziel ist also immer ein Wechselspiel von Dissonanzabbau mit dem letztlichen Ziel einer konsistenten Bedürfnissättigung, wie sie im Verhaltenskreislauf beschrieben wurde.

2.6.5 „Anti-Bedürfnis" Frustration[61]

Eine kognitive Dissonanz wird beim gesunden Menschen durch ihren Vorläufigkeitscharakter definiert. Bleibt dem Individuum trotz zielgerichteten Handelns der Sättigungserfolg durch permanent wiederkehrende kognitive Dissonanz versagt und gelingt es ihm nicht, seine Bedürfnisse auf neue Ziele hin zu orientieren, so stellt sich ein nachhaltiges Gefühl der Enttäuschung ein. Dieser für den Menschen unangenehme Spannungszustand „tangiert nicht nur peripher", sondern kann unter Umständen identitätsbestimmend werden. Frustration kennzeichnet demnach einen mentalen Konflikt, wenn

---

[61] Jüngst: Weidner, J., Mit Biß zum Erfolg. Aggression im Management. In: Personalführung 6/1998, S. 12f.

Bedürfnisse nicht befriedigt werden können[62]. Der folgende gedankliche Ablauf mit verschiedenen Frustrationsgraden zeigt die Situationsdefinition des Menschen, der gelernt hat, dissonante Ereignisse nicht als „Pionier" abzubauen, sondern sich als „Konformist" in seinem Schicksal geschlagen zu geben[63]:

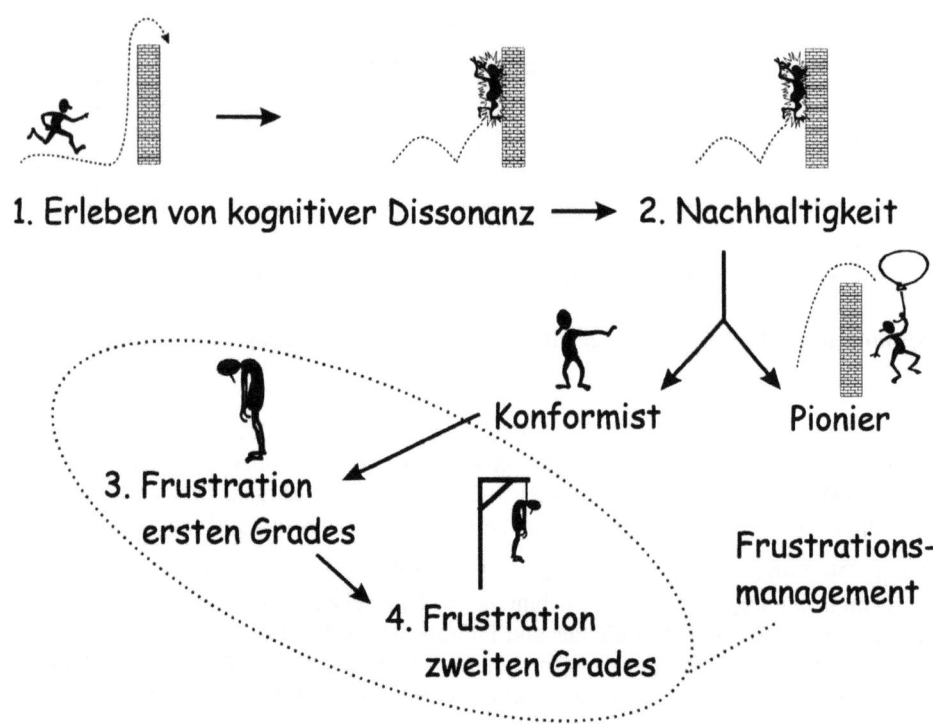

Abbildung 16: Grade der Frustration

In aller Regel möchte der Mensch einer *nachhaltig* frustrierenden Situation aus dem Weg gehen. Im Betrieb sind dies häufig nicht erreichte Aspekte der drei oberen Bedürfnisfamilien, die zu Frustration führen: *Ablehnung durch Kollegen, Kritik von Vorgesetzten, Übergangenwerden bei erwarteten Beförderungen usw.* Die Frustrationsschwelle ist bei den Menschen unterschiedlich hoch. Ein selbstbewusster, handlungsorientierter Mensch, der sich seiner selber sicher ist, kann in seinen sozialen und/oder Differenzierungsbedürfnissen nicht so schnell verletzt werden wie ein unsicherer Mensch, der sich meist reaktiv verhält. Auch die Fähigkeiten, Frustrationen zu „managen", sind sehr unterschiedlich ausgeprägt.

---

[62] Vgl. einstimmend zu diesem Thema im Kapitel 2.5. Motivkonflikte.
[63] Vgl. wiederum die Ausführungen zum misserfolgsmotivierten Menschen in Kapitel 2.4. und (im Vorgriff zum Thema Gruppe) die Rollen bei der Meinungsbildung in Kapitel 4.2.2.

Die menschliche Bedürfnisstruktur

Da der Spannungszustand Frustration schwer erträglich ist, reagiert der Mensch bewußt oder unbewusst, um ihn abzubauen. Hier die drei häufigsten Reaktionsweisen des „Frustrationsmanagements":

a) Die **Aggression**[64] definiert sich durch in der Sozialisation erlernte körperliche oder verbale Gewalt, die sich richten kann

- gegen die Ursache der Frustration
- gegen andere
- gegen sich selbst.

Die **direkte** Aggression gegen die Ursache der Frustration (z.B. *den Vorgesetzten, der heftige Kritik geübt hat; den Polizisten, der ein Bußgeld erhoben hat*) ist gerade in zivilisierten Gesellschaften nicht immer möglich. Daher bietet sich ersatzweise häufig die **verschobene** Aggression gegen andere an. Sie geht meistens in Richtung des geringsten Widerstandes (*die Untergebenen, Familienmitglieder*)[65]. Diese richtet sich beim misserfolgsmotivierten Mitarbeiter tendenziell auch gegen den Frustrierten selbst, der sich *beispielsweise nach der ungestümen Kritik des Vorgesetzten innerlich sehr viel mehr Vorwürfe macht, als in der Kritik des Vorgesetzten nach dessen Selbstwahrnehmung enthalten war* (**selbstzerstörerische Aggression**).

b) Eine andere Reaktion, welche in einer modernen Gesellschaft regen Zulauf hat, ist die **Flucht** - z.B. in eine Traumwelt *(besonders durch Alkohol und Drogen)*. Krankheiten, Verlassen des Unternehmens (Fluktuation) oder Flucht in eine frühere Entwicklungsstufe („Regression") sind weitere Ausprägungen der Fluchtreaktion.

Nicht-wahr-haben-wollen ist eine verwandte Form der unbewussten Reaktion auf Frustration. Hierzu gehört die **Verdrängung:** ein frustrierendes Ereignis wird aus dem Gedächtnis verbannt, weil es sehr schwer ist, mit dieser Erfahrung zu leben. Diese Art der Bewältigung erscheint insofern sehr problematisch, als sich die verdrängten Inhalte im Unterbewusstsein in unkontrollierter Weise auf das Verhalten des Menschen auswirken, in extremen Fällen zu neurotischen Krankheiten führen können.

Eine eher bewusste Bewältigung von Frustration besteht darin, sich über die Widersprüchlichkeit von „subjektiven" Bedürfnissen und „objektiv" erscheinender Wirklichkeit klar zu werden. Aus einer solchen realistischen neuen Situationsdefinition kann das Individuum dann andere Verfahren zur Zielerreichung und/oder andere Ziele suchen. Da aber unbewusste und emotionale Bedürfnisse durch den Verstand kaum zu beeinflussen sind, ist diese Reaktion auf Frustration eher selten. Daher lassen sich die beiden folgenden Reaktionen eher als psychische Abwehrmaßnahmen

---

[64] Zur genaueren einleitenden Lektüre sei nur auf ein bewährtes didaktisches Lehrbuch verwiesen: Zimbardo, P. G., Psychologie. Berlin 1993, S. 637.
[65] Weitere Beispiele finden sich bei Stopp, U., a.a.O., S. 169.

erkennen, wobei gelegentlich das Bewusstsein nachträglich eine rational „passende" Erklärung liefert.

- **Kompensation** (Verfolgung von Ersatzzielen): *Gehen beispielsweise die Karrierewünsche eines Angestellten nicht in Erfüllung, so kompensiert er seine unerreichbaren Ziele im Unternehmen mit vermehrter Aktivität im Vorstand seines Sportvereins, im Gemeinderat, bei seinen anspruchsvollen Hobbys usw. Diese gehen nicht selten auf Kosten des Engagements für den Betrieb.*

- **Rationalisierung:** Der Frustrierte findet durch eine „Saure-Trauben-Theorie" nachträglich Gründe, warum das angestrebte, aber nicht erreichte Ziel gar nicht mehr so erstrebenswert ist (*„gut, dass ich diesen Posten nicht bekommen habe, ich hätte gar keine Freizeit mehr gehabt"*) oder er findet durch die „Süße-Zitronen-Theorie" Gründe, warum die Nichterreichung seines Zieles mehr Vorteile als Nachteile hat (*„gut, dass ich den Posten nicht bekommen habe, die Arbeit in meiner bisherigen Stellung ist ja viel interessanter!"*).

Kompensation und Rationalisierung können auf Dauer sehr belastende Reaktionen auf Frustration sein, wenn dadurch das Bedürfnis nur verdrängt wird. Kompensation und Rationalisierung entsprechen dem menschlichen Bedürfnis nach kognitiver Konsistenz auf Dauer also nur scheinbar.

c) Lernprozesse

Neue, nachhaltig kognitive Konsistenz nach durchlebter Frustration kann letztlich nur durch Lernen generiert werden. Dies bedeutet eine bewusste Aufgabe von nicht realisierbaren Bedürfnissen zugunsten von realisierbaren. Der Zyklus Wahrnehmung → Bedürfnis → Verhalten → Ziel → Nicht-Sättigung → .... wiederholt sich beim Frustrierten immer wieder. Wenn er sich unter sonst gleichen inneren und äußeren Bedingungen ändert, wenn also beim gleichen Bedürfnis ein anderes Verhalten praktiziert wird oder ein anderes Ziel angestrebt wird als bisher, dann hat das Individuum **gelernt**.

Lernen kann sowohl Erkenntnisse über die Situation, über die Verfahren zur Zielerreichung, über das Ziel selber und seinen Nutzeffekt, als auch die Fähigkeiten und die Einschätzung der eigenen Fähigkeiten betreffen. Es wird also die Erwartung über den Erfolg eines bestimmten Verhaltens und/oder die Wertschätzung eines bestimmten Zieles geändert und in unterschiedlichen Situationen neues Handeln getestet. Fällt darauf das Feedback im Selbstkonzept („Self") positiv aus, kann es unter günstigen Umständen zu beständig verändertem Verhalten kommen:

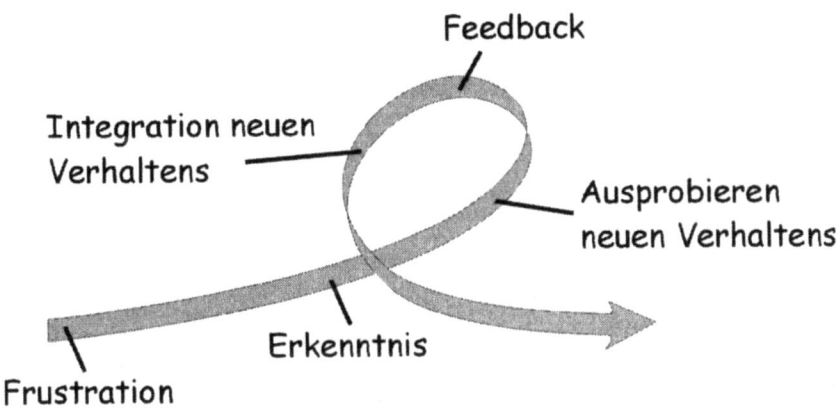

Abbildung 17: Frustrationsmanagement durch Lernen

Ein interessantes Negativ-Beispiel für die Wirkung von Lernprozessen auf das menschliche Verhalten ist die im Abschnitt 2.4 bereits erwähnte **Theorie der erlernten Hilflosigkeit**. Martin SELIGMAN wies nach, dass Menschen mit der Erfahrung ihrer Macht- und Hilflosigkeit diese Erfahrung auf die Erfolgserwartung auf andere Situationen übertragen[66]. Umgekehrt lassen sich die Vorstellungen von den eigenen Fähigkeiten auch zu Schönfärberei manipulieren: Der Nachweis dazu gelang in Experimenten, in denen Versuchspersonen mit schwierigen Aufgaben konfrontiert wurden. Dabei sorgte die Versuchsleitung dafür, dass - unbemerkt von den Versuchspersonen - die Aufgaben immer gut gelöst wurden. Bei weit schwierigeren Aufgaben stieg darauf die subjektive Wahrscheinlichkeitserwartung der Versuchspersonen, auch diese Aufgaben lösen zu können, signifikant an[67].

In der nachfolgenden Darstellung wollen wir dem Leser die Möglichkeit geben, die hier vermittelten Lerninhalte mittels einer ersten sogenannten „Memo-Box" systematisch zu vertiefen und am eigenen Beispiel kritisch zu reflektieren:

---

[66] Seligman, M., In: Psychologie heute 5/1991, S. 27.
[67] Vgl. das oft zitierte Experiment von S. E. Asch, welches genauer im Kapitel 4.2.2 Gruppenkonvergenz beschrieben ist.

Frustrationsbewältigung

Spannungszustand, wenn Bedürfnisse nicht befriedigt werden können; drängt nach Auflösung (Stressabfuhr)

Symptombewältigung

Aggression

direkt / indirekt
brachial / sozialisiert
offen / verdeckt
...

Flucht

direkt oder emotional:
  emotionale Isolation
  Resignation
  Apathie
  Regression
  Verdrängung
  Depression
  Traumwelten
  Rausch / Drogen

(scheinbar) rationale Bewältigung
  süsse Zitronen Technik
  saure Trauben Technik
  Kompensation

Ursachenbewältigung

 LERNEN

? "Ich habe gerade Radfahren gelernt, denn ich habe ein Buch darüber gelesen!"

Lernen heißt,
- daß wir neue Fähigkeiten erlernen
- daß wir die Welt und unsere Beziehungen mit anderen Augen wahrnehmen
- daß wir uns selbst neu erschaffen, uns weiterentwickeln

Abbildung 18: Memo-Box Frustration

Exkurs 1: Frustration und die vier Schreckgespenster der Personalführung

Jahr für Jahr entstehen den Unternehmen aufs neue versteckte Kosten in Milliardenhöhe, die sich doch in keiner Bilanz niederschlagen. Für die sogenannten „**stillen Kosten**", die durch Frustration entstehen, wollen wir im folgenden Abschnitt kurz aus der Perspektive der praktischen Personalführung sensibilisieren.

Leicht nachvollziehbar erscheint die vordergründige These, dass Menschen in modernen Unternehmen millionenfach frustriert sind:

Mitarbeiter, die versetzt wurden, Führungskräfte und andere, die den berühmten "Clinch" mit den Kollegen haben. Insbesondere auch die Opfer des Taylorismus, die Tag ein, Tag aus immer dieselben "stupiden" Tätigkeiten verrichten müssen, sind frustriert.

Versuchen wir diesem Phänomen näher auf die Spur zu kommen, so fanden wir Frustration bereits oben definiert als nachhaltigen mentalen Konflikt, wenn Bedürfnisse nicht befriedigt werden können. Die daraus resultierende kognitive Dissonanz drängt nach Auflösung, lässt sich aber sich selten aus der Opfer-Perspektive abstellen. Denn kaum irgend jemand hat während seiner Sozialisation gelernt, wie aktiv und produktiv mit frustrierenden Zuständen oder Ereignissen umzugehen ist.

Für den Sozialpsychologen ist das Phänomen der stillen Kosten kausalanalytisch zunächst zurückzuführen auf die oben beschriebenen Bewältigungsmechanismen von Frustration, Aggression und Flucht. Lernen dagegen vermeidet oder verringert diese Kosten.

Die praktische Personalführung befasst sich i.d.R. nur am Rande mit diesen eher individuellen psychologischen Phänomenen. Viel eher kennt und reagiert sie auf folgende vier **Gefahren** oder "**Schreckgespenster**", welche in einer weitergedachten Kausalkette unschwer als Auslöser für „stille-Kosten" zu erkennen sind:

Störung des Betriebsklimas: interaktive, sprich zwischenmenschliche Konflikte als sichtbare Folge der sozialpsychologischen Aggression, angefangen *bei sublimen und versteckten Formen des "Mobbing" bis hin zu offenen Schlägereien zwischen Mitgliedern offiziell verfeindeter Volksgruppen*[68].

Fehlzeiten sind, sofern keine originär physischen Störungen nach MASLOW Anlass für "echte" Fehlzeiten bieten, Zeichen der Flucht. Sie sind immer dann gegeben, wenn ein Mitarbeiter sich nicht an seinem Arbeitsplatz befindet, und das Unternehmen aufgrund seiner Absenz die Lohn- und Lohnnebenkosten tragen muss[69].

---

[68] Näher auf das Thema Mobbing eingehend die Analyse von Brinkmann, D., Mobbing, Bullying, Bossing. Treibjagd am Arbeitsplatz. Heidelberg 1995.

[69] Sog. anrechenbare Fehlzeiten nach dem Lohnfortzahlungsgesetz sind z.B. akute Arztbesuche während der Arbeitszeit.

Innere Kündigung: trotz physischer Präsenz am Arbeitsplatz als Flucht durch innere Fehlzeiten, wenn die Mitarbeiter ihr Leistungspotential während der Arbeitszeit nur zu einem bestimmten Prozentsatz ausnutzen *(z.B. offene Formen, wie während der Arbeitszeit Zeitung lesen, Nägel feilen, rein informellen Plausch halten oder verdeckte Formen eines gemächlichen Arbeitstempos, die kaum auffallen, da sie seit etlichen Jahren als "Normalleistung" definiert werden).*

 Fluktuation: die letzte Konsequenz der Flucht nach durchlebter innerer Kündigung ist dann gegeben, wenn Mitarbeiter aus eigenem Antrieb das Unternehmen wieder verlassen.

Alle vier – miteinander verwobenen - Aspekte sind Zeichen von Frustration. Sie kann als sozialpsychologischer Gegenspieler der Motivation bezeichnet werden. In der traditionellen Personalführung werden diese vier Kostenarten als nicht quantifizierte Blöcke nur rein spekulativ als kostentreibende "Schreckgespenster" wahrgenommen. Selten entsteht Leidensdruck derart, die Sozialpsychologie der Beteiligten zu verstehen, zu erklären und daraus systematisch motivierende Maßnahmen abzuleiten.

Im folgenden wollen wir vom Prinzip her kurz zeigen, welche Kosten entstehen und wie diese zu erforschen sind, und (im Exkurs 2) wie entsprechende Maßnahmen abzuleiten sind.

Welche Gefahren sehen Sie bei Ihren Mitarbeitern?	Welche Kosten entstehen Ihnen?	Wie sind diese Kosten zu erforschen?	Welche Maßnahmen wollen Sie ableiten?
Innere Kündigung			
Hohe Fehlzeiten			
Fluktuation			
Konflikte			

Die menschliche Bedürfnisstruktur

> **Übung:** Füllen Sie bitte mithilfe der Lektüre der nachstehenden Seiten 41-44 diese Tabelle für „Ihr" Unternehmen aus!

Zu 1. Störung des Betriebsklimas[70]

Diese Kostenart lässt sich nur messen, wenn es sich um offene Aggressionen handelt. Da diese im Vergleich zu versteckten oder verschobenen Aggressionen vergleichsweise selten sind und nur Einzelfälle darstellen *(z.B. Streiks, offene Gewalt gegen Kollegen)*, lässt sich dieser Aspekt zusätzlich nur schwer durch Erfahrungswerte kalkulieren. Fest steht: Treten offene Konflikte auf, werden und müssen sie schnell abgestellt werden. Nicht selten sind jedoch langjährige „schwelende" Konflikte bis zur hierarchischen Ebene der Geschäftsleitung bekannt, und die Beteiligten versuchen, sich möglichst "aus dem Weg zu gehen". Ein solcher Status Quo versteckter Aggression lässt sich beispielsweise durch folgende Fragebatterie erforschen[71]:

Kontrollfragen zum Betriebsklima	IMMER	MANCHMAL
• Die Leute in diesem Arbeitsteam verhalten sich nicht wirklich frei und offen zueinander.		
• In Diskussionen verbergen die Mitglieder oft ihre wahren Motive.		
• Es wäre gut, wenn ab und zu Sitzungen zur Reinigung der Atmosphäre stattfinden würden.		
• Wichtige Dinge werden oft unter den Teppich gekehrt.		
• Wir legen zuviel Wert auf offizielle Übereinstimmung.		
• Meistens werden Konflikte zwischen den Mitgliedern nicht sauber gelöst.		
• Die Mitglieder kommen einander menschlich nicht näher.		
• Es gibt Cliquen und Intrigen im Team.		
• Meinungsverschiedenheiten zwischen den Teammitgliedern werden selten restlos geklärt, und die individuellen Standpunkte werden zu wenig berücksichtigt.		

---

[70] Vgl. die ausführliche Untersuchung von Rosenstiel, L. v., Betriebsklima geht jeden an! München 1992.
[71] Entlehnt dem Werk von Francis, D./Young, D., Mehr Erfolg im Team. Hamburg 1996, S. 90 – 96.

> **Übung:** Füllen Sie bitte für "Ihren" Betrieb die vorstehende Matrix aus und vergleichen Sie Ihre Einschätzung mit der des analysierten Arbeitsteams!

Je öfter die Mitarbeiter (und im Vergleich dazu die Führungskräfte) in einer anonym gehaltenen Abfrage mit „JA" geantwortet haben, desto eher entsteht Handlungsbedarf im Vergleich zu anderen Arbeitsgruppen, Abteilungen, Filialen oder Unternehmen (benchmarking)[72].

Zu 2. Fehlzeiten: die Fehlzeitenstatistik in Deutschland weist bekanntermaßen eine starke Varianz auf. Abhängige Variablen sind Branche, Alter, Schicht usw.[73]. Dennoch lassen diese sich durch Verbandszahlen oder ebenso durch „benchmarking"[74] mittels einer Schnittstelle zur Lohn- und Gehaltsabrechnung leicht quantifizieren.

Beispiel: Ein Musterbetrieb hat 20 Mitarbeiter mit einer durchschnittlichen Brutto-Lohn- und Gehaltssumme von 50.000,- EURO pro Person. Nehmen wir an, die Fehlzeitenquote in diesem Unternehmen, in dem Personalführung nur mit Personalverwaltung gleichgesetzt wird, liegt doppelt so hoch wie in anderen Firmen, die moderne Personalinstrumente systematisch zur Motivation nutzen (z.B. 8% statt 3% Fehlzeiten). Dann liegt die Manövriermasse für diesen Betrieb bei 5% mal 100.000,-- EURO mal 20 Mitarbeiter = 100.000.-- EURO p. a..

Zu 3. innere Kündigung: auf dem Weg der beiden klassischen verhaltenswissenschaftlichen Analysemöglichkeiten (teilnehmende Beobachtung und Interviews)[75] könnten erste Indizien gefunden werden. Je mehr beispielsweise nachfolgender Fragebogen[76] vom Beobachter und/oder von der betroffenen Mitarbeitergruppe mehrheitlich mit „JA" beantwortet wird, desto eher besteht begründeter Verdacht darauf, dass die innere Kündigung ein flächendeckendes Phänomen darstellt:

---

[72] Zur weiteren Bearbeitung des Betriebsklimaproblems in der praktischen Personalführung vgl. die Vorgehensweise in der Fallstudie Nr. 2, Frage 2.
[73] Vgl. näher die Studie von Pohen, J./Esser, W., Fehlzeiten senken. Heidelberg 1995, die bei einem Drittel aller Fehlzeiten Missbrauch vermuten. Insgesamt meinen die Autoren, dass nach dem Pareto-Prinzip 20% aller Mitarbeiter 80% der Fehlzeiten verursachen.
[74] Benchmarking ist „eine objektive, vergleichende Bewertung von Strategien, Prozessen, Funktionen und Verhaltensweisen mit Hilfe von quantitativen Indikatoren und qualitativen Meßgrößen, die sich aus der direkten Analyse von Daten einer repräsentativen Gruppen von ähnlichen oder konkurrierenden Unternehmen oder Unternehmensteilen ergaben, die als 'die Weltbesten' gelten" (A. T. Kearney)
[75] Vgl. eine genauere Darstellung im Abschnitt 5.2.4 zur Messung des Führungserfolgs.
[76] Auszug aus Nuber, U., Innere Kündigung, In: Psychologie heute, 10/1987. Genauer siehe die Studie von Faller, M., Innere Kündigung. München 1993 [1991].

Kontrollfragen zur Inneren Kündigung	IMMER	MANCHMAL
Etliche unserer Teammitglieder (....%) • haben keine Interesse mehr an Auseinandersetzungen. • sind zum typischen Ja-Sagern geworden. • bringen kein Vorschläge und keine Kritik (mehr). • sind scheinbar zu angepassten Konformisten geworden. • stimmen den Entscheidungen der Chefs zu oder nehmen sie kommentarlos hin. • schöpfen ihre Kompetenzen nicht (mehr) aus. • haben kein Interesse (mehr) an ihrer Karriere. • fehlen häufig oder zunehmend wegen Krankheit oder Familienangelegenheiten. • halten sich im Auftreten betont zurück.		

Näherungsweise lässt sich zu den Ergebnissen in "normal" geführten Unternehmen, in denen Instrumente der modernen Personalführung nicht berücksichtigt werden, nach einer EMNID-Studie resümieren[77]:

30% innerlich gekündigter Mitarbeiter bringen eine reduzierte Gegenleistung von 10% bis 40% der gesamten Arbeitszeit, die durch willentliche oder unwillentliche innere Kündigung verloren geht. *D.h. unserem Musterbetrieb entstünden dadurch (wieder gerechnet nach der Lohn- & Gehaltssumme) im Schnitt 25% stille Kosten gerechnet auf 30% der Belegschaft in Höhe von 150.000.- EURO p. a.*[78].

zu 4. Fluktuation

Wie die Kosten der Fehlzeiten, lässt sich das Volumen dieses Blockes leicht über eine mehrjährig geführte Abgangsstatistik messen. Wenn rein rechnerisch nach einer empirisch gestützten Vermutung von FEIGE 30% aller Mitarbeiter das Unternehmen nach der Probezeit von sich aus wieder verlassen, von denen 80% be-

---

[77] Zitiert nach Bayer, H., Coaching-Kompetenz München 1996. S. 118f.
[78] Zunächst liegen die genannten Kostenrechnungen sicher noch stark im spekulativen Bereich. Hier böten benchmarking-Vergleiche zwischen Firmen, die Motivation aktiv nuten und solchen, die Personalarbeit in erster Linie als Personalverwaltung verstehen, überaus interessante Ansatzpunkte. (vgl. zusammenfassend Kienbaum, J., Hg., Benchmarking Personal. Stuttgart 1997).

reits am ersten Tag innerlich gekündigt haben[79], entstehen unserem Musterbetrieb[80] zusätzlich folgende - im Einzelfall zu spezifizierende- Kostenarten:

1. Fehlzeiten		2. Fluktuation	3. Innere Kündigung	4. Betriebsklima
A. Kosten Vollzeit-Mitarbeiter	A. Kosten Teilzeit-Mitarbeiter	A. Kosten	A. Kosten	A. Kosten
Vollzeit MA pa Anzahl	Teilzeit MA pa Anzahl	Freisetzung (Verwaltung, Arbeitszeugnis, Euro		Konkrete Schadungsmeldungen oder Euro
Durchschnittlicher Lohn und Gehaltssatz pa Euro	Durchschnittlicher Lohn und Gehaltssatz pa Euro	Ausfall (entgangener Gewinn) Euro	Summe Lohn- und Gehaltskosten pa Euro	Konfliktausfall Euro
Durchschnittlicher Lohnnebenkosten pa Euro	Durchschnittlicher Lohnnebenkosten pa Euro	Vorübergehende Besetzung Euro	* Durchschnittlicher %-Satz innerlich gekündigter MA %	Vandalismus Euro
Summe Lohn und Gehaltskosten Euro	Summe Lohn- und Gehaltskosten Euro	Wiederbeschaffung (Werbung, Selektion, Euro		Mobbing Euro
		Einarbeitung Euro	%-Satz verringerter Leistungsgrad %	Maschinenausfall Euro
Durchschnittliche Jahresarbeitszeit in VZMA-Std Anzahl	Durchschnittliche Jahresarbeitszeit in TZMA-Std Anzahl	Betriebsklima (Reibungskosten) Euro		Kundenfluktuation (patzige MA) Euro
* Fehlzeitenquoten pa %	* Fehlzeitenquoten pa %			
Gesamtkosten VZ-MA pa Euro	Gesamtkosten pa Euro			
Gesamtkosten Fehlzeiten pa	**Euro**	**Gesamtkosten Fluktuation pa Euro**	**Gesamtkosten Innere Künd. pa Euro**	**Gesamtkosten Betriebsklima. pa Euro**

Fazit:

Addieren wir nur die Positionen 2. (Fehlzeiten) und 3. (innere Kündigung), so entstehen bei unserem Musterbetrieb mit 20 Mitarbeitern pro Jahr Produktivitätseinbußen von 250.000,-- EURO, was immerhin 12,5% der gesamten Lohn- und Gehaltssumme entspricht. Damit stellt sich die Frage, welche Maßnahmen geeignet sind, stille Kosten zu reduzieren. Antwort darauf bietet im Vorgriff auf das nächste Kapitel „Motivation" der im folgenden Exkurs 2 dargestellte gedankliche Fahrplan.

Exkurs 2: Praktische Folgerung für die Personalführung

Wie schaffen es Führungskräfte und Geführte, die Gefahren der Frustration zu vermeiden oder (wenn bereits vorhanden) wieder abzubauen?

---

[79] Feige, W., Einführung und Einarbeitung neuer Mitarbeiter. In: Personal 1991, S. 50-52.
[80] Der statistische Fehler der Abgangsstatistik in bezug auf die Aussagekraft von Mittelwerten sinkt selbstverständlich mit wachsender Unternehmensgröße, weil hier entsprechend größeres Datenmaterial vorliegt.

Die menschliche Bedürfnisstruktur 57

Wie können durch Aktionen der praktischen Personalführung Lernprozesse in manchmal aussichtslos erscheinenden langfristig bestehenden Dauerfrustrationen initiiert werden?

In Anlehnung an Max WEBERs verhaltenswissenschaftliche Definition der Soziologie leiten wir für die praktische Personalführung folgendes dreistufige Verfahren ab, das wir als „Ampel-Methode" bezeichnen wollen[81]:

a) Einsicht in den Frustrationszusammenhang

„deutend verstehen": durch verhaltenswissenschaftlich fundierte Forschungsmethoden[82] gezielt Einsicht in den Frustrationszusammenhang erreichen, bevor irgendwelche Maßnahmen umgesetzt werden. Die Ampel steht sinnbildlich gesehen noch auf rot - die Schreckgespenster sind aktiv.

b) Gemeinsame Diagnose

„ursächlich erklären": möglichst gemeinsame Diagnose mit dem / den Betroffenen; für dessen/deren subjektive Situationsdefinitionen eine nachvollziehbare Erklärung geben. Dies muss nicht unbedingt „die" wissenschaftliche Erklärung sein!) Die Ampel schaltet auf „gelb" - die stillen Kosten werden unter Umständen bereits durch nun erzielte kognitive-Konsistenz-Erlebnisse reduziert.

c) Hilfe zur Selbsthilfe

Erst jetzt erfolgt über ein wissenschaftlich inspiriertes Vorgehen hinaus ggf. eine „Implementation von Maßnahmen". Die Ampel wird wieder „grün", falls die Maßnahmen greifen und sich die Schreckgespenster vertreiben lassen.

Abbildung 19: Die Ampel-Methode als Ausweg aus der Frustration

---

Übung:

1. Diskutieren Sie bitte mögliche motivierende Maßnahmen zur Selbsthilfe bei frustrierten Mitarbeitern mit Kollegen! Welche Voraussetzungen müssen Sie für die Umsetzung schaffen?
2. Können die vier skizzierten „Schreckgespenster" auch positive Wirkungen haben? Welche?

---

[81] Eine praktische Anwendung dieser Methode findet sich in den Fallstudien 1 und 2 (Frage 2 bzw. 3).
[82] Vgl. Kapitel 5.2.4 Messung des Führungserfolgs.

3. Motivation[83]

3.1 Zwei Begriffe

Ein **Motiv** setzen wir gleich mit dem **Bedürfnis**, das Ensemble der in einem Individuum wirksamen Bedürfnisse nennen wir **Motivstruktur**. Das Wort „Motivation" selbst kommt aus dem lateinischen „movere" = bewegen. Der „Motivierte" ist im Gegensatz etwa zum Wochenendbergsteiger zunächst derjenige Mitarbeiter, der in Richtung auf die fremdbestimmten Unternehmensziele und/oder die Ziele der Führungskraft hin bewegt wird. Die Führungskraft versucht also, die Bedürfnis- oder Motivstruktur des Mitarbeiters gewinnbringend und [84]
„unter Berücksichtigung seiner individuellen und kollektiven Eigenschaften" zu modellieren. Inwieweit dies in welcher Intensität mit welchem Erfolg gelingen kann, ist die zentrale Frage dieses Kapitels.

Daraus ergeben sich im Anschluss an die Definition der Soziologie bei Max WEBER[85] zwei zentrale, unterschiedliche Begriffsbildungen, die wir für die praktische Personalführung als zwingend aufeinander aufbauend ansehen: **a) die akademisch-beschreibende** und **b) die praktisch-normative:**

zu a) Motivation ist der **psychologische Zustand eines Menschen, der Richtung und Intensität seines Handelns bestimmt**. Dieser Zustand ergibt sich für den Verhaltenswissenschaftler aus dem Zusammenspiel seiner gegenwärtigen Bedürfnisse (Motive) und der Erwartungen über mögliche Motivbefriedigungen, die wiederum von der Wahrnehmung und Einschätzung der aktuellen Situation abhängen.

Motivation im Erleben und Verhalten des Mitarbeiters lässt sich über eine Momentaufnahme hinaus als ein **Entwicklungsprozess** in verschiedene Richtungen begreifen. Denn die Motivation ändert sich. Kurzfristige Änderungen werden durch den Zyklus der Motivbefriedigung herbeigeführt (neue Umweltreize, die latente Bedürfnisse aktivieren). Langfristig wandelt sich das Handeln bzw. das Verhalten vor allem durch Lernprozesse.

---

[83] Eine genauere, gut lesbare Darstellung der Zusammenhänge zum Thema Führung findet sich bei Comelli, G./Rosenstiel, L. v., Führung und Motivation. München 1995.
[84] Entnommen aus: Rosenstiel, L. v., Mitarbeiterführung in Wirtschaft und Verwaltung. München 1992, S. 96.
[85] Siehe Kapitel 1.1.

Entsprechende Veränderungen der Motivation finden im Erleben, und noch mehr im Verhalten nicht schlagartig, sondern kontinuierlich in kleinen Schritten statt[86]. Oft sind Rückschritte an der Tagesordnung. Darüber hinaus wird durch „self-fullfilling prophecies" ein bestimmtes Bild von der Begrenztheit des menschlichen Handelns wahr: *Verwandte, Freunde und Vorgesetzte eines Mitarbeiters finden meistens nur allzu schnell ihre Erwartungen über dessen Motivation bestätigt.*

zu b) Motivation ist die Gegenspieler in der Frustration! Wenn wir Motivation deshalb als Schlüsselbegriff der Personalführung nicht nur im Sinne des Wissenschaftlers WEBERs deskriptiv (verstehend bzw. erklärend), sondern auch **normativ** als Führungsmittel ansehen, liegt eine erweiterte Definition nahe, die für die Praxis von entscheidender Bedeutung ist:

Motivation ist dann die **Beeinflussung des Verhaltens eines Menschen über seine Bedürfnisse oder Motive.** Oder, anders gewendet: Motivation ist **die nachhaltige Vermeidung der vier skizzierten Schreckgespenster der Personalführung durch ständige Lernprozesse der Beteiligten.** Diese aktive Ineinflussnahme ist damit der letztendliche Zielpunkt der praktischen Personalführung.

Wenn Motivation demnach im Startpunkt fremdbestimmt ist und die Motive des Führens sich meist aus den Betriebszielen ableiten lassen, so stellt sich nun folgende Frage: Ist diese Verhaltensbeeinflussung gleichzusetzen mit **Manipulation**[87]? Diese Gefahr erscheint durchaus gegeben, wenn der motivierte Mitarbeiter über seine eigenen Interessen hinweggetäuscht wird, und vorübergehend oder permanent etwas anderes wahrnimmt oder wahrnehmen soll, als tatsächlich geschieht.

Beispiel 1: Ein Vorgesetzter lobt einen Mitarbeiter, den er eher für unfähig hält, um eine gewisse Leistungssteigerung zu erreichen.

Beispiel 2: Ein Vorgesetzter kennt die motivierende Wirkung gemeinsamer Entscheidungen. Mithilfe eines ihm treu ergebenen Mitarbeiters steuert er daher die Abteilungsbesprechungen so, dass die Ergebnisse als Teamentscheidungen erscheinen, in Wirklichkeit aber mit den bereits vorher festgelegten Entscheidungen des Vorgesetzten identisch sind[88].

Fazit: Motivation wird zur Manipulation, wenn sie unehrlich, bloßes Mittel zum Zweck darstellt. Als solche erkannt, verliert sie ihre vordergründig motivierende Wirkung und bewirkt eher einen Anstieg der stillen Kosten[89]. Ziel sollte es deshalb in einer modernen

---

86 Mit der Konsequenz, daß wir uns von vereinfachenden polaren gedanklichen Veränderungsmodellen, die in der Personalführung eine starke Tradition haben, verabschieden sollten (vgl. Kapitel 5.3.1).
87 Vgl. Stopp, U., a.a.O., S. 173 – 176.
88 Vgl. im Kapitel 5.3.2.1 die Stufen 2 und 3 des Führungskontinuums.
89 Vgl. zu den Folgen der Anwendung unterschiedlicher Führungsstile im Führungserfolg Kapitel 5.2 Führungsforschung.

Führungspraxis sein, kommunikativ mit den Mitarbeitern ehrlich unter Wahrung beider Bedürfnisse gegenseitig erwartetes Verhalten auszuhandeln, nicht aber die Gegenseite strategisch für die eigenen Interessen vor den Wagen zu spannen[90].

„Wir sprechen von kommunikativen Handlungen, wenn die Handlungspläne der beteiligten Akteuren nicht über egozentrische Erfolgskalküle, sondern über Akte der Verständigung koordiniert werden. Im kommunikativen Handeln sehen die Beteiligten, dass sie ihre Handlungspläne auf der Grundlage gemeinsamer Situationsdefinitionen aufeinander abstimmen können. Insofern ist das Aushandeln von Situationsdefinitionen ein wesentlicher Bestandteil der für kommunikatives Handeln erforderlichen Interpretationen"[91].

3.2 Arten von Motivation und die Motivationsmatrix

3.2.1 Zwei Gegensatzpaare

Betriebliche Motivation, verstanden als der Versuch jeglicher Beeinflussung des Mitarbeiterverhaltens im Sinne der Unternehmensziele, lässt sich in jeweils zwei beliebig kombinierbare Gegensatzpaare unterscheiden:

1) Das erste Gegensatzpaar bezieht sich auf Folgerungen der Motivation für den Verhaltenskreislauf:

1a) **Positive Motivation**

Die Motivationsstruktur des Mitarbeiters wird zu einem bestimmten Handeln/ Verhalten angeregt, um ihm dafür eine Belohnung im weitesten Sinne in Aussicht zu stellen *(Lob, Gehaltsaufbesserung, Zuneigung des Chefs, höherer Status, Erfolgserlebnis, interessante Arbeit o.ä.)*[92].

Positive Motivation befriedigt im Sinne des Verhaltenskreislaufs unterschiedliche Bedürfnisse des Mitarbeiters. Sie führt ihn zu höherer Arbeitszufriedenheit, denn

---

[90] Zum soziologischen Prozeß des gegenseitigen Aushandelns vgl. Kapitel 4.3.

[91] Genauer zur wissenschaftlich-ethischen Gegenüberstellung von „strategischem" und „kommunikativem" Handeln siehe Habermas, J., Theorie des kommunikativen Handelns (Bd.I), Frankfurt/Main 1984, S. 385 und 441 f.

[92] Auf die Frage, inwieweit Geld motiviert, versuchen Comelli, G./Rosenstiel, L. v. (a.a.O., S. 136) eine Antwort zu finden. Äußerst skeptisch gegenüber „Loben als Herrschaftszynismus" oder „Doping" durch materielle Anreize zeigt sich Sprenger, R.K. in seinem Bestseller Mythos Motivation. Frankfurt/Main 1991, S. 61 – 121.

er wird in der Regel das belohnte Verhalten wiederholen, soweit die Bedürfnisbefriedigung damit verbunden bleibt.

1b) *Negative Motivation*

Der Mitarbeiter wird zu einem bestimmten Handeln/Verhalten angeregt, weil ihm bei Unterlassen eine Bestrafung (im weitesten Sinne) droht *(Kritik, Androhung einer Versetzung, Aktivierung eines schlechten Gewissens o.ä.)*[93].

Negative Motivation führt dazu, dass zur Vermeidung von Bestrafung das geforderte Verhalten beibehalten bzw. das bestrafte Verhalten nicht wiederholt wird. Die damit verbundene Frustration kann aber zum Rückfall in bestraftes Verhalten oder in anderes leistungsfeindliches Verhalten führen, wenn die Bedrohung weniger akut ist *(Kontrolle wird weniger streng gehandhabt, Vorgesetzter ist abwesend u.a.)*. Durch negative Motivation erreichtes Verhalten wird also vermutlich labiler sein als dasjenige bei positiver Motivation.

Fazit: Positive und negative Motivation liegen in der Praxis meist eng zusammen: *Zur Reduzierung der Fehlzeiten kann die Führung des Unternehmens „Anwesenheitsprämien" in Aussicht stellen, oder aber damit drohen, dass gestaffelt nach Fehlzeittagen in entsprechenden Prozent einer maximalen Auszahlungssumme „Punktabzüge" drohen.*

2) Das zweite Gegensatzpaar bezieht sich eher auf das Erleben der Motivation als verhaltensbestimmender psychologischer Zustand oder Prozess:

2a) Intrinsische Motivation

Ein bestimmtes (Arbeits-)Verhalten bzw. dessen Ergebnis als solches selbst ist befriedigend. Es wird also um seiner selbst Willen getan. Wir unterscheiden die innere Antriebskraft in der **normorientierten intrinsischen Motivation**, die aus verinnerlichten gesellschaftlichen Normen („Me"-Motiven wie *Pflichtgefühl, Ehrlichkeit usw.)* bestehen

und die

vollzugsorientierte intrinsische Motivation aus Lust, Freude, Interesse an der Arbeit und/oder am Arbeitsergebnis selbst („I"-Motive wie *Neugier, Forschungsdrang, Bewegungsdrang usw.).*

2b) Extrinsische Motivation

---

[93] Der soziologische Fachbegriff für die Bestrafung, die negative Sanktion, findet sich näher beschrieben im Kapitel 4.3. Gruppenstruktur.

Ein solch motiviertes Handeln dient **nicht unmittelbar** der Motivbefriedigung. Extrinsische Motivation zielt darauf ab, ein anderes Bedürfnis zu befriedigen, *z.B. unangenehme, beschwerliche Arbeit am Fließband als Mittel, um auf die Kanarischen Inseln fahren zu können.*

> **Übung:** Überlegen Sie sich bitte für Ihre eigene Tätigkeit als Führungskraft oder stellvertretend für einen Ihnen bekannten „Chef" jeweils zwei konkrete intrinsische bzw. extrinsische Motive! Zeigen Sie bitte im Vergleich auf, wie Sie den Wirkungsgrad der von Ihnen benannten Motive als Motivation bei den Mitarbeitern einschätzen!

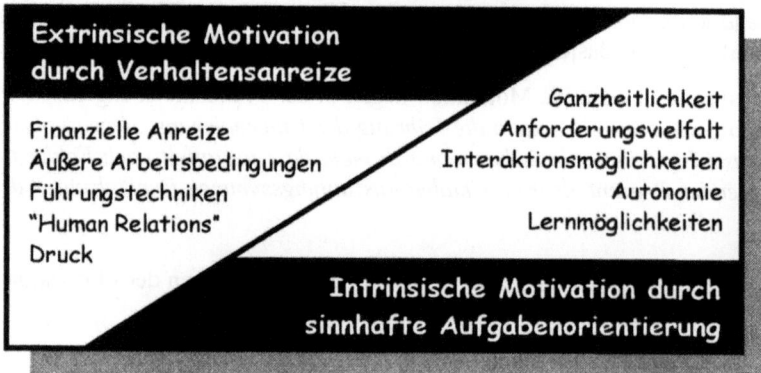

Abbildung 20: Extrinsisches und intrinsisches Motivationsmix nach Warnecke[94]

3.2.2 Die Frage der Messbarkeit von Motivation

Motivation ist die Vermeidung von Frustration einschließlich ihrer stillen Kosten und damit das zentrale Interesse der modernen Personalführung. Darin liegt sowohl ein wissenschaftliches wie auch ein praktisches Verlangen begründet, Motivation zu erforschen, sie qualitativ und quantitativ zu messen. Das Erleben von Motivation ist nun nicht direkt beobachtbar. Doch können über vergleichende Analysen ähnlicher oder gleicher Variablen durch Beobachtungen, sowie durch Befragungen entsprechende Rückschlüsse gezogen werden.

---

[94] Nach Warnecke, H. J., Revolution der Unternehmenskultur. Berlin-Heidelberg 1993, S. 220 (© Springer Verlag AG).

Motivation 63

Motivation im Arbeitsprozess wird gemessen an allen Faktoren, welche auf der anderen Seite eines gedachten Polaritätenprofils Frustration implizieren:

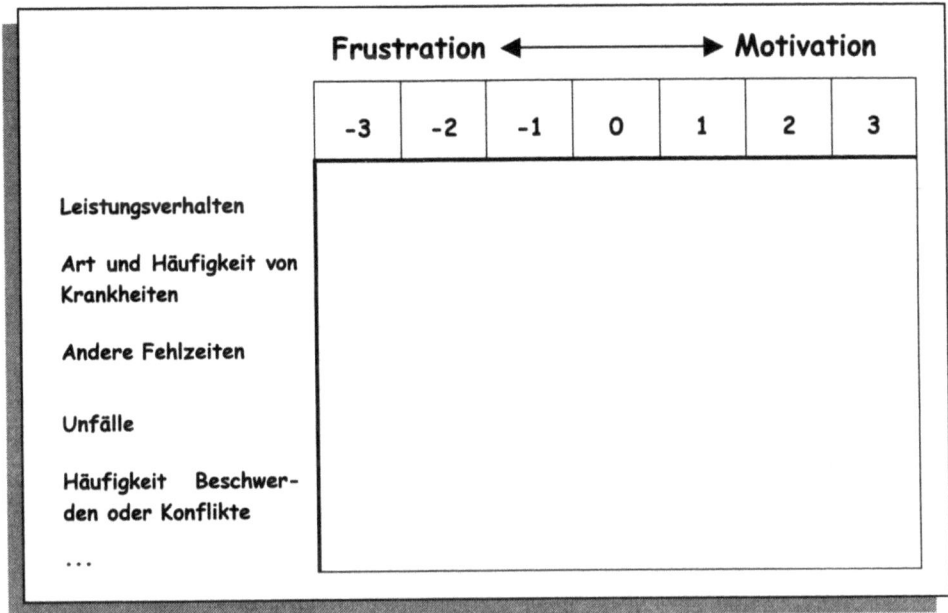

Abbildung 21: Operationalisierte Kriterien von Frustration bzw. Motivation im Polaritätenprofil

Die Ergebnisse einer solchen Erforschung insbesondere bei Frageaktionen können aber nur von beschränktem Aussagewert sein, da

- die Aussagen der einzelnen Mitarbeiter nicht vergleichbar sind (unterschiedliche Situationsdefinitionen; kein gemeinsames Problembewusstsein)
- die Aussagen der Mitarbeiter bewusst oder unbewusst verfälscht und „manipuliert" sind *(z.B. ein Mitarbeiter gesteht sich und anderen ungern unangenehme Gefühle ein, die geeignet sind, sein Selbstwertgefühl zu verletzen)*
- die Aussagen der Mitarbeiter durch fehlende Vergleichsmöglichkeiten entstehen. *So kann ein Mitarbeiter sich sehr motiviert fühlen, obwohl er in einer anderen Arbeitssituation (die er aber nicht kennt) erheblich stärker motiviert wäre.*

	MEMO-BOX MOTIVATIONSARTEN: **DIE MOTIVATIONSMATRIX**	
	Intrinsische Motivation	**Extrinsische Motivation**
Positive Motivation	interessante Arbeit Interessantes Arbeitsergebnis Bestätigung des Selbstwertgefühls Selbstverwirklichung usw.	hoher Lohn Prämien-, Akkordlohn Betriebsrente Gewinnbeteiligung gutes Betriebsklima freundliche Vorgesetzte usw.
Negative Motivation	Erweckung negativer Gefühle (schlechtes Gewissen): Tadel verletztes Pflichtbewusstsein verletzte Dankespflicht Unkollegialität Mobbing usw.	Androhung von Unannehmlichkeiten: scharfe Kritik stärkere Sanktionen (z.B. Abmahnungen) Versetzung Entlassung usw.

Abbildung 22: Memo-Box Motivationsarten

Bei der Frage, ob eine Motivation „intrinsisch" oder „extrinsisch" vom Sender gemeint ist, und entsprechend beim Empfänger ankommt, spielt die selektive Wahrnehmung eine bedeutende Rolle. Dies wird insbesondere bei den beiden Spielarten der negativen Motivation deutlich. *Beispielsweise werden Gefühle bei Mitarbeitern sehr unterschiedlich verletzt. Für den einen ist der Tadel des Chefs identitätsbedrohend, den anderen tangiert er nur peripher.*

3.3 Arbeitszufriedenheit und Leistung

Die Human-Relations-Bewegung, die sich aufgrund der Hawthorne-Experimente entwickelte, führte die Leistungsbereitschaft der Mitarbeiter direkt auf deren Arbeitszufriedenheit zurück: Je zufriedener ein Mitarbeiter ist, so die These, desto leistungsbereiter sei er auch[95].

Dieser einfache Zusammenhang wurde mit der Beachtung und der Dankbarkeit der Geführten begründet (MASLOWs Bedürfnisfamilien III und IV); eine plausible, aber später nicht immer verifizierte Hypothese. Spätere Untersuchungen in der modernen betrieblichen Sozialpsychologie widerlegten diese Annahme[96].

Der Zusammenhang zwischen Arbeitszufriedenheit und Leistung ist demzufolge komplexer: Arbeitszufriedenheit ist nach der Erwartung-Valenz-Theorie abhängig von

1. der Höhe der gerade erfolgten oder erwarteten Motivbefriedigung (E)

   und

2. dem Anspruchsniveau (V).

Beispiele:

- *Eine gerade erfolgte oder bevorstehende Beförderung wird einen aufstrebenden Mitarbeiter mit großer Zufriedenheit erfüllen.*

- *Eine in Aussicht gestellte Gehaltserhöhung, die geringer als in den vergangenen Jahren oder als bei vergleichbaren Kollegen ist, wird keine hohe Zufriedenheit auslösen: das Anspruchsniveau ist zu hoch.*

Fazit: Der häufig zitierte Satz „zufriedene Mitarbeiter leisten mehr" erscheint also in dieser Form nicht richtig, sondern nur unter ganz bestimmten Voraussetzungen: **Leistungsverhalten** korreliert nur dann positiv mit **Leistungsbereitschaft** und **Arbeitszufriedenheit**, wenn Unternehmensziele und persönliche Ziele im Aufgabenbereich weitestgehend durch gemeinsame Bewusstseinsbildung „intrinsisch" in Einklang gebracht wurden[97]. Die Leistungsbereitschaft stellt die Investition des Mitarbeiters dar, die Arbeitszufriedenheit ist wesentlicher (immaterieller) Teil seiner Rendite. Beide sind nach unserem „magischen Leistungsdreieck" erforderlich, damit der Mitarbeiter im Sinne der betrieblichen Ziele sein „Bestes" gibt:

---

[95] Wie in Kapitel 1.3 dargestellt.
[96] Vgl. Rosenstiel, L. v., Mitarbeiterführung in Wirtschaft und Verwaltung. München 1992, S. 111.
[97] Vgl. nochmals Kapitel 2.3. im „M.I.T.-Lernkreis".

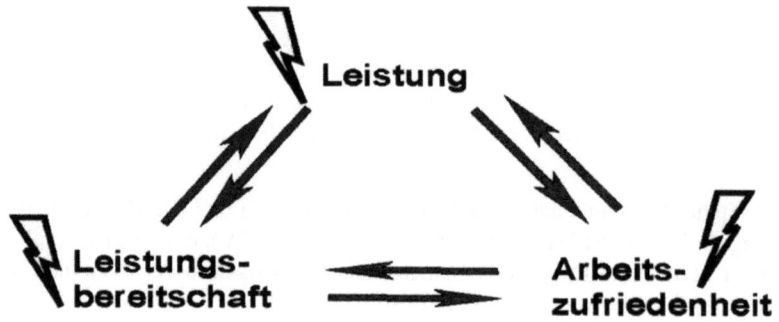

Abbildung 23: Magisches Dreieck der Leistungsmotivation

Es finden sich jedoch zahlreiche Beispiele dafür, dass wirtschaftliche und persönliche bzw. soziale Ziele abweichen:

- *Ein engagierter Abteilungsleiter, der dem Abteilungsziel im Rahmen der Unternehmensziele übergroße Bedeutung zumißt, stattet seine Abteilung in bezug auf Personal und Sachmittel unangemessen aufwendig aus.*
- *Ein Wissenschaftler betreibt im Forschungslabor eines Unternehmens Forschung als Selbstzweck.*
- *In einer Möbelfabrik, deren Marktstrategie auf Billigmöbel ausgerichtet ist, verwendet ein engagierter Schreiner besonders große Sorgfalt auf die Ausführung von Detailarbeiten.*

3.4 Die Zwei-Faktoren Theorie von Herzberg (1959)[98]

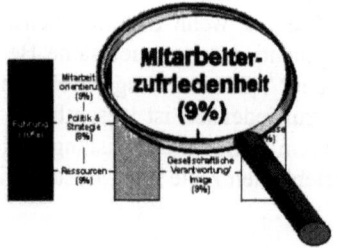

Das aktuelle Europäische Qualitätsmanagement[99] sieht bei den sogenannten Ergebnisfaktoren (results) vor, dass **Mitarbeiterzufriedenheit** analog zum Befähiger-Faktor

---

[98] Herzberg, F. H., Work and the Nature of Man. Cleveland 1966 [1959].

Motivation 67

(enabler) „**Mitarbeiter = Bedürfnisorientierung**" 9 % aller Prüfkriterien für eine Selbstbewertung und einen Unternehmensvergleich beträgt:

Dieser Faktor gliedert sich zwecks weitgehender, situativ weiter zu verästelnder Operationalisierung in folgende Liste[100]:

- Aufstiegsmöglichkeiten
- Kommunikation
- Autorisierung (Empowerment)
- Chancengleichheit
- Mitwirkung
- Führung
- Gelegenheiten, zu lernen und etwas zu leisten
- Anerkennung
- Zielsetzung und Beurteilung
- Werte, Mission, Vision, Politik und Strategie der Organisation
- Aus- und Weiterbildung
- Umweltschutzpolitik der Organisation und deren Auswirkung
- Verhältnis zu Kollegen
- Entlohnung und Sozialleistungen
- Sicherheit des Arbeitsplatzes.

Bereits 1959 veröffentlichte der Psychologe Frederick HERZBERG seine Untersuchungen über Mitarbeiterzufriedenheit und Leistungsbereitschaft (**Pittsburgh-Studie**)[101]. Seine aus diesen Untersuchungen entwickelte Theorie geht analytisch betrachtet über die eher beschreibende Listung von Motivations- und Zufriedenheitsfaktoren im EFQM hinaus.

*Denn HERZBERG und seine Mitarbeiter befragten 1685 pensionierte technische und kaufmännische Angestellte einerseits nach den Situationen in ihrem Berufsleben, welche sie **außergewöhnlich zufrieden** und andererseits nach solchen, die sie **besonders unzufrieden** gemacht hatten. Darauf wurden sie aufgefordert, über diese Zeiten zu berichten, insbesondere über die Gründe der Zufriedenheit bzw. Unzufriedenheit. Durch Kontroll-*

---

99 European Foundation for Quality Management, Selbstbewertung für Unternehmen. Brüssel 1996, S. 27. (vgl. unsere Kurzbeschreibung im Kapitel 1.4.)

100 Ebd., S. 27f.

101 Siehe beispielsweise die jüngste Rezeption dieses Werkes in Deutschland bei Schneider, H. J., Mensch und Arbeit, Köln 1997^{10}, S. 136 oder Schuler, H., Organisationspsychologie. Bern/Göttingen 1995^{2}, S. 138.

fragen wurde erreicht, dass die Antworten standardisiert und damit quantitativ ausgewertet werden konnten.

Diese Vorgehensweise zur Beschaffung von empirischen Daten wird als *Methode der kritischen Ereignisse* (critical-incident-Methode) bezeichnet. Sie findet sowohl im Marketing als auch in der Personalführung wieder verstärkt Anwendung[102]:

Uhrzeit	Kunde	Vorgang und Interaktion	t_b	w_p	t_w	Kommentar

t_b = Bearbeitungszeit, w_p = wartende Personen, t_w = Wartezeit

Abbildung : Aufnahmeformular Teilnehmende Beobachtung bei der Interaktion Mitarbeiter-Kunde (eingesetzt in einem Forschungsprojekt an Reiseschaltern bei der Deutschen Bahn AG 1995-1997)

3.4.1 Zentrale Forschungsergebnisse

Das erstaunliche Ergebnis der Pittsburgh-Studie: einige Faktoren wurden überwiegend dann genannt, wenn die Befragten von glücklichen Situationen ihres Berufslebens berichteten, andere Faktoren überwiegend dann, wenn die Befragten über Situationen berichteten, in denen sie unzufrieden mit ihrer Berufssituation waren. Spätere Untersuchungen, auch in der Bundesrepublik Deutschland, haben diese Ergebnisse bestätigt[103]. Die folgende Darstellung gibt die wichtigsten Auswertungen der HERZBERGschen Untersuchung wieder:

> **Herzbergs Fragebogen:**
>
> Bitte nennen Sie einige Faktoren aus Ihrem Berufsleben, die Sie besonders (un-)zufrieden gemacht haben!

---

[102] Vgl. Kotler, Ph., Marketing, Stuttgart 1995 bzw. Wagner, K. Teilnehmende Beobachtung, Über den Einsatz einer vergessenen Methode im Rahmen der Aktionsforschung. Rosenheim 1997 (unveröffentlichtes Manuskript).

[103] Vgl. Wunderer, R./Grunwald, W., Führungslehre Bd. I: Grundlagen der Führung. Berlin 1980.

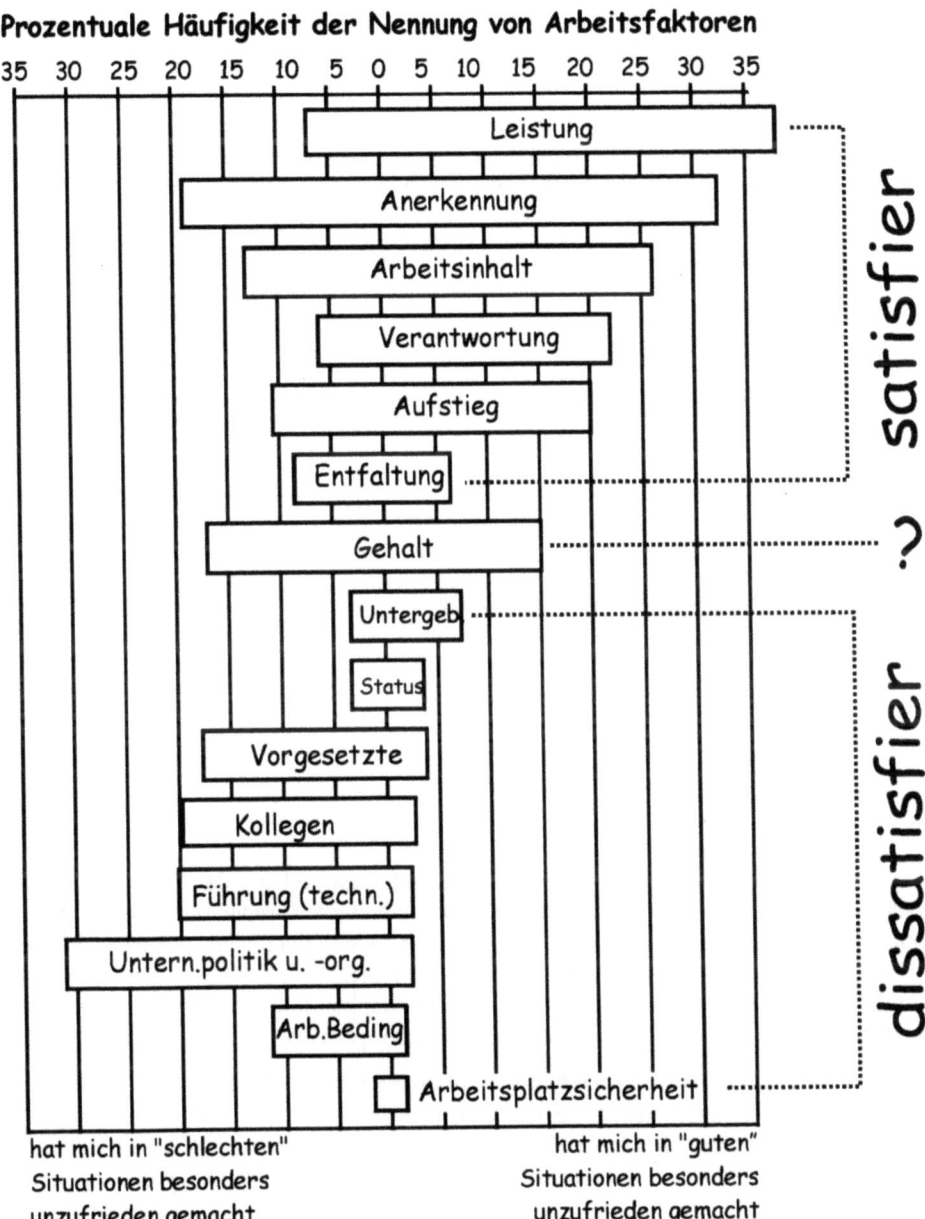

Abbildung 24: Herzbergs Zwei-Faktoren-Untersuchung in der Zusammenschau der Ergebnisse

Aus diesen Ergebnissen schloss HERZBERG: Für die Motivation eines Mitarbeiters lassen sich drei Gruppen von Faktoren ableiten.

1. Die erste Gruppe (n=1753) kann hohe Zufriedenheit bewirken (sog. *satisfier*, zu deutsch Motivationsfaktoren, Motivatoren). Falls diese Faktoren in der Situationsdefinition eines Mitarbeiters fehlen, oder nur als durchschnittlich angesehen werden, bleibt bei ihm Zufriedenheit aus. Diese Motivatoren sind nach HERZBERG insbesondere:

   - Leistung und Erfolg
   - Arbeitsinhalt
   - Anerkennung
   - Verantwortung und Aufstieg.

2. Die Faktoren einer zweiten Gruppe (n=1844) bewirken hohe Unzufriedenheit, wenn sie in einer Arbeitssituation mangelhaft oder ausgeblendet sind (sog. **diss***atisfier*, oder -etwas willkürlich auf deutsch übersetzt- „Hygienefaktoren"):

   - Unternehmenspolitik und -organisation
   - Beziehungen zu Vorgesetzten
   - Beziehungen zu Kollegen
   - Fachkompetenz der Führung
   - Arbeitsbedingungen

3. Gehalt

Das Gehalt wird in allen uns bekannten Publikationen zweifelsfrei der Kategorie „dissatisfier" zugeschlagen. Dies entspricht in dieser Eindeutigkeit weder Herzbergs Untersuchungsergebnis (Gehalt = 17% dissatisfier und 15 % satisfier) noch der menschlichen Erfahrung entlang des Lebensweges: Für einen (von Herzberg befragten) Pensionär mag die für einen jungen Menschen durchaus zur Zufriedenheit führende Wirkung monetärer Anreize in der rückblickender Erinnerung sicher geringer sein.

Fazit: Sind die dissatisfier im Gefühl der Mitarbeiter durchschnittlich und bieten kein Anlass zur Klage, dann entsteht keine Unzufriedenheit, was nicht heißt, dass die Mitarbeiter ausgesprochen zufrieden sind. Ein durchschnittliches Unternehmen mit durchschnittlicher Personalführung respektive stiller Kosten entspricht idealtypisch gesehen genau diesem Bild.

Nach HERZBERG Forschungsergebnissen ist also fehlende Zufriedenheit nicht identisch mit Unzufriedenheit, und fehlende Unzufriedenheit ist nicht deckungsgleich mit Zufriedenheit. Satisfier-Faktoren führen - falls vorhanden - in der Zone der Arbeitszufriedenheit tendenziell zu einer Leistungssteigerung. Fehlen sie, sind aber unzufriedenmachende Faktoren erfüllt, führt dies zu einer durchschnittlichen „Normalleistung". Sind

Motivation 71

auch die dissatisfier nicht berücksichtigt, führt die Zone der Arbeitsunzufriedenheit zu unterdurchschnittlicher Arbeitsleistung:

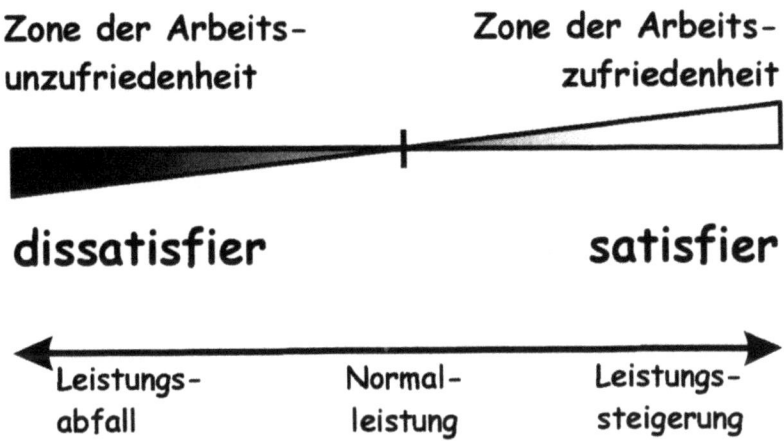

Abbildung 25: Folgerungen aus der Zwei-Faktoren-Theorie im Überblick[104]

Somit ergibt sich nach HERZBERG für die oben abgebildete pauschale Prüfliste des EFQM eine Trennschärferelation insofern, als er satisfier und dissatisfier, sowie deren betriebswirtschaftlichen Auswirkungen unterscheidet. Zudem zeigt er praktisch weiter, wie durch „normative" Berücksichtigung beider seiner Faktoren Leistungsabfall vermieden und Leistungssteigerung bewirkt werden kann.

3.4.2 Zwei Konsequenzen für die praktische Personalführung

a) Ein Unternehmen sollte nach HERZBERG einerseits bezüglich der **dissatisfier** die Quellen der Unzufriedenheit beseitigen, also diese Faktoren einigermaßen durchschnittlich ausstatten: Betriebsklima, Organisation, Arbeitsplatzgestaltung usw. dürfen keine Anlässe zu Klagen geben. Darüber hinaus erscheinen Anstrengungen der Personalführung auf dem Gebiet der dissatisfier allerdings wenig sinnvoll: *also etwa weit überdurchschnittliche feste(!) Gehälter, häufige und aufwendige Betriebsausflüge, beste Beziehungen zu Vorgesetzten und Kollegen usw. Sie können die Arbeitszufriedenheit und hervorragende Leistungen jenseits der Nulllinie nicht motivieren*[105].

---

104 Ähnlich Hentze, J., Personalführungslehre. Bern/Stuttgart/Wien 1997, S. 130.
105 Vgl. Comelli, G./Rosenstiel, L. v., Führung durch Motivation. München 1995, S. 130.

b) Dagegen soll die Personalführung *andererseits* in bezug auf die **satisfier** das eher intrinsische Motivationsmix[106] hochgradig intensivieren und verbessern. *Konkrete Beispiele aus der Praxis sind: interessantere Arbeitsgebiete schaffen, dafür sorgen, dass Verantwortung delegiert wird, innerbetriebliche Karriere- und Förderpläne entwickeln, Mitarbeitern ein Leistungs- und Erfolgserlebnis bei ihrer Aufgabenerfüllung verschaffen usw.* Insbesondere wendet sich eine solche Personalführung von der traditionellen TAYLORistischen Arbeitsteilung ab, weil bei kleinen Teilaufgaben *(z.B. Ausführungen weniger, immer wiederkehrender Handgriffe am Fließband)* keine Identifizierung mit der Aufgabe entstehen kann, ein Interesse an der Arbeit ausbleiben muss, Leistung nicht als Motivator erlebt werden kann.

HERZBERG entwickelte als Konsequenz seiner Theorie den Begriff des **Job-enrichment**: Die Aufgabe eines Mitarbeiters soll nicht nur in ausführender Tätigkeit bestehen, sondern auch damit zusammenhängende planende, entscheidende und kontrollierende Funktionen beinhalten (PEKA-Schema)[107]. *Diese zeigen sich anhand des plakativen Beispiels eines Werftmitarbeiters, der beim Schiffsbau in alle drei Managementfunktionen einbezogen wurde:*

Abbildung 26: Job–enrichment (vertikale Aufgabenerweiterung)

Job-enrichment versteht sich damit als Fortentwicklung des weit verbreiteten **Job-enlargements**[108]: hier wird das Aufgabenfeld nur um ähnliche, i.d.R. ausführende Aufgaben erweitert, um die Monotonie der Arbeit abzubauen und dem Mitarbeiter das Erlebnis eines sinnvollen Ausschnittes des Produktionsprozesses zu ermöglichen. *In unserem Beispiel wird ein Sachbearbeiter in einer Großhandelskette durch job-rotation im Verlauf mehrerer Monate mit der Ablage verschiedener Filialbetriebe beauftragt:*

Abbildung 27: Job-enlargement (horizontale Aufgabenerweiterungen)

---

[106] Vgl. Kapitel 3.1.f. sowie allgemein Sprenger, R. K., a.a.O. sowie sein jüngstes Werk: Das Prinzip Selbstverantwortung. Frankfurt/Main 1995

[107] Siehe auch Wagner, K./Nowak, U., Personalwirtschaft. Rosenheim 1997, S. 3ff.

[108] Dargestellt beispielsweise bei Hentze, J., et. al. , Personalführungslehre. Bern 1997, S. 453 f.

Job-enlargement, und noch eher Job-enrichment sind in der modernen Fachliteratur wesentliche Elemente in der Diskussion um Humanisierung wie Effizienzsteigerung und Kostensenkung der Arbeitswelt. Sie haben nach Beseitigung von dissatisfier-Faktoren das Ziel, die Arbeitszufriedenheit durch Orientierung an den Satisfaktoren zu erhöhen.

Die zusätzlichen Meßgrößen der European Foundation for Quality Management, die allerdings nicht nach HERZBERGs Ansatz sortiert sind, sehen hier teilweise bereits praktisch quantifizierbare Variablen im Zeit- oder Teamvergleich durch benchmarking[109] vor[110].

Über die positive Resonanz für das Unternehmen und die Mitarbeiter, welche nach dem EFQM für nahezu alle Bewertungskriterien direkt oder indirekt die entscheidende Ressource für den Unternehmenserfolg darstellen, versteht sich bei HERZBERG vor allem das Job-enrichment als ein **gesellschaftliches** Ziel. Es entspricht weitgehend den idealen Vorstellungen eines mündigen Mitarbeiters in der modernen Demokratie, mit welchem weitestmöglich kommunikativ gehandelt werden sollte[111]. Dieser übt auch in arbeitsmarktpolitisch schwierigen Zeiten seinen Beruf nicht nur unter dem Druck der Existenzangst aus, sondern gemeinsam mit der Führungskraft kann darin einen sinnvollen, letztlich auf Differenzierung und Selbstverwirklichung zielenden Teil seines Lebens sehen. Hier trifft sich HERZBERGs Job-enrichment mit MASLOWs Bedürfnisfamilien IV und V[112].

3.4.3 Kritische Würdigung der Zwei-Faktoren-Theorie

Im Rahmen von Personalentwicklungsansätzen wurden zahlreiche Versuche mit Job-enlargement und Job-enrichment-Programmen durchgeführt. Daraus resultierende Forschungsergebnisse haben die HERZBERG-Theorie häufig, aber bei weitem nicht immer bestätigt. Besonders bei Arbeitern stieß die Erweiterung vor allem des vertikalen Aufgabenfeldes scheinbar häufig auf Ablehnung - zumindest in der Wahrnehmung der Führungskräfte. Seltenere Erfahrungen aus der Praxis bestätigen auch die mitreißende Wirkung rein repetitiver Arbeit. Etwas vereinfacht übersetzt: Ein gegenseitiger Lernprozeß von der „best practice" in bezug auf Kostenstrukturen oder Abläufe und Verhaltensweisen. *Das Fließband, auf ein flottes Tempo eingestellt, scheint unter der Bedingung eines*

---

[109] Zum Benchmarking im Personalbereich siehe zuletzt Kienbaum, J. (Hg.), Benchmarking Personal, Stuttgart 1997.
[110] European Foundation for Quality Management, a.a.O., S. 28.
[111] Vgl. zur Definition des Frankfurter Soziologen J. Habermas am Ende des Kapitel 3.1.
[112] Vgl. Kapitel 2.6.1. Die „sozialen Bedürfnisse" konnten dabei im rating von Herzberg nur klar als dissatisfier identifiziert werden. Dem entscheidenden Stellenwert moderner Teamarbeit unter den Vorzeichen eines sich völlig wandelnden Chef – Mitarbeiterverständnisses trägt dieses Ergebnis keinerlei Rechnung (vgl. Kapitel 4 und 5).

Akkordlohnes bis zu gewissen Grenzen bestimmte Typen von Mitarbeitern zur Normalleistung bzw. zur Mehrleistung zu motivieren.

Die Ergebnisse der Personalführungsforschung bestätigen somit die Zwei-Faktoren-Theorie nicht eindeutig. Darüber hinaus sind zahlreiche wissenschaftliche Einwände gegen das Konzept von HERZBERG vorgebracht worden, von denen wir hier die wichtigsten kurz ansprechen:[113]

- Die Forschungsergebnisse, auf denen sich die Zwei-Faktoren-Theorie gründet, lassen sich nur mit der von HERZBERG angewandten Methode der **"kritischen Situation"** ermitteln. Andere Forschungsmethoden, die den "normalen" Arbeitsalltag im Visier haben, berücksichtigt die Zwei-Faktoren-Theorie nicht.

- Auch die **Auswahl der Befragten** wurde kritisiert: zu viele Angestellte, zu wenig Arbeiter. Kritiker haben Mitarbeiter daher eingeteilt in "growth seekers", für deren Bedürfnisstrukturen die Ergebnisse der Zwei-Faktoren-Theorie zutreffen, und "maintenance seekers", für welche eher die dissatisfier handlungsrelevant sind[114].

- Die Theorie geht bei den Befragungen von akkumulierten Daten aus. Dabei wird nicht berücksichtigt, in wie vielen Einzelfällen die Zwei-Faktoren-Theorie nicht zutrifft. Durch den **statistischen Fehlerausgleich** (Varianz) kann die Zahl dieser Abweichungen weit größer sein, als wir bei der Darstellung der Gesamtergebnisse vermuten.

- In der Pittsburgh-Studie haben die Befragten zwar intentional Gründe für ihre Zufriedenheit bzw. Unzufriedenheit genannt. Ihre Erklärungen konnten nur **subjektiv** sein und müssen nicht "objektivierbaren" Gründen entsprechen. So wären eventuell anderslautende Aussagen von nahestehenden Bezugspersonen zur Wirkung von kritischen Situationen zu beachten *(z.B. die Wirkung einer Gehaltserhöhung auf die Familie)*.

- Die HERZBERG´sche Forschungsmethode geht, wie ausgeführt, von Fragen nach extremen Situationen aus. Sie wendet sich dazu an die **Erinnerung der Befragten**. Für die tatsächliche alltägliche Arbeitsmotivation kann aber nur der jeweils aktuelle Zustand eine Begründung liefern. Die Befragung stellt aber keine Brücke von der Vergangenheit zur aktuellen Zufriedenheit und aktuellen Lebenssituation her (vgl. *z.B. die Frage des Gehalts*).

---

[113] Zur weitergehenden Kritik an Herzberg vgl. z.B. Wagner, H., Führung. Münster 1989, S. 52.

[114] Zu ähnlichen Schlüssen kommt auch die XY-Theorie nach McGregor, die in Kapitel 5.2. diskutiert wird.

3.4.4 Die heutige praktische Bedeutung der Zwei-Faktoren-Theorie

Trotz der oben aufgeführten und anderer Einwände gegen die Zwei-Faktoren-Theorie ist ihr Einfluss auf die moderne praktische Personalführung gerade in den letzten 10 Jahren der weitangelegten Umstrukturierungsprozesse auch in mittelständischen Unternehmen angewachsen, nachdem einige ihrer Instrumente in etlichen Großunternehmen geradezu schon selbstverständlich sind. Grund genug, in diesem Abschnitt noch kurz die Gründe für die gewachsene Bedeutung der grauen Eminenz HERZBERG zu suchen.

Wie MASLOW bietet HERZBERG ein plausibles Konzept für die moderne praktische Personalführung. Die eindimensionalen pessimistischen Menschenbilder TAYLOR's *(Mitarbeiter haben nur das eine Ziel, ihre Arbeitskraft so günstig wie möglich zu verkaufen)* und die optimistischen der Human-Relations-Bewegung *(Mitarbeiter suchen auch im Arbeitsleben vor allen Dingen soziale Zuwendung und Geborgenheit in der Gruppe)* ersetzt HERZBERG durch ein allerdings ebenso einseitiges optimistisches Menschenbild, nämlich das des nach Selbstentfaltung und Leistung strebenden Menschen. Diese Theorie entspricht unserer Vorstellung vom mündigen Bürger in der Demokratie, da sie ein hohes Maß an Selbstbestimmung und Selbstverantwortung verlangt. Sie korreliert somit mit der **Selbsterfahrung gehobener sozialer Schichten**, also derjenigen Mitarbeiter, die vielfach die Unternehmensführung bestimmen. Für jene werden Arbeitszufriedenheit und Leistung in einen günstigen Zusammenhang sein, da ja die Arbeitszufriedenheit durch satisfier bewirkt wird, die ihrerseits unmittelbar aus der Aufgabenerfüllung und dem Arbeitserfolg resultieren[115].

Die Zwei-Faktoren-Theorie entspricht auch der verbreiteten Erfahrung, dass materielle Anreize und auch andere dissatisfier einem **Gewöhnungsprozess** unterliegen:

Eine feste Gehaltserhöhung, eine betriebliche Pension, eine Gewinnausschüttung an Mitarbeiter (die der einzelne kaum beeinflussen kann) wirken zwar im Augenblick motivierend. Diese – mit der individuellen Leistung kaum in Zusammenhang stehenden – Anreize können aber auf die Dauer nicht das Arbeitsverhalten beeinflussen, können also nicht eine Unlust bei der Arbeit verhindern. Umgekehrt löst der Wegfall von Anreizen (z.B. einseitige Streichung übertariflicher Zahlungen durch den Arbeitgeber) unter Umständen eine lang andauernde Frustration aus, die geeignet ist, das Leistungsverhalten ungünstig zu beeinflussen. Dieser Gewöhnungsprozess ist bei allen dissatisfiern zu beobachten. Auch die in vielen Publikationen als ein Schlüssel zum schlanken Unternehmen gepriesene Teamarbeit macht hier keine Ausnahme[116].

---

[115] Vgl. Kapitel 3.3 Arbeitszufriedenheit und Leistung.
[116] Zur wissenschaftlichen Begründung siehe Kapitel 4.5 Gruppendynamik.

**Fallstudie Nr. 1
zum Kapitel 3 „Motivation"
Der Magaziner**

Die Georg Grau OHG ist ein mittleres Unternehmen der Möbelindustrie mit 270 Mitarbeitern. Herr Leimann (57) ist seit 10 Jahren Magaziner. Er hat keine weiteren Mitarbeiter. Sein Aufgabengebiet umfasst: Einlagerung aller Lagerteile, insbesondere Beschläge, Schrauben, Nägel, Kleinwerkzeug usw. große Teile wie Holz, Platten, Furniere usw. berühren das Lager nicht. Sie werden serien- oder auftragsbezogen eingekauft und gehen sofort in die Produktion ein), Ausgabe der Teile aufgrund der Materialentnahmescheine, Führung der Lagerkartei, Anforderungen an den Einkauf bei Erreichung des Bestellpunktes, Pflege des Lagers.

Herr Leimann ist griesgrämig, unfreundlich und extrem kleinlich. Erst kürzlich hat er die Abwicklung eines Auftrages extrem behindert, weil ein Materialentnahmeschein falsch unterschrieben war. Er lässt die Arbeiter, die Material fassen, häufig warten, um die Lagerkartei zu vervollständigen oder wegen anderer Arbeiten, die durchaus auch zu einem späteren Zeitpunkt nachzuholen wären. Er herrscht Arbeiter unfreundlich an, wenn sie sich seinen Anweisungen nicht fügen.

Vor seiner jetzigen Tätigkeit war Herr Leimann in der Arbeitsvorbereitung tätig. Das war eine einflussreiche und angesehene Stellung. Da er mit den neuen IT-Planungstechniken nicht zurecht kam, musste er in seine derzeitige Stellung versetzt werden. Über Herr Leimann hat es in der Vergangenheit zahlreiche Beschwerden gegeben; viele Arbeiter weigerten sich, den Auftrag „Material zu fassen" auszuführen. Da Leimann ein Mitarbeiter der ersten Stunde ist, steht er unter den Schutz des Seniorchefs und ist praktisch unkündbar.

Die Umgestaltung der Materialberechnung auf EDV erzwingt eine Änderung der Arbeitsabläufe auch im Magazin und die Neugestaltung der Formulare. Die Organisationsabteilung möchte mit dem Kreise der Betroffenen eine neue Konzeption entwickeln. Bei dieser Sitzung entwickelt Leimann eine starken Widerstand gegen die geplanten Veränderungen, bringt eine Fülle von Argumenten und Scheinargumenten dagegen vor und erklärt schlicht, er könne die reibungslose Belieferung der Produktion nicht gewährleisten. Leimann beschimpft dabei viele seiner Kollegen aus der Arbeitsvorbereitung, wirft ihnen mangelnde Erfahrung und Verantwortung vor, und macht damit eine wirkungsvolle Zusammenarbeit in diesen Kreise unmöglich. Er unterstellt allen Ernstes, dass ein Großteil der neuen Maßnahmen nur den Zweck hätten, ihn und seine Tätigkeiten aus dem Betrieb zu drängen.

Fragen:

1. Was ist bei der Motivation von Herrn Leimann zu beachten? Benutzen Sie bitte zur Fallanalyse das bisher dargestellte Instrumentarium der Personalführung!
2. Stellen Sie bitte der Geschäftsleitung einen konkreten Fahrplan vor, wie Sie die Wünsche von Herr Leimann erkennen und ihn dadurch gezielt motivieren können!

Lösungsskizze zur Fallstudie Nr. 1

Vorbemerkung:

Die Fallstudie ist eine angewandte Inhaltsanalyse[117]. Hier muss der in der Praxis vom Forscher entdeckte "Fall" erst schriftlich rekonstruiert werden. Wenn hier, und in den weiteren vier Studien die Inhalte "auf dem Silbertablett" vorstrukturiert sind, dann ist gedanklich die Problematik der selektiven Wahrnehmung des jeweiligen Autors mit zu berücksichtigen. Manche Akteure schneiden - auch wenn der Forscher konsequent die Perspektive des Außenbetrachters einzunehmen versucht - besser ab, andere kommen schlechter weg.

Die gegenseitig sich ergänzenden Methoden "Befragung" und "Beobachtung" und die Objektivierung des Geschehens durch die Erzählungen mehrerer Personen können zumindest einer „Inter-Subjektivierung" von Aussagen dienen.

Im konkret vorliegenden Fall hat sich der Autor mehrerer sog. "narrativer Interviews"[118] bedient, indem er Herrn Leimann und die anderen Betroffenen deren Wahrnehmung durch offene Fragen und aktives Zuhören erzählen ließ. Dennoch scheint es, als fänden sich im Text Schuldzuweisungen an seine Adresse versteckt, da er - abgesehen von seinen Beziehungen zum Senior-Chef - mit seiner Wahrnehmung ziemlich allein dasteht.

---

[117] Vgl. ausführlich im Kapitel 5.2. zur Führungsforschung.
[118] Vgl. Gerdes, K., Explorative Sozialforschung. Stuttgart 1979, S.15.

Zu Frage 1:

Was ist bei der Motivation von Herrn Leimann zu beachten? Benutzen Sie zur Fallanalyse das bisher dargestellte Instrumentarium der Personalführung!

Zum "Verstehen und Erklären" dient zunächst eine gedankliche Voreinstimmung vor dem Hintergrund von zwei Fragestellungen: Was sind die Grundaussagen dieses Falles? Was ist "das" Problem?

Meist finden sich längerfristige, von den beteiligten Akteuren längst schon definierte Problemsituationen vor (A), sowie kurzfristige Änderungen, welche den Fall auf die Spitze treiben, und die Intervention der Personalführung auf den Plan rufen (B):

(A) Die allgemeine, ziemlich zweifelsfrei "objektive" Situation ist dadurch gekennzeichnet, dass Herr Leimann seit 10 Jahren einen Sachbearbeiterposten innehat, bei dem er allein den selbständigen Bereich des Lagerdisponenten führt. Dies ist für ihn offensichtlich eine Lebenszeitstelle - ins unreine subjektiv gesprochen der berüchtigte Endbahnhof, auf den einst leistungsfähige Mitarbeiter "fortgelobt" werden, weil sie in ihrem Aufgabengebiet den wirtschaftlichen und technologischen Wandel nicht managen können[119].

(B) Eine spezifisch neue Situation als "Zünglein an der Waage" stellt sich durch die Umstellung ehedem manueller Tätigkeiten der Datenverarbeitung ein, die keine Insellösungen mehr zulässt und nun auch Herrn Leimanns früheres selbständiges Sachgebiet zentral berührt.

Im Hinblick auf die bereits dargestellten Theorieansätze lässt sich zunächst ebenso zentral fragen, inwieweit wir bei Herrn Leimann noch von einer **Bedürfnisbefriedigung** sprechen können.

Dazu lässt sich die Bedürfnisstruktur des 47jährigen Abteilungsleiters Leimann bzw. des 57jährigen Magaziners Leimann im Zehnjahresvergleich nach dem Verhaltenskreislauf darstellen. Als Abteilungsleiter in einer angesehenen Stellung fand sich bei Herrn Leimann "vor 10 Jahren" nach MASLOWs Pyramide eine relativ normale Bedürfnisstuktur einer Führungskraft. Es lässt sich aufgrund der Fallbeschreibung vermuten, dass Herr Leimann bereits in relativ jungen Jahren als nicht mehr lernfähig erkannt, und deshalb versetzt wurde. Insoweit erscheint Herr Leimann als ein eher misserfolgsmotivierter Mensch - zumindest lässt sich darüber anhand der Fallbeschreibung (abgesehen von weiteren, hier unbekannten Faktoren) spekulieren.

Die Versetzung bedrohte vermutlich nachhaltig wie folgt die Befriedigung aller vier oberen Bedürfnisfamilien nach MASLOW:

- II : Sicherheitsbedürfnis (Angst vor der Freisetzung, vgl. letzter Satz der Fallstudie)

---

[119] Auf das Phänomen eines Aufstiegs in der betrieblichen Hierarchie bis zur Stufe der Inkompetenz, von der es selten ein Zurück gibt, weist das berüchtigte „Peter-Prinzip" des amerikanischen Soziologen Peter hin (vgl. in polemischer Form bei Ogger, G., Nieten in Nadelstreifen. München 1992).

- III: vermutlich soziales Bedürfnis (Einzelarbeitsplatz im Lager)
- IV: insbesondere aber das Differenzierungsbedürfnis (Versetzung aus einer einflußreichen "angesehenen" Stellung zum Magaziner)
- V : evtl. auch das Bedürfnis nach Selbstverwirklichung (sofern die Tätigkeit als Abteilungsleiter dies impliziert; in dieser Frage kann höchstens kurz spekuliert werden).

Herrn Leimanns Motivationsstruktur lässt sich anhand verschiedener Textstellen, welche die schlimmste Form von Beamtenmentalität andeuten, sicher als "negativ extrinsisch" kennzeichnen. Bereits vor 10 Jahren kam es durch die Versetzung zu einer nachhaltigen Nichtsättigung des Verhaltenskreislaufs; bei Herrn Leimann baute sich durch die Nicht-Befriedigung der oben angesprochenen Bedürfnisfamilien systematisch langfristige Frustration auf. Diese wurde durch sozialisierte "verschobene" Aggression und Flucht (Kompensation) bewältigt, was beispielsweise durch das unbegründete Anherrschen seiner internen Kunden oder das Insistieren auf veraltete Arbeitsmethoden signalisiert wird.

Aus einem intakten Verhaltenskreislauf bildete sich so für den 57 jährigen Magaziner über ein Jahrzehnt hinweg anstelle eines intakten ein pathologischer Frustrations-Verhaltenskreislauf heraus, der auf der Basis der negativ extrinsischen Motivation offensichtlich in erster Linie nur noch ein überzogenes Bedürfnis kennt:

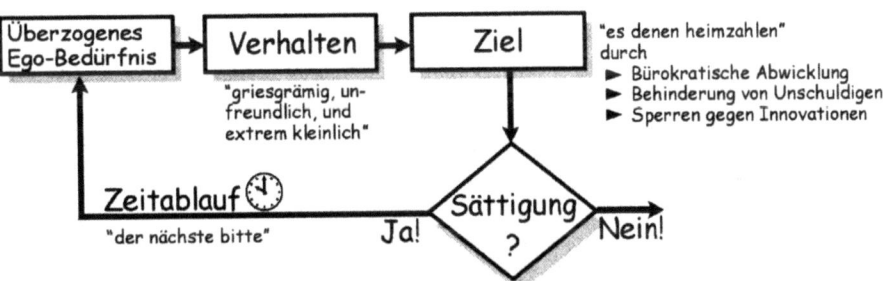

Abbildung 28: Verhaltenskreislauf des 57 jährigen Herrn Leimann

Dieser zweite Verhaltenskreislauf scheint sehr gut zu funktionieren, obwohl und gerade weil kein reflektiertes Handeln durch "subjektiven Sinn" dahinter zu vermuten ist. Der Frustrationskreislauf bleibt als Verhaltens-Automatismus pathologisch, da er nur eine reine Symptombewältigung der Frustration darstellt. Ein Zustand, der im Prinzip nach Spannungsauflösung verlangt, aber sich manchmal in der Praxis zeitlebens kein Gehör verschaffen kann. Somit ergibt sich für Herrn Leimann nur sehr vordergründig eine „Sättigung". Um die Frustration in der letzten Phase der beruflichen Entwicklung des Hauptakteurs Leimann eventuell noch zu brechen, gilt es in einer zweiten Fragestellung zu klären, ob durch Maßnahmen der praktischen Personalführung Abhilfe durch Selbsthilfe möglich erscheint.

Zu Frage 2:
Stellen Sie der Geschäftsleitung einen konkreten Fahrplan vor, wie sie die Wünsche von Herrn Leimann erkennen und dadurch gezielt motivieren kann!

Es gilt nun zu überlegen, ob der praktische Einsatz der Personalführungstheorien mit Mischung von gesundem Menschenverstand im konkreten Fall neue Perspektiven für das Handeln der beteiligten Akteure bringen kann.

Zunächst spiegelt vorliegende Studie einen in der Praxis häufig anzutreffenden Fall wider: Es herrscht die Irrationalität und es lässt sich selten vorstellen, dass mithilfe begründeter Verhaltenswissenschaften hier noch motivierenderweise etwas getan werden könnte. Der Zug scheint für Herrn Leimann schon längst abgefahren, und "die" Lösung liegt offensichtlich auf der Hand: erzwungener Vorruhestand mit Abfindung oder verhaltens- bzw. personenbedingte Kündigung.

Das Hauptproblem, welches sich aber aus der Sicht der Sozialpsychologie stellt, reduziert sich weder auf die Perspektive des Arbeitsrechts noch auf das Muskelspiel ungleicher Sparringpartner. Gleichweg, wie das Ergebnis aussieht, für die Sozialpsychologie (und folglich die praktische Personalführung!) ist ein effektives Frustrationsmanagement Gesetz der Stunde. Ziel ist Lernen von Seiten aller Betroffener, sowohl bei Herrn Leimann als auch im gesamten Unternehmen.

Methodisch ansetzen lässt sich hier bei der **Ampelmethode**[120]:

1. **Verstehen** des Frustrationszusammenhangs - wie anhand des beschriebenen Falls sowie in Frage 1 dargestellt.

2. **Erklären** – Phase des gemeinsamen Bewußtwerdens und Diagnose mit den Betroffenen, allen voran sicher Herrn Leimann. Dazu ist nicht selten das Zutun eines Außenbetrachters nötig[121]. Ein Berater oder ein psychologisch beschlagener Absolvent könnte sich hierfür am besten eignen, da die Wahrnehmung und Handlungsbereitschaft langjährig gedienter Mitarbeiter laut Textangabe sicher nicht als unvoreingenommen und neutral angesehen werden kann. Ein hier zu beginnender Coaching-Prozess setzt ein echtes Vertrauensverhältnis voraus, beginnend bei der sozialpsychologischen Feststellung nach dem Thomas-Theorem[122], dass Herr Leimann nicht der leibhaftige Teufel "ist", sondern ein Mensch mit Bedürfnissen, wie jeder andere auch.

---

[120] Vgl. Im Kapitel 2.6.5 Exkurs „Praktische Folgerungen".
[121] Zur wissenschaftlichen Begründung dieser Perspektive bei Karl Mannheim siehe Wagner, K., Zwischen Ideologie und Alltag, Regensburg 1991, Kapitel 2 und 3
[122] Im Kapitel 2.3 Selektive Wahrnehmung.

Motivation

Nun erscheint die Georg Grau OHG als ein Unternehmen, in dem bewährte und situativ passende Instrumente der modernen praktischen Personalführung noch keine Anwendung finden. Deswegen ist es erforderlich, seitens der Personalverantwortlichen mit Herrn Leimann über den Lernkreis ein gemeinsames Problembewusstsein herzustellen[123], um dessen Frustration durch geeignete Zielfindung und entsprechende Maßnahmen zu lindern und ihm eventuell zu einer wieder annehmbaren beruflichen Identität zu verhelfen.

Ein probates Instrument und „way-out-of-frustration" im Anschluss an die erste Stufe im Lernkreis ist die Zielvereinbarung. Als Prinzip entwickelt in den 50er Jahren von Peter F. DRUCKER, hat sie der amerikanische Wissenschaftler ODIORNE 1964[124] erstmals für die praktische Personalführung dienstbar gemacht:

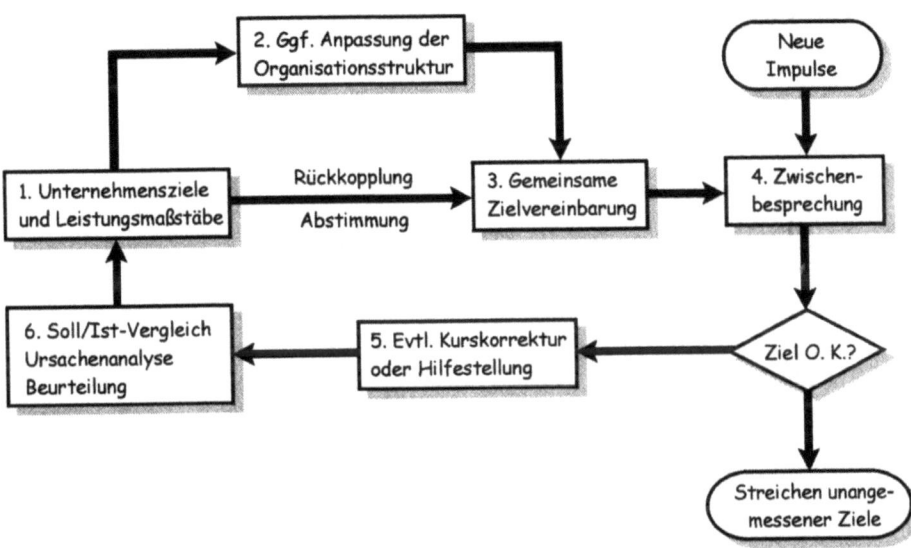

Abbildung 29 : Der Zielvereinbarungskreislauf

Im folgenden Formular wird Herrn Leimann über ein Formblatt vom Berater oder von der Führungskraft eingeladen um mit ihm/ihr *gemeinsam* auf der Grundlage von 3. in diesem Kreislauf Ziele zu vereinbaren.

Eine Auswahl dieser Ziele, wie sie ein Team von Studenten im seminaristischen Unterricht entwickelt hat, befindet sich auf Seite 74. Dem Leser wird empfohlen, sich vor der

---

[123] Vgl. Kapitel 2.3.
[124] Nach Wagner, K./Nowak, U., Personalwirtschaft, Rosenheim 1997, S.29.

Lektüre dieser Ziele selbst Gedanken hinsichtlich zu vereinbarender Ziele aus der gemeinsamen Perspektive der Betroffenen zu machen[125].

Einladung zum Dialog mit "Kooperative Zielvereinbarung"[126]

Lieber Herr Kollege Leimann,

unser Gespräch 'Kooperative Zielvereinbarung soll, wie wir bereits vereinbart haben, zum oben genannten Termin stattfinden.

In diesem Gespräch wollen wir einen offenen Dialog führen über

- ➢ Ihre Arbeitsziele und Leistungen im vergangenen Zeitraum,
- ➢ Die Ziele, die wir im nächsten Zeitraum erreichen wollen,
- ➢ Ihre Erwartungen und unsere gegenseitigem Vorstellungen hinsichtlich Ihrer Laufbahnentwicklung,
- ➢ Möglichkeiten für Ihre Weiterbildung.

Der Erfolg unseres Gespräches hängt auch wesentlich von Ihrem Beitrag ab. Bitte nehmen Sie die unten genannten Anregungen als Hilfe zur Vorbereitung für unser Gespräch.

Ich wäre ihnen dankbar, wenn Sie darüber hinaus alles zur Sprache bringen würden, was für Sie wichtig ist.

Mit freundlichen Grüßen

---

[125] Ein Praktikerbuch für das „Führen mit Zielen" ist das gleichnamige Werk von Meier, R., Berlin/Bonn/Regensburg 1995.

[126] In Anlehnung an Nagel, K., Materialien zu einem Vortrag in der Stadthalle Rosenheim am 24.03.1996.

Kriterien	Anregungen zur Gesprächsvorbereitung	
	Rückblickend	**Zukünftig**
1. Aufgaben	Was gefällt mir / bzw. gefällt mir nicht an meinen Aufgaben?	Wie kann ich meine Arbeitseffektivität und meine Arbeitszufriedenheit erhalten bzw. fördern?
2. Fähigkeiten	Kann ich meine Fähigkeiten bei der derzeitigen Tätigkeit voll einsetzen?	Welche meiner Fähigkeiten könnten stärker genutzt werden?
3. Ziele	Wie stufe ich selbst den Grad meiner Zielerreichung ein? (Basis: Leistungs-Beurteilungs-Kriterien)	Welche Ziele werde ich im kommenden Zeitraum verwirklichen? (mit Terminen und Indikatoren für die Erfüllung)
4. Entwicklung	Wie sehe ich meinen beruflichen Status heute?	Welche Vorstellungen habe ich von meiner beruflichen Zukunft?

Ergebnisformblatt zum Zielvereinbarungsgespräch

Name: Abteilung:

Arbeitsziele und Aufgaben:

Im Rahmen der Aufgabenstellung für 200. haben wir vereinbart, dass Sie im Verlauf des nächsten Jahres/Halbjahres folgende Ziele verwirklichen. Wir werden im nächsten Dialog die Erfüllung der Ziele und Lösungen der Aufgaben besprechen und bewerten.

Zielsetzung	Rang (A/B/C)	Termin bzw. Indikator für Erfüllung
1		
2		
3		
4		
5		

Datum ....   Unterschrift des Mitarbeiters ....

Unterschrift der Führungskraft ....

> **Zusatzfrage:** Welche Wirkung haben die Unterschriften unter dem Formular? Stiften Sie eine Art Zusatzarbeitsvertrag, oder wird dadurch eine Art psychologischer Vertrag zwischen den Beteiligten geschaffen?

Beispielhafte Auswahl von Zielen:

- durch Job Enrichment/ Job Rotation Herrn Leimann positives Lernen und ein neues Selbstwertgefühl vermitteln.
  Wertung: realistisch gesehen ziemlich schwierig, da Herr Leimann sich bereits mit 47 Jahren als nicht mehr lernfähig erwies. Dennoch ist die Chance dazu für einen 57jährigen Mitarbeiter je nach Stärke des subjektiv wahrgenommenen Leidensdrucks und nach den situativen Möglichkeiten einer sinnvollen Weiterbeschäftigung nicht ganz aussichtslos.

- damit in Zusammenhang stehend: individuelle EDV-Kurse oder Einzelschulungen nach gemeinsamer Auswahl mit dem Berater oder Coach (ein standardisierter, unspezifischer Lehrgang würde seine Wirkung möglicherweise „durch die Gießkannenwirkung" verfehlen).

- letzte Maßnahme Freisetzung: falls alle anderen Maßnahmen während der Zielerreichungsperiode nicht fruchten, müsste evtl. nach Beratung mit dem Junior-Chef (den es implizit geben muss), über ein Outplacement[127] nachgedacht werden mit dem Ziel einer einvernehmlichen und freiwilligen Trennung, die im konkreten Fall vermutlich den Vorruhestand mit Kompensation der materiellen Verluste durch den Arbeitgeber bedeuten würde (Abfindung).

3.5 Individualisierte Organisation

Das Verhalten des modernen Menschen wird durch eine Fülle von Bedürfnissen bestimmt (**complex man**)[128]. Darüber hinaus sind die Bedürfnisse der einzelnen Menschen sehr unterschiedlich. In der hochentwickelten Zivilisation können sich viele Bedürfnisse der Menschen entwickeln und vielfältige Formen annehmen. Diese Vielfalt muß eine moderne Unternehmensorganisation durch moderne Personalführung berücksichtigen. Unbestritten scheint, dass auf viele Mitarbeiter die Zwei-Faktoren Theorie HERZBERGs zutrifft, ihre Leistungsbereitschaft und Arbeitszufriedenheit also steigt, wenn für sie die

---

[127] Vgl. hierzu grundsätzlich z. B. den Beitrag von Stoebe, F., Outplacement als Instrument der strategischen Personalführung. In: Personalführung 5/1990, S. 330-335.

[128] Vgl. genauer Abschnitt 5.3.1.

Motivatoren (satisfier) entsprechend ausgestaltet werden. Allerdings erscheint es unpsychologisch und damit unrealistisch, ein einheitliches Motivationsmix für alle Mitarbeiter bestimmen zu wollen.

Was nach der Erwartungs-Valenz-Theorie für den einen zu wenig Verantwortung ist, bedeutet für den anderen vielleicht schon eine Überforderung. Was für den einen Mitarbeiter eine interessante Arbeit darstellt, erscheint dem anderen möglicherweise als langweilige Routinetätigkeit.

Es genügt also nicht, dass die Unternehmensleitung bzw. die Unternehmensorganisation von dem „neuen" Menschenbild im Anschluss an MASLOW oder HERZBERG ausgeht. Sie muss vielmehr die **Individualität** eines jeden Mitarbeiters vor dem Hintergrund von konkret vorgegebenen Arbeitssituationen berücksichtigen.

Damit verbindet sich zunächst ein Verzicht auf die überkommene Forderung nach sachorientierter Organisation, der sich darin äußert, dass Stellen sachlogisch gebildet und starre Stellenbeschreibungen "von oben" fixiert werden, um danach den dazu „passenden" Mitarbeiter zu suchen[129]. Eine moderne Personalführung sollte nicht für jeden Mitarbeiter eine Stellenbeschreibung anfertigen, die dessen persönlicher Bedürfnisstruktur entspricht, sondern Führung nach individuellen Zielvereinbarungen anstreben und flexibel gestalten[130]. **Flexibilität der Organisation** ist eine altbekannte Grundsatzforderung, der die betriebliche Sozialpsychologie in Forschung und Lehre Gehör zu verschaffen sucht. Gemeint ist dabei einerseits immer die Flexibilität nach außen: die Organisation muss in der Lage sein, Veränderungen der Umwelt schnell zu erkennen und zu verarbeiten, um eine Existenzgefährdung abzuwenden. Da dies nur mithilfe einer hochmotivierten Belegschaft zu erreichen ist, muss diese Flexibilität andererseits auch nach innen gefordert werden, als ständige intelligente Anpassung an die Bedürfnisse der Menschen, die in der Organisation arbeiten.

Dieser Gedanken ist von dem amerikanischen Sozialpsychologen Edward E. LAWLER[131] im Anschluss an die von ihm weiterentwickelte Erwartungs-Valenz-Theorie als **"individualisierte Organisation"** gekennzeichnet worden. Daraus folgernd hat er ein eher formales Konzept der Leistungsmotivation entwickelt. Sie vermeidet Kritik, die berechtigterweise an den Konzepten von MASLOW und HERZBERG geübt wurde.

In den beiden folgenden Darstellungen wird in Anlehnung an LAWLERs Modell[132] in Abb. 30 zuerst der nach außen sichtbare Teil des Individiums, und anschließend der Blick hinter die Fassade seiner Subjektivität erläutert (Abb. 31):

---

[129] So z.B. jüngst bei Röllinghoff, St., Die Individualisierung des Personaleinsatzes. München/Mehring 1996.
[130] Vgl. die Fallstudien Nr. 1 und 2 in diesem Werk.
[131] Lawler, E. E., Motivation in Organisationen. Bern/Stuttgart 1977 [1968].
[132] Ebd., S. 122. Zusammenfassend Balzereit, B., Betriebspsychologie. Paderborn/München 1980, S. 71-76.

Motivation 87

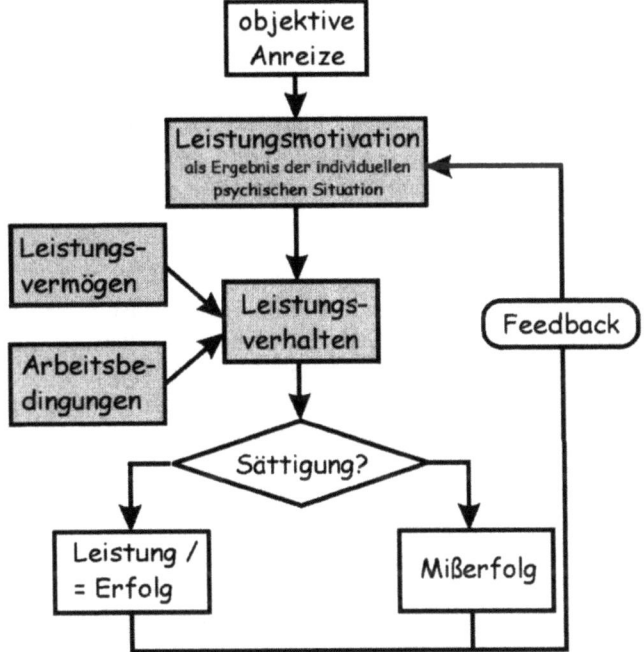

Abbildung 30: Leistungsverhalten und -motivation: zwischen "Objekt" und "Subjekt"

Zur näheren Erklärung:

Das **Leistungsverhalten** des Mitarbeiters, sein Tun, Dulden oder Unterlassen[133] während seines Arbeitseinsatzes wird bestimmt durch drei Faktoren

- seine **Leistungsmotivation**
- sein **Leistungsvermögen**
- die **Arbeitsbedingungen**

a) Die **Leistungsmotivation** ist nach LAWLER das Ergebnis der gesamten psychischen subjektiven Situationsdefinition des Menschen, die von inneren und äußeren Einflüssen bestimmt wird. So definiert der Mitarbeiter objektive Anreize; so *will* er handeln. Zwei andere Faktoren machen diesem Bedürfnis bisweilen einen Strich durch die Rechnung:

b) Das **Leistungsvermögen** wird bestimmt durch die körperliche und die geistige Eignung *(Arbeitskenntnisse, Betriebskenntnisse, Intelligenz u.a.)* und die psychische Eignung *(z.B. Ausdauer, Kreativität)*. Bewertet wird das Leistungsvermögen durch

---

[133] Nach der im Kapitel 1 entwickelten Definition der Verhaltens nach Max Weber.

mehr oder weniger professionelle Wege von Kritik und Anerkennung oder systematische Personalbeurteilung.

c) Die **Arbeitsbedingungen** umfassen im weitesten Sinne die technischen und organisatorischen Voraussetzungen, die der Mitarbeiter zur Erfüllung seiner Aufgabe vorfindet: *Arbeitsplatzgestaltung, Ausstattung und Zustand der Maschinen, Eignung der zu bearbeitenden Rohmaterialien, aber auch ihre rechtzeitige Anlieferung, Licht, Klima, Geräuschpegel usw..*

Das Ergebnis aus den drei eben beschriebenen Bedingungen ist das **Leistungsverhalten**. Dies ist, falls der Mitarbeiter willentlich handelt, auf Ziele gerichtet und bringt **Erfolg** oder **Misserfolg**, je nachdem, ob nach Definition des Auftraggebers die Ziele erreicht wurden[134]. Betriebliche und persönliche Ziele können dabei durchaus voneinander abweichen: *Das betriebliche Ziel ist die Erfüllung der Arbeitsaufgabe. Wenn das persönliche Ziel z.B. nach MASLOW Anerkennung und Aufstieg im Betrieb oder Entfaltung der kreativen Fähigkeiten ist, muss dies nicht immer mit der Erfüllung der Arbeitsaufgabe übereinstimmen. Über die Rückmeldeschleife (**feedback**) wird der Mitarbeiter den Grad der im Leistungsverhalten von anderen realisierten Sättigung als Basisinformation für ein erneutes Leistungsverhalten verwenden.*

Da Motivation sich (wie oben dargestellt) am besten als Prozess beschreiben lässt, ist die Wertigkeit der eben dargestellten Faktoren kaum konstant.

Das System der Werte und Motive eines Menschen ändert sich durch

- die Veränderung der äußeren und inneren Bedingungen *(langfristig z.B. durch Alter, kurzfristig durch Krankheit).*

- den Wandel der persönlichen Werte und Motive durch Lebenserfahrung, durch Einflüsse von Freunden, Kollegen, Massenmedien usw., also der sozialen Umwelt („Lernen").

Wie wir im Kapitel 2 gesehen haben, lernt der Mensch so in seiner persönlichen **feedback**-Schleife durch Erfahrung aus dem Ergebnis des Leistungsverhaltens, also nach der Definition des Auftraggebers explizit oder implizit mitgeteilten **Erfolgs** oder **Misserfolgs**[135]. Da aber die Bewertung, ob die Leistung erreicht wurde oder nicht, als eine höchst subjektive, schwer messbar erscheinende Frage anzusehen ist, nun im Sinne Max WEBERs ein verstehender Blick ins Innere der blackbox, wie beim Mitarbeiter als Adressaten der „Erfolgsmeldung" diese weiterbearbeitet wird:

---

[134] Vgl. im Kapitel 2.6 unsere Definition von Leistung.
[135] Zu den wichtigsten 13 praktischen feedback-Regeln nach Ruth Cohn siehe Siems, L. /Schwäbisch, M., Anleitung zu sozialen Lernen. Reinbek 1984, S. 76-79.

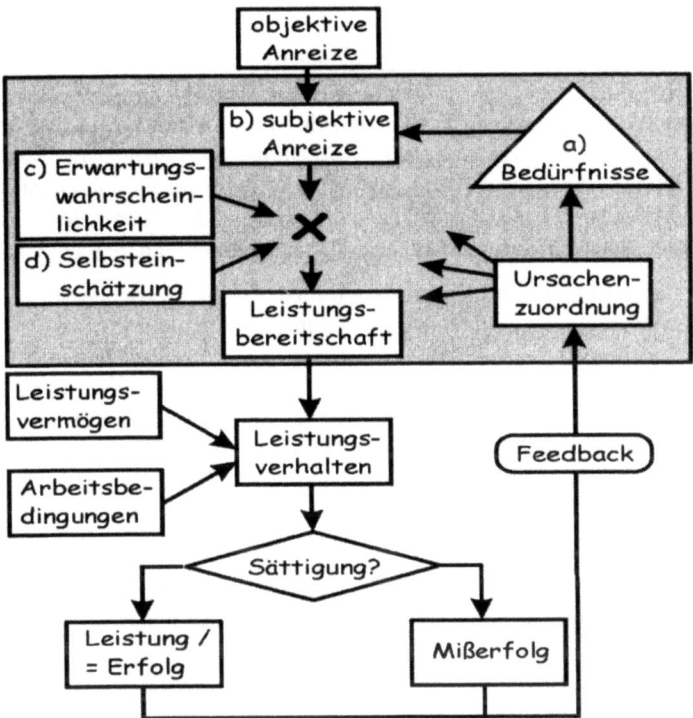

Abbildung 31: Leistungsverhalten und -motivation: Die „subjektive" blackbox wird geöffnet[136].

---

[136] In Fortführung des Originalmodells von Lawler nach Balzereit, B., a.a.O., S. 74.

Zur näheren Erklärung:

Damit der Mitarbeiter subjektive **Leistungsbereitschaft** entwickelt, bietet ihm der Betrieb **objektive Anreize** (*Lohn, angenehmes Betriebsklima, angenehme Arbeitsbedingungen usw.*), die auf dem Weg der Situationsdefinition erst in **subjektive Anreize** übersetzt werden müssen: Wie die objektiven Anreize auf die Leistungsbereitschaft konkret wirken, ergibt sich demnach aus der sozialpsychologischen Gesamtsituation des Menschen, die wir durch wissenschaftliches Verstehen und Erklären analysieren wollen (beim hochmotivierten Mitarbeiter genauso wie bei demjenigen, der sich „hängen läßt").

Was spielt sich im einzelnen auf der Hinterbühne[137] des Menschen ab, die nur in vertrauensvollen Beziehungen durch Befragung klar ersichtlich wird?

Das menschliche Handeln wird

a) zunächst durch seine grundlegenden Motive, sprich **Bedürfnisse** bestimmt. Zur Erklärung der menschlichen Bedürfnisstruktur und der jeweils wirksamen Bedürfnisse können wir die Ansätze von MASLOW und HERZBERG heranziehen. Wir gingen davon aus, dass Bedürfnisse durch eine Ursachenzuordnung von **Erfolg** oder **Misserfolg** bei vergangenem Handeln gelernt („sozialisiert") wurden[138].

b) Aus der subjektiven Bedürfnissituation ergibt sich, ob und wie der Mitarbeiter die objektiven Anreize, die der Betrieb bietet, **subjektiv** als Handlungsziele definiert (**Wert**). *Eine Studie zur flexiblen Arbeitszeit zeigte z.B., dass polnische Gastarbeiter die Möglichkeit, bezahlte Überstunden zu machen, hoch bewerteten. Andere, ältere und immateriell eingestellte Arbeiter, zogen eine möglichst kurze Arbeitszeit ohne Überstunden vor - möglichst mit mehreren Kurzzeiturlauben verteilt über das ganze Jahr* [139].

c) Der dritte Faktor ist die vom Mitarbeiter **erwartete Wahrscheinlichkeit**, das angestrebte Ziel auch zu erreichen. *Ist beispielsweise die angestrebte Gehaltsaufbesserung eines Mitarbeiters trotz vermehrten Arbeitseinsatzes sehr unsicher, so wirkt sich dies mindernd auf die Leistungsbereitschaft aus.*

d) **Die Selbsteinschätzung der eigenen körperlichen und geistigen Fähigkeiten** in bezug auf die Arbeitsaufgabe stellt Faktor Nr. 4 dar. Die Leistungsbereitschaft korreliert demnach mit dem Vertrauen in die eigenen Fähigkeiten.

Diese vier Faktoren ergeben, in Ergänzung zur eher tierischen Erwartungs-Valenz-Theorie, in ihrer multiplikativen Verknüpfung die Leistungsbereitschaft des Menschen.

---

[137] Den Eingang dieses Begriffs in die Verhaltenswissenschaften verdanken wir dem Soziologen Goffman, E., The Presentation of Self in Everyday Life. Garden City 1959.

[138] Siehe Kapitel 2.6.

[139] Wagner, K., Implementation einer flexiblen Arbeitszeit bei der Firma...... (Unveröffentlichter Forschungsbericht), Rosenheim 1995.

Fallstudie Nr. 2
zum Thema Motivation
und einstimmend zum Thema Gruppe.
Die Abteilungszusammenlegung

In der Otto-Gronau-KG, einem mittleren Unternehmen der Metallverarbeitung mit 700 Mitarbeitern, wird aus Rationalisierungsgründen die Spezialdreherei mit der Dreherei I zusammengelegt. (Der Meister der Spezialdreherei wird zur Arbeitsvorbereitung versetzt). Art und Rang der Tätigkeit sind in beiden Abteilungen gleich. Der Meister der Dreherei I, Georg Lampmann (58), ist in den Augen seiner 26 Mitarbeiter und 3 Vorarbeiter ein tüchtiger und angesehener Abteilungsleiter.

Die Mitarbeiter der alten Spezialdreherei, 16 angelernte Arbeiter und 2 Vorarbeiter, sind durch die Neuregelung verunsichert und misstrauisch. Sie kapseln sich ab und haben keinen Kontakt zu ihren neuen Kollegen. Diese empfinden die „Neuen" als Eindringlinge. Die Vorarbeiter reagieren entsprechend. Die Stimmung ist sehr schlecht.

Meister Lampmann bemüht sich, alle gleich zu behandeln. Er erteilt Anweisungen, überwacht die Ausführungen und kontrolliert die Ergebnisse. Zu den Arbeitern hat er sonst kaum Kontakt. Zu den Vorarbeitern hält er Distanz. Wegen einen erhöhten Ausschusses macht er einem Arbeiter der alten Spezialdreherei heftige Vorwürfe. Der zuständige Vorarbeiter tritt hinzu und widerspricht dem Meister. Es kommt zu einem Streitgespräch. Die Arbeiter der alten Spezialdreherei solidarisieren sich mit ihren Kollegen, während die anderen „ihren" Meister unterstützen.

In der Folgezeit herrscht eine sehr gereizte Atmosphäre. Einige Arbeiter beantragen eine innerbetriebliche Versetzung. Lampmann versucht, durch erhöhte Kontrollen und Überwachung die Leistung zu halten und Herr der Situation zu bleiben. Die Arbeiter der alten Spezialdreherei glauben aber, dass ihre Arbeit nur unnötig erschwert werde, dass der Meister einseitig „seine" Leute begünstige. Erhöhter Krankenstand und zahlreiche sonstige Fehlzeiten machen die Betriebsleitung auf das Problem aufmerksam.

> **Fragen:**
>
> 1. Was halten Sie von der Überschrift? Inwieweit läßt sich der beschriebene Fall als eine Abteilungszusammenlegung kennzeichnen?
> 2. Welche Probleme treten konkret auf? Bitte, wenden Sie die bisher beschriebenen Instrumente der Personalführung auf diesen Fall an!
> 3. Stellen Sie der Geschäftsleitung einen konkreten Fahrplan vor, wie sie mit Hilfe des Einsatzes moderner Moderationstechniken die mißliche Lage in der Abteilung beheben könnte!

Lösungsskizze zur Fallstudie Nr. 2

zu Frage 1:

Was halten Sie von der Überschrift? Inwieweit lässt sich der beschriebene Fall als eine Abteilungszusammenlegung kennzeichnen?

Normalerweise muss in der Praxis der betreffende Fall erst durch Beobachtung bzw. Befragung rekonstruiert werden. Hier findet sich die Geschichte aus der Perspektive der (notwendig) selektiven Wahrnehmung eines Forschers wieder. Dem Vorteil, nicht mehr alles gründlich recherchieren zu müssen, steht der Nachteil entgegen, dass hier die subjektive Sichtweise des Forschers maßgeblich ist, nicht aber das Erleben der Betroffenen.

Entsprechend ist auch die erste Frage zu beantworten. Die Überschrift „Abteilungszusammenlegung" gaukelt zunächst nur die heile, aber unreflektierte Welt des Organisationsexperten wieder. Vom sozialpsychologischen Standpunkt aus betrachtet ("Mensch im Mittelpunkt"), lässt sich der demonstrierte Sachverhalt eher als eine "*Einverleibung*" beschreiben, bei der eine größere Dreherei die kleinere Spezialdreherei schluckt.

zu Frage 2:

Welche Probleme treten konkret auf? Bitte, wenden Sie die bisher beschriebenen Instrumente der Personalführung auf diesen Fall an!

Wie könnte nun in diesem Fall vorgegangen werden, wenn die oben demonstrierten Instrumente zum Einsatz kommen sollen?

Motivation

Wie in etlichen Fällen hilft es, sich bereits beim ersten Durchlesen die Situation optisch vorzustellen und "den Film nochmals abrollen" zu lassen. Durch das Zeichnen eines Mini-Organigramms oder einer andere Skizze neben der Textangabe wird im vorliegenden Fall die rechte (analog denkende) Gehirnhälfte aktiviert, welche die Fallstudie in gedanklich einladende optische Signale umwandelt:

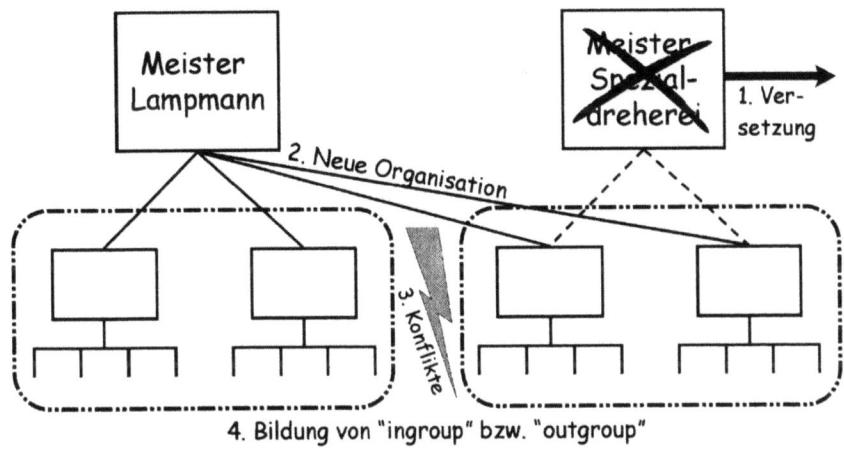

Abbildung 32: Organisationsstruktur der Dreherei I im Spiegelbild ungeplanter Situatonsänderungen[140]

Durch die in der Darstellung eingefügte Zahlenzeitreihenfolge von 1 bis 4 wird deutlich, dass Motivation einen **Prozess** darstellt. Dieser ist kein statischer Zustand einer einmal mehr oder weniger motivierten oder frustrierten „Truppe", sondern abhängig von näher zu beleuchtenden sozialpsychologischen Faktoren. Jenseits von „objektiv" feststellbaren organisationellen Variablen der Abteilungszusammenlegung (2.) und der damit verbundenen Versetzung des alten Meisters (1.) wird durch einen ebenso „objektiv" feststellbaren erhöhten Ausschuss ein für die Motivstruktur der ehemaligen Spezialdreherei bedrohlicher „subjektiver" Konflikt geschaffen (3.). Die (vermutlich) positive extrinsische Motivation wird negativ, weil der neue, von Anfang an nicht akzeptierte Abteilungsleiter aufgrund des erhöhten Ausschusses Sanktionen androht und umsetzt. Das Problem wird durch diese Situationsänderung auf die Spitze getrieben, als genau die zuvor aufgegebene Organisationsstruktur durch ungeplante Gruppenprozesse zu neuem Leben erweckt wird.

Im einzelnen erscheinen vor allem die Sozial- und die Differenzierungsbedürfnisse gestört. Nach MASLOW wäre demnach nur noch ein Arbeiten auf dem sehr niedrigem qualitativen und quantitativen Niveau von Grund- und Sicherheitsbedürfnissen möglich.

---

[140] Zur Begriffsdefinition von ingroup und outgroup siehe Kapitel 4.2.2 Gruppenkonvergenz.

Laut Textangabe ist dies unschwer zu verifizieren, als ein Anwachsen der stillen Kosten nun der Geschäftsleitung bekannt wird.

Wenn diese Art der Motivation als anhaltend dissonanter Prozess in Frustration einmündet und zum Dauerzustand zu werden droht, kann aus einer extrinsischen eine intrinsische negative Motivation werden, sofern die Identität der Mitarbeiter durch diese Situation bedroht wird[141].

Als sozialpsychologische Frustrationsbewältigung aus diesem Dilemma lässt sich laut Textangabe „Aggression" *(Streit)* in Kombination mit „Flucht" erkennen *(z.B. erhöhte Fehlzeiten und Versetzungswünsche)*.

Da die Frustration und das Frustrationsmanagement im geschilderten Fall kein individuelles, sondern ein "kollektives" Problem in den Köpfen der Frustrierten darstellt, wird die "Betriebsleitung auf das Problem aufmerksam" und ein Beraterteam tritt nun auf den Plan. Dieses wird (so könnte einleitend die nächste Frage lauten) beauftragt, sich nach der Präsentation der Fallanalyse im Kreis der Kommanditisten ein Aktionsprogramm zu überlegen:

zu Frage 3:

Stellen Sie der Geschäftsleitung einen konkreten Fahrplan vor, wie sie mit Hilfe des Einsatzes moderner Moderationstechniken die missliche Lage in der Abteilung beheben könnte!

Die Frage nach konkreten Maßnahmen, die in einen „Fahrplan" eingebettet sein sollen, beginnt bei der zunächst ernüchternden Feststellung, dass sich bei dieser Form einer „von oben" induzierten Organisationsveränderung[142] das Rad der Geschichte sicher nicht mehr zurückdrehen lässt!

Die Voraussetzungen für einen kreativen wie produktiven Wandel sind nach der oben skizzierten Ampel-Methode folgende drei Schritte:

1. Einsicht in den Frustrationszusammenhang
2. Gemeinsame Diagnose
3. Hilfe zur Selbsthilfe

zu 1. klärende Gespräche der Berater mit informellen Führungspersonen der „verfeindeten" Gruppen. Falls eine Annäherung sich abzeichnet, bietet sich zu einem spä-

---

[141] Möglicherweise ein Fall einer Frustration „zweiten Grades", die „unter die Haut geht" und „nicht mehr aus dem Kopf zu bekommen ist" (vgl. Kapitel 2.6.5).

[142] Zur Unterscheidung von traditionellen organisationellen Veränderungsstrategien per „Bombenwurfstrategie" bzw. durch moderne, partnerschaftliche Organisationsentwicklung siehe zuerst im deutschsprachigen Bereich French, W. L. /Bell, C. H., Organisationsentwicklung. Bern/Stuttgart/Wien 1990 [1977].

teren Zeitpunkt das Veranstalten von „social events" an, die aber nicht mehr sein können als flankierende Maßnahmen im Rahmen einer beabsichtigten Befriedigung der problematischen Sozial-Bedürfnisse *(z.B. Betriebsausflug, Betriebsfeier).*

zu 2. durch gemeinsame Diagnose *(z.B. auf einem Teamentwicklungs-Workshop außer Haus)* den Mitarbeitern zu neuer kognitiver Konsistenz verhelfen. Im vorliegenden Fall wurde bisher ja mit keiner Silbe beachtet, die Mitarbeiter zu fragen oder zumindest zu informieren. Eine nachträgliche Kurskorrektur erscheint schwierig bis unmöglich, weil die „Chefetage" der gesamten KG sich ansonsten die Blöße gäbe, einen gravierenden Führungsfehler gemacht zu haben. So bleibt nur noch die Flucht nach vorne - in wohlüberdachte Aktionen:

zu 3. Maßnahmen: Um die gestörte Bedürfnispyramide wieder zu reparieren, und zu einer positiv extrinsischen, besser aber intrinsischen Motivation zurückzufinden, erscheinen weitergehende Maßnahmen erforderlich. Über die Förderung der Kontakte zwischen den ehemaligen Arbeitsgruppen hinaus ist ggf. als Initialzündung auf einem Teamentwicklungs-Workshop eine neue Gruppenaufteilung erforderlich. Beispielsweise empfiehlt sich statt der alten Hierarchie eine gemeinsame, an der Basis geplante Teamorganisation, *z.B. im Rahmen einer neuen Arbeitsstruktur oder durch Qualitätszirkel*[143]. Die ehemaligen Vorarbeiter fungieren einer Modellvorstellung zufolge nicht mehr aus übergeordneter Rangstufe, sondern als Kontaktpersonen zwischen Team und Meister. Einen hohen Reifegrad der Mitarbeiter vorausgesetzt, lässt sich diese Position (im Sinne von Job-enrichment) auch rotieren:

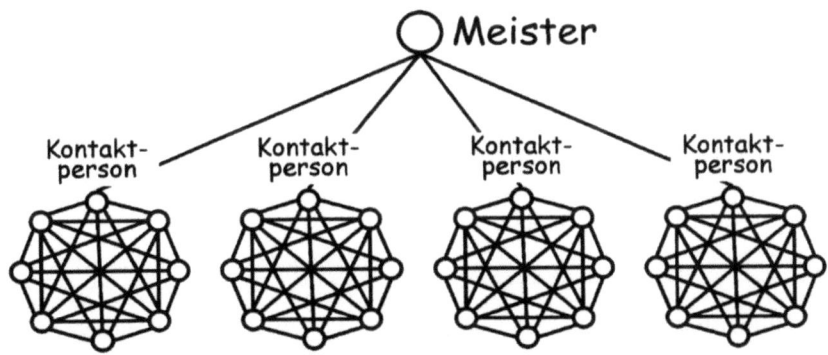

Abbildung 33: Organisationsstruktur der Dreherei I infolge von Teamentwicklung

---

[143] Näheres Praktikerwissen hiezu findet sich bei Seifert, J. W./Kraus, R., Mitarbeitergruppen. KAIZEN erfolgreich entwerfen, einführen, umsetzen. Offenbach 1996.

Auf den Teamsitzungen wird dann versucht, eventuell unter Einbezug eines Außenbetrachters situativ angemessene Zielvereinbarungen zu treffen[144]. *Beispielsweise eine Versetzung des alten -führungsunfähigen- Meisters in den Vorruhestand* oder *ein Outplacement-Konzept* oder *die Wahl eines neuen Meisters* sind Themen, die erst gemeinschaftlich umgesetzt werden sollten, wenn die Schritte 1 und 2 gegangen wurden.

Hierzu dient die Moderationsmethode[145], mit der z.B. durch die Methode des „brainstorming" oder des „brainwriting" gemeinschaftliche Ziele vereinbart werden sollten:

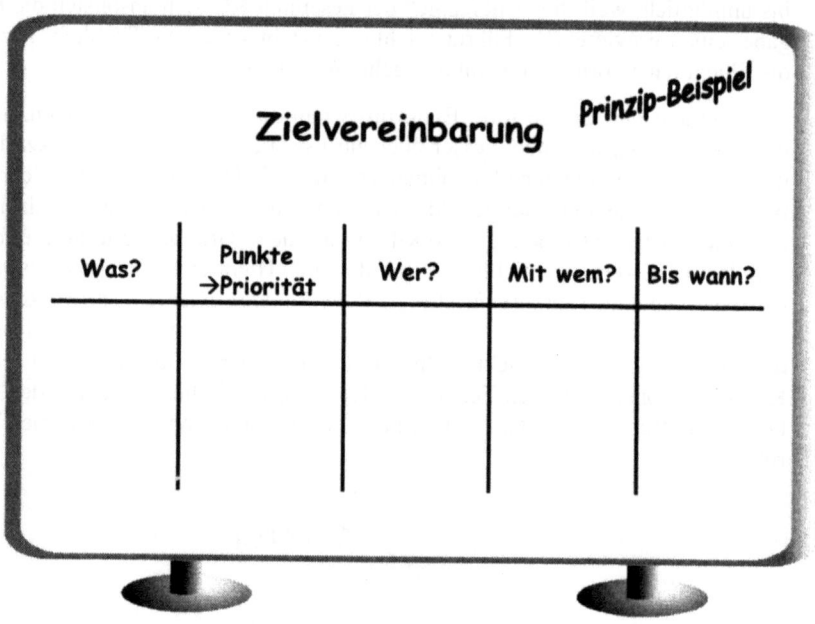

Abbildung 34: Beispiel einer moderierten Zielvereinbarungs-Pinwand

Zusatzaufgabe: Überlegen Sie sich bitte für die obige Pinwand einzelne Ziele! Nehmen Sie bitte mittels einer fiktiven Punktabfrage eine Priorisierung vor und benennen Sie dann stellvertretend für die Mitarbeiter, wer was wann mit wem zu tun hätte, um die drei Ihrer Ansicht nach wichtigsten Ziele umzusetzen!

---

[144] Vgl. Schneider, H. J., Mensch und Arbeit. Köln 1997, S.155f.
[145] Einen idealen praktischen Überblick bietet Klebert, K., et al., Kurz Moderation. Hamburg 1987² oder -mit Video-Kassette-Tosch, M., Besprechungen moderieren. Eichenzell 1997.

4. Forschungsgegenstand „Gruppe – Team"

4.1 Die Gruppe in der Sicht der betrieblichen Sozialpsychologie

Moderne Teamarbeit ist seit Jahren in aller Munde. Viele, die sie tagtäglich in der Wirtschaft praktizieren, kennen nur den Namen. Sie wissen aber nicht, welche sozialpsychologischen Wirkzusammenhänge und Einsatzpotentiale hier schlummern. Basierend auf den individuellen Kenntnissen über den Menschen in den Kapiteln 1.-3. werden wir deswegen im folgenden Kapitel versuchen, für die wichtigsten wissenschaftlichen Grundlagen moderner Arbeitsteam in „Gruppen" als deren Urform sensibel zu machen.

In den traditionellen Verhaltenswissenschaften herrschten lange Zeit zwei gegensätzliche Auffassungen zum Thema „Gruppe" vor. Die einen, eher psychologisch orientierten Wissenschaftler vertraten die Vorstellung, der Mensch sei in erster Linie ein geistig unabhängiges eigenständiges Wesen, ein Individuum. Die anderen, eher soziologisch geneigten Forscher und Lehrende gelangten zu der Auffassung, dass dem Individuum als Gegenpol die Gruppe bzw. letztlich die Gesellschaft als „ärgerliche Tatsache" (Ralph Dahrendorf) gegenüberstünde[146].

Für die betriebliche Sozialpsychologie ist entscheidend, dass sich beide Pole nicht ausschließen. Der Mensch wird in seiner anscheinend subjektiven Wahrnehmung in seinem Denken, Handeln und Verhalten wesentlich von verschiedenartigen Gruppen beeinflusst. Von der Zweierbeziehung (Dyade) über die Triade und Teams bis hin zu „der Gesellschaft" sind heute deshalb Gruppen Gegenstand der sozialpsychologischen Forschung und Lehre.

---

[146] Ders., Homo Sociologicus. Opladen 1977^{15} [1963], S.17. Vgl. etwa die Darstellung unterschiedlicher soziologischer Zugänge bei Kreckel, R., Soziologisches Denken. Opladen 1976, S. 162-181.

4.1.1 Definitionsmerkmale

Gruppe	→ Einstimmungsfragen:
• Eine Mehrzahl von Personen	→ Wieviel Personen sind Unter-/Obergrenze?
• die relativ überdauernd	→ Wie lange müssen diese Personen Kontakt miteinander haben?
• in direkter Interaktion stehen	→ Was bedeutet direkte Interaktion? Welche Beziehung besteht zu den Faktoren „Dauer" und „Interaktion"?
• durch Rollendifferenzierung	→ Welche ein oder zwei Rollen finden sich in den meisten Gruppen?
• gemeinsame Normen	→ Was unterscheidet die Gruppennormen von offiziellen Normen?
• ein Wir-Gefühl	→ Wer fühlt? Die Gruppe oder der Einzelne?
gekennzeichnet sind[147].	

4.1.2 Typen

Das Hauptproblem für die betriebliche Praxis liegt wohl darin, dass durch die Gruppe entstehende zwischenmenschliche Beziehungen durch offizielle Vorschriften und Anweisungen in modernen Betrieben nur oberflächlich zu steuern sind. Gruppen in unserem Sinne sind also immer als sogenannte **informelle** Gruppen von Bedeutung. Der begrifflichen Abgrenzung dienen **formelle** Gruppen, die durch zweckorientierte Maßnahmen gebildet werden[148] *(z.B. Zusammenstellung von Mitarbeitern zu einem Team)*. Die Bedeutung beider Aspekte für das Funktionieren eines Betriebs hat schon Elton MAYO, Mitbegründer der Human Relations Bewegung, wie folgt beschrieben[149]:

---

[147] Stellvertretend für die relativ eng verwandten in der Literatur üblichen Definitionen von „Gruppe" seien hier genannt: Scheuch, E. K., a.a.O., 1979, S. 61-63 oder Bahrdt, H. P., a.a.O., S. 90.

[148] Vgl. Schuler, H., a.a.O., S. 322.

[149] Zitate in Breisig, T., It's Team Time. Eichenzell 1990, S. 35.

formelle Gruppe	informelle Gruppe
Eine formelle Gruppe ist eine Gruppe, deren Existenz auf einem normalerweise fremdbestimmten Zweck beruht. In der Regel hat eine formelle Gruppe einen unpersönlichen Charakter; in ihr gelten teils sorgfältig ausgedachte und schriftlich festgehaltene Regeln und Vorschriften u.a. für die Funktion der Gruppe, die Wahl der Leiter usw.	Informelle Gruppen werden Gruppen genannt, die sich spontan aus zwei oder mehreren Personen, aufgrund eines gemeinsamen Interesses oder eines gegenseitigen persönlichen Zusammengehörigkeitsverhältnisses bilden und in denen die Stellung des einzelnen nicht durch offizielle Vorschriften oder Regeln bestimmt wird, sondern von seiner Individualität und dem Zusammenspiel mit dem übrigen Mitgliedern.

Während eines zweitägigen inhouse-Teamtrainings in einem international tätigen Unternehmen saßen zum Mittagsessen am ersten Tag Geschäftsleitung, Abteilungsleiter und Trainer am gleichen Tisch. Am zweiten Tag mischte sich auf Anregung des Trainers „der" Führungstisch unter die Mitarbeiter, so dass informelle Kommunikation zwischen unterschiedlichen hierarchischen Ebenen sowie mit dem externen Trainer möglich wurde. Es stellte sich heraus, dass nach Wahrnehmung der Mitarbeiter nicht die Zusammenarbeit mit den „Expats" als problematisch empfunden wurde, sondern die Art und Weise, wie der neue Abteilungsleiter die Teams führte. Nun erst konnten die sonst verborgen gebliebenen informellen Probleme lokalisiert und thematisiert werden.

Zusammenfassend lässt sich sagen, dass ein Unternehmen hinsichtlich seiner Leistungsfähigkeit weniger von seiner Aufbauorganisation her gesteuert wird („Structure"), sondern entsprechend informeller Gruppen- und Teamzusammenhänge funktioniert:

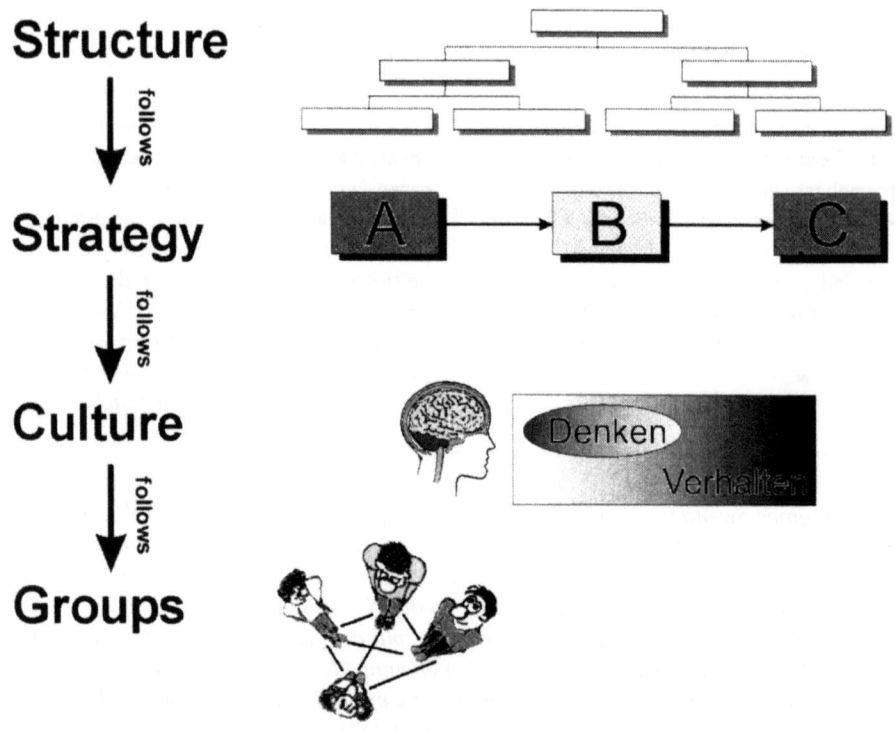

Abbildung 35: Structure follows Strategy

Wie entstehen Gruppen bzw. Teams? Wichtigste Voraussetzung für die Bildung informeller Gruppen ist häufiger persönlicher Kontakt der Mitglieder untereinander und die Definition gleicher Ziele und/oder Interessen, zumindest auf einem begrenzten Gebiet. Das sind

a) *„sachliche"* formelle Ziele und Interessen entsprechend der Aufbau- und Ablauforganisation: *bestimmte sportliche oder geistige Aktivitäten kann das Individuum nur im Kreise Gleichgesinnter praktizieren, berufliche Interessen lassen sich mit Kollegen wirksamer verfolgen. Auch Notlagen sind Beispiele für diese Art von Gruppenbildung.*

b) *Wesentlicher für gruppendynamische Vorgänge* sind nach dem obigen Schema die **„sozialpsychologischen"** Bedürfnisse des Menschen, die nur im Rahmen des informellen Gruppenaspekts befriedigt werden können: Das Bedürfnis nach sozialer Geborgenheit, besonders in einer fremden, abweisenden oder gar feindlichen Umgebung; das Bedürfnis nach sozialer Bestätigung und Anerkennung; schließlich das Bedürfnis nach sozialer Sicherheit, da ein integriertes Gruppenmitglied „weiß, wohin man gehört"[150]. Sympathie und/oder Antipathie sind somit für die Entstehung informeller Gruppen und deren Funktionieren verantwortlich.

Kurt LEWIN hat 1939 den Begriff **„Gruppendynamik"**[151] eingeführt und damit zum Ausdruck gebracht, dass die Entwicklung von Beziehungen weder individuell noch nach offiziellen Regeln abläuft. Sie folgt vielmehr gruppenspezifischen informellen Normen. Gruppendynamische Vorgänge können dabei am ehesten in **Kleingruppen/ -teams** erforscht und praktisch optimiert werden. Dabei korreliert die Zahl der möglichen Gruppenmitglieder positiv mit dem Faktor „Dauer". Hier wird für die praktische Personalführung auch bei langfristig angelegten Gruppen mit ca. 150 Mitgliedern eine Obergrenze erreicht. Um zu vermeiden, dass der Betriebsleiter nicht mehr alle Mitarbeiter zumindest persönlich beim Namen kennt, und ein Minimum an persönlichem Verhältnis zu ihnen aufbauen kann, wird *z.B. bei der Führung der Firma Gore ein Werk immer dann geteilt, wenn die magische Zahl 150 erreicht ist* **(Gore'sche Zellteilung)**.

Von besonderem Interesse sind sog. **Primärgruppen**. Diese sind typischerweise auf Dauer angelegte, intime zwischenmenschliche Beziehungen mit geringer Mitgliederzahl *(z.B. Familie, Gleichaltrigengruppe, Freunde)*. Im Gegensatz stehen dazu eher auf Anonymität und Funktionalität gründende **Sekundärgruppen** – häufig identisch mit formellen Gruppen. Da persönliches Kennen durch die Möglichkeit direkter Interaktion nicht mehr möglich ist, wird eine große Gruppe zur anonymen **Masse**.

Und ein letzte typologische Gegenüberstellung, welches die Bedeutung informeller Gruppen nochmals anzeigt. In aller Regel ist ein Mensch Mitglied mehrerer Gruppen gleichzeitig *(Familie, Freunde, Kollegenkreis im Beruf usw.)*. Im Laufe seines Lebens wechselt er mehrfach seine Gruppenzugehörigkeiten *(Spielgruppe auf der Straße → Kindergarten → Schule → Hochschule usw.)*. Wenn sich der Mensch zudem in den von ihm als „gut" und „erstrebenswert" definierten Normen an eine Gruppe anlehnt, sprechen wir von einer **Bezugsgruppe**[152]. Im Fadenkreuz unterschiedlicher **Mitglieds-** und **Bezugsgruppen** entwickelt der Mensch seine Fähigkeiten, insbesondere seine sozialen Fähigkeiten: Anpassungsfähigkeit und Selbstbehauptung; dieses „Sich-Entwickeln-Lernen" in Gruppen ist Kern jeder Sozialisation[153].

---

[150] „Der durch die Organisation und ihre Anforderungen Frustrierte wird ihr fremd oder gar feindlich gegenüberstehen. Der enge Zusammenschluß jener, die in der gleichen frustrierenden Situation stehen, ist eine häufige Folge. Die Gruppe befriedigt somit für den einzelnen Bedürfnisse, die die Gesamtorganisation nicht zu erfüllen vermag, wie etwa die Bedürfnisse nach Kontakt, Geborgenheit, Achtung und Anerkennung" (Rosenstiel, L. v., Organisationspsychologie. Stuttgart 1977, S. 45).

[151] Vgl. genauer Kapitel 4.3.

[152] In Anschluß an Pionier-Studien im zweiten Weltkrieg von Samuel Stouffer grundsätzlich etwa bei Shibutani, T., Reference Groups as Perspectives. In: American Journal of Sociology, Vol. LX 1955, S. 562-569.

[153] Vgl. genauer oben im Kapitel 2.6.

4.2 Zwei Gruppeneigenschaften

Warum und wie funktionieren informelle Gruppen? In den folgenden beiden Unterpunkten werden die beiden für die betriebliche Sozialpsychologie wichtigsten informellen Gruppeneigenschaften näher beleuchtet:

- die Frage, nach welcher Logik Gruppen im Betrieb zusammenhalten (4.2.1)
- die Frage, wie trotz zum Teil höchst subjektiver Wahrnehmungen oft verblüffend ähnliche informelle Gruppenmeinungen entstehen (4.2.2).

4.2.1 Gruppenkohäsion

Gruppen zeichnen sich unbestritten durch einen (mehr oder weniger starken) Gruppenzusammenhalt aus, dem bei den Mitgliedern ein Zusammengehörigkeitsgefühl, das „Wir"-Gefühl entspricht (Gruppenkohäsion)[154]. Bei den Gruppenmitgliedern führt dieses Wir-Gefühl häufig zu der Überzeugung, dass die eigene Gruppe (**ingroup**) erfolgreicher oder interessanter ist, dass sie im Vergleich zu rivalisierenden Gruppen (**outgroups**) im Recht ist, dass die Mitglieder der eigenen Gruppe intelligenter, leistungsfähiger usw. sind[155]:

Aus dieser gemeinschaftlichen Außendefinition entsteht ein (je nach Stärke der Gruppenkohäsion mehr oder weniger) homogenes, günstiges Bild von der eigenen Gruppe: das **positive Autostereotyp**[156].

Von fremden oder rivalisierenden Gruppen entsteht innerhalb einer Gruppe ebenso ein eher homogenes, aber ungünstiges Bild: Das **negative Heterostereotyp** fördert Gruppengeist und Wir-Gefühl, da es die Grenzen der Gruppe zur Umwelt durch die Definition der Außendistanz betont. Der Feind „ist" also nicht der Feind, sondern wird dazu erst durch kollektive Zuschreibungsprozesse in ingroups, wobei die Stärke der Außendistanz nach folgender Regel definiert wird:

> **Je größer die Außendistanz, desto geringer die Binnendistanz**

---

[154] Zum Problem einer „Vereinheitlichung der Meinungen" mit entsprechenden Forschungsbelegen siehe Hofstätter, P. R., Gruppendynamik. Reinbek 1986 [1957], S. 93-113.

[155] Diese Typologie geht zurück auf das berühmte Werk von Sumner, W. G., Folkways (1908), zitiert nach Scheuch, E., a.a.O., S. 61.

[156] Zur Entstehung siehe Wagner, K., Über Prozesse der Etikettierung und Gegenetikettierung, In: Schweizerische Zeitschrift für Soziologie 1987, S.105-122.

Forschungsgegenstand „Gruppe – Team"

Dementsprechend lassen sich folgende idealtypische Formen der Distanznähe unterscheiden:

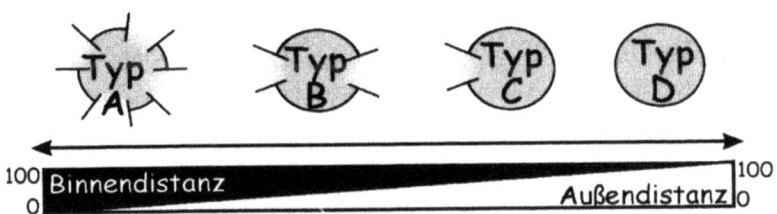

Abbildung 36: Formen von Distanznähe

Alle vier Idealtypen von Gruppen (A-D) weisen unterschiedliche Grade von Distanznähe auf: Während Typ D als vergleichsweise geschlossener Kreis durch eine hohe Außendistanz gekennzeichnet ist, zeigen A, B und C unterschiedliche Möglichkeiten der Öffnung nach außen an. Die Wirklichkeiten in Gruppe B bzw. C - symbolhaft dargestellt durch die Eingangskanäle - werden durch zwei bzw. einen Meinungsführer *(opinion leader)* vorgefiltert. Demgegenüber verläuft die Distanznahme und die Entwicklung in Gruppe A über mehrere, unter Umständen konkurrierende Meinungsführer mit vergleichsweise hoher Empfänglichkeit für Signale von außen. Idealerweise sind dies in einer echten Basis-Demokratie alle Gruppenmitglieder[157].

In bezug auf die zentrale Frage der Meinungsbildung (die folglich die Entscheidungslogik einer Gruppe bedingt) unterscheiden wir nach dem Klassiker R. K. MERTON die Rollen **Meinungsführer, Mitläufer, Rebellen** und **Pioniere**[158]. Auch diese Bezeichnungen werden erst durch die Definition „der" Gruppe wirklich und befinden sich zudem im Fluss. Wandel tritt ein, wenn ein Gegenpol („Rebell") als „Pionier" definiert wird und altes Gedankengut über Bord geworfen wird *(vgl. z. B. die Rollen Michail Gorbatschows in der Entwicklung der Sowjetunion zur GUS).*

4.2.2 Gruppenkonvergenz

Autostereotyp und Heterostereotyp deuten darauf hin, dass Gruppenmitglieder von ingroups mit zunehmender Außendistanz tendenziell ihre Meinungen einander angleichen[159]. Dies zeigt sich in einer zum Teil unbewussten Konvergenz von Verhaltenswei-

---

[157] Vgl. Im Kapitel 5.3.2.1 die Stufen 6 und 7 im Führungskontinuum von Tannenbaum und Schmidt.
[158] Merton, R. K. Social Theory and Social Structure, London 1961, S.140.
[159] Vgl. die Darstellung bei Comelli, G./Rosenstiel, L. v. , Führung durch Motivation. München 1995, S. 157f oder bei Born. M./Eiselin, St., Teams- Chancen und Gefahren. Bern 1996, S. 75ff.

sen bis zur Entwicklung sichtbarer Gruppenmerkmale *(z. B. Kleidung als Gruppenzeichen der ingroup „grün-alternativer" Abgeordneter im Vergleich zu den etablierten Parteien).*

Mehr oder weniger ausgeprägt entwickeln sich also Verhaltensregeln in der Gruppe, welche die entsprechende Gruppenzugehörigkeit dokumentieren (Gruppen-**Normen**). Die Gruppe entwickelt auch ein abgestuftes System von negativen **„Sanktionen"**, welche die Einhaltung der Normen garantieren sollen: Vom freundlichen Hänseln bis zum Ablehnen, Distanzieren, oder gar Ausstoß[160].

Je höher die Attraktivität der jeweiligen Bezugsgruppe für die Mitglieder, um so größer ist die Gruppenkohäsion, um so stärker wird ein gruppenspezifisches Verhalten geübt, werden Gruppennormen eingehalten.

Größere Gruppen (o. g. Sekundärgruppen) sind nicht imstande, die Kohäsions- und Konvergenzdichte von Kleingruppen zu generieren. Es bilden sich im Betrieb mit zunehmender Größe fast immer primäre Untergruppen, deren Ziele u.U. nicht mit den Zielen der Sekundärgruppe konform sind (Cliquen). Damit einher gehen verschiedene Grade von innerer Kündigung und Fluktuation, welche die Gruppenkohäsion und das Zusammengehörigkeitsgefühl der übergeordneten Gruppe nachhaltig stören können.

Andererseits vermitteln große (Sekundär-) Gruppen für ihre Mitglieder entsprechend weniger bindende Gruppenkohäsion und -konvergenz. Diese sind dann für einzelne Individuen bequemer und unter Umständen attraktiver, was die funktionalen und sozialpsychologischen Nachteile zunehmender Gruppengröße aber nicht ausgleicht.

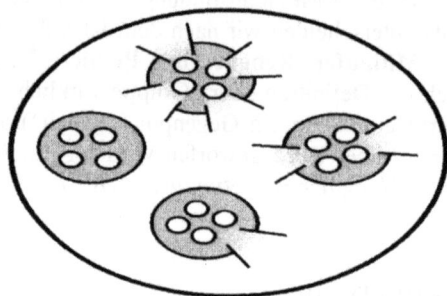

Abbildung 37: Idealtypische Darstellung der verschiedenen Primärgruppen angesichts einer übergeordneten Sekundärgruppe *(z. B. mittelständischer Betrieb mit 16 Mitarbeitern)*

Die praktische Bewandtnis der Gruppenkonvergenz für die praktische Personalführung lässt sich anhand eines Vorfalls auf einer Pressekonferenz im Washingtoner Press-Club nachzeichnen, die der damalige Generalsekretär der KPdSU, Nikita Chruschtschow vor 40 Jahren während seines Amerikaaufenthalts gab. Die erste Frage, die aus dem Saal an

---

[160] Einführend zum soziologischen Begriff von positiven und negativen Sanktionen z. B. Burghardt, A., Einführung in die allgemeine Soziologie. München 1979, S. 109f. Vgl. auch Dahrendorf, R., Homo Sociologicus. Opladen 1977 [1963], z.B. S.74.

ihn gerichtet wurde und die ein Dolmetscher übersetzte, lautete: „Sie haben heute über die Schreckensherrschaft Ihres Vorgängers Stalin gesprochen. Sie waren in dieser Zeit sein engster Helfer und Mitarbeiter. Was haben Sie die ganze Zeit über getan?" Chruschtschows Gesicht lief rot an. „Wer hat das gefragt?" brüllte er. Alle 500 Anwesenden senkten den Kopf. „Wer hat das gefragt?" bohrte er weiter. Keine Reaktion. „Genau das habe ich auch getan", sagte er.

Eine der Tragödien der meisten Unternehmen ist, dass die Mitarbeiter aus Gründen der „sozialen Erwünschtheit" ihre Chefs Fehler machen lassen, auch wenn sie es selbst besser wissen. Durch unangemessene **Konformität** geht viel Energie verloren[161]. Wir finden zwar durch ein weitgefächertes System betrieblicher Beteiligungs- und Mitbestimmungsmöglichkeiten formell keine Diktatur, sondern demokratische Umstände vor - doch ist die Praxis selten die von mündigen Bürgern. Vermeintliche oder real gegebene Abhängigkeiten der Mitarbeiter vom „Chef" dürfen nicht darüber hinwegtäuschen, dass gigantische Ideenpotentiale brachliegen. „Offenheit in Sachfragen nützt dem Unternehmen, kann aber dem schaden, der sich Vorgesetzten offen gegenüber äußert"[162].

Durch die Gruppenkonvergenz wird auch abweichendes Verhalten von der Gesellschaft, bzw. der jeweiligen Bezugsgruppe geschaffen, „etikettiert". Einer der Begründer der soziologischen „Labeling-Schule", Howard S. BECKER, schreibt dazu in Anlehnung an das Thomas-Theorem: „Ich meine ..., dass gesellschaftliche Gruppe abweichendes Verhalten dadurch schaffen, dass sie Regeln aufstellen, deren Verletzung abweichendes Verhalten konstituiert... Der Mensch mit abweichendem Verhalten ist ein Mensch, auf den diese Bezeichnung erfolgreich angewandt worden ist; abweichendes Verhalten ist Verhalten, das Menschen so bezeichnen"[163].

Das Etikett ist deckungsgleich mit dem oben genannten Begriff Stereotyp. Beide spiegeln eine positive oder negative bewertende, meist emotional gefärbte Vorstellung über Personen und Gruppen wieder. Bei konkurrierenden Gruppenmeinungen werden nur wenige oberflächliche Merkmale berücksichtigt, die in bezug auf die outgroup zu einem ungünstigen Bild verschmelzen:

„Aus dem politischen Leben weiß man, dass das Stereotyp des Feindes fast immer die Merkmale dumm, schlecht, herzlos enthält. Sie gehen auf eine *Haloausstrahlung* des eigenen negativen Prädikats „Feind" zurück. Halo-Effekt meint, dass man bei der Beurteilung von anderen die Einzelurteile zum Positiven oder Negativen hin vereinheitlicht. Wer eine differenzierte Beurteilung dennoch unternimmt, wird selber zum potentiellen Feind"[164].

---

161 Ähnlich die Argumentation bei Schuler, H., Organisationspsychologie. Bern/Göttingen 1995 [1993], S. 335.
162 Sigl, H., Die Führungskraft - beneidet und gescholten. In: Personalführung 7/1999, S. 14. Den über einen Vergleichszeitraum von 10 Jahren gesicherten Nachweis über den rechenbaren Nutzen eines modernen Ideenmanagements im produzierenden Bereich erbrachte jüngst Ederer, F., Das Betriebliche Vorschlagswesen. In: Betrieb und Wirtschaft 24/1997, S. 921-925.
163 Becker, H. S., Außenseiter. Frankfurt/Main 1979, S. 8 [zuerst amerikanisch 1963].
164 Vgl. Hofstätter, P. R., Gruppendynamik. Reinbek 1986 [1957], S. 122ff. (vgl. Bornewasser,

Labeling und anti-labeling ist bereits am Beispiel der Beziehung zweier Menschen, der Dyade nachzuvollziehen und durchzieht sämtliche Zwischen-Gruppenbeziehungen bis zur Beziehung von Gesellschaften:

„Wenn einer die Vorstellung hegt, der andere sei ein erbitterter Feind, so wird das sein Verhalten diesem Menschen gegenüber beeinflussen. Der vermeintliche Feind wird dieses Verhalten bemerken und seinerseits darauf reagieren. Diese Reaktion wird der erste als Bestätigung seiner (subjektiven) Wahrnehmung auffassen und wiederum in der Weise reagieren, wie man sich einem Feind gegenüber verhält usw., bis schließlich das Verhältnis der beiden Menschen das von Feinden ist[165].

Dieses Phänomen einer self-fulfilling prophecy bestätigt, dass insbesondere die Wahrnehmung anderer Menschen kein rein „subjektives" Phänomen darstellt. Dieses hängt zum einen von den Normen unserer jeweiligen Bezugsgruppe und zum anderen von der sozialen Erwünschtheit (Konformität) ab.

Die Konvergenz in der Meinungsbildung lässt sich durch etliche verhaltenswissenschaftliche Experimente belegen, so zum Beispiel die seinerzeit bahnbrechenden Konformitätsexperimente von Solomon E. ASCH:

„Jede Versuchsperson wurde in Aschs Experiment zusammen mit sieben, acht oder neun anderen Versuchsteilnehmern, die in Wirklichkeit Mitarbeiter des Versuchsleiters waren, in einem Raum geführt. Die Aufgabe war denkbar einfach: Alle Versuchspersonen sollten angeben, welche drei verschieden langen Linien auf einem an die Wand projizierten Dia genauso lang war wie eine Basis- oder Vergleichslinie, die neben den drei Linien zu sehen war:

Abbildung 38: Vergleichslinien im Konformitätsexperiment von Asch

*Diese Aufgabe war so einfach, dass sie im Grunde jeder hätte lösen können. Erschwert wurde sie für die Versuchsteilnehmer allerdings dadurch, dass – wie gesagt – alle anderen Mitglieder der jeweiligen Gruppe Vertraute des Versuchsleiters waren und falsche Urteile abgaben (Anmerkung: alle Linien **sind** gleich lang)!*

Das Sitzarrangement war dabei so gewählt, dass die echte Versuchsperson als letzte drankam. Alle anderen Teilnehmer hatten dieselbe, ganz offensichtlich falsche Antwort gegeben. Jetzt war die Reihe an dem nicht eingeweihten Teilnehmer. Er war ganz sicher, keinen Sehfehler zu haben, aber auch die anderen schienen weder sehbehindert

---

a.a.O., S.140f).
[165] Lenk, K., Politische Soziologie. Stuttgart 1982, S. 142f.

noch geistig irgendwie beschränkt zu sein. Wie kamen sie zu ihren falschen Wahrnehmungen?

Nur in zwei Dritteln aller Fälle trauten die Versuchspersonen ihren eigenen Augen und gaben die einzig richtige Antwort. Ein Drittel der Versuchspersonen schloss sich – wider besseren Wissens – der Aussage der anderen an. Sie lösten den kognitiven Konflikt zwischen der eigenen Wahrnehmung und der offensichtlichen Übereinstimmung aller anderen Anwesenden, indem sie das falsche Gruppenurteil übernahmen"[166]. Ähnlich das konvergente Ergebnis eines brainstorming bei Studenten, die jeweils drei Klebepunkte zur Verfügung hatten, um aus einer Liste von 9 Verhaltenstypen in einem Ranking die von ihrer Gruppennorm besonders „negativ abweichenden" zu definieren:

Abbildung 39: Meinungskonvergenz in bezug auf „abweichendes Verhalten" bei BWL-Studenten[167]

---

[166] Nach Antons, K., a.a.O., S.177ff. Drastischer sind die „KZ-Experimente" von S. Milgram, bei denen die Versuchspersonen die Aufgabe hatten, hinter einer Glasscheibe sichtbaren Personen Stromschocks in unterschiedlicher Intensität durchzujagen. Auf Befehl wurden teilweise anstandslos sogar solche Stromschläge verpaßt, von denen von Seiten der Versuchspersonen bekannt sein mußte, daß diese für den Betroffenen tödlich sein könnten (nach Scheuch, E. K., a.a.O., S. 75ff.).

[167] Ergebnis eines Experiments vom 15.05.1998 im seminaristischen Unterricht im Fach „Personalführung" an der Fachhochschule Rosenheim.

Fragen:

- Warum sind Menschen in Gruppen geneigt, unangenehme Wahrheiten nicht ins Bewusstsein dringen zu lassen? Welchen Zusammenhang sehen Sie zur selektiven Wahrnehmung?
- Was ist Gruppendenken (group think)? (Denkt „die" Gruppe?")
- Überlegen Sie sich bitte einen Maßnahmenkatalog, was in der praktischen Personalführung gegen „group think" im Unternehmen getan werden könnte![168]

4.3 Gruppenstruktur

Als eine Folge der Gruppenkonvergenz werden den Mitgliedern **Rollen** zugewiesen, die wiederum ihr informelles Ansehen, den **Status** bestimmen. Rolle, ein Begriff aus der Theatersprache, ist dabei nichts anderes als **das von einem Gruppenmitglied in der Gruppe erwartete Verhaltensbündel**[169].

4.3.1 Der Prozess der Rollenbildung

Rollen entstehen zunächst durch einen Prozess gegenseitigen Aushandelns seitens der beteiligten Akteure („role-making")[170]. Sie verdichten sich oft rasch durch Gewohnheitsbildung (Habitualisierung) und sind dann – entgegengesetzt zum Grad der jeweiligen **Rollenfreiheit** - recht schnell nicht mehr frei verfügbar. Wird die Gewohnheitsbildung zur (nicht selten schriftlich fixierten) Institution, scheint die Möglichkeit des Aushandelns gering *(z. B. typischerweise das sog. „role-taking" bei Antritt der ersten Stelle nach dem Studium in einem „gewachsenen" Unternehmen)*[171]. Hat ein Gruppenmitglied eine bestimmte Rolle übernommen, so wird sein Verhalten in etwa vorherseh-

---

[168] Vgl. Anmerkung 176 auf Seite 103.
[169] So zuerst der amerikanische Soziologe Ralph Linton [1936], zitiert nach Scheuch, E. K., a.a.O., S. 99.
[170] Nach Turner, R., Roletaking, Role Standpoint and Reference Group Behavior. In: American Journal of Sociology, 1956.
[171] Zusammenfassend zu dieser Drei-Stufen-Theorie vgl. Berger, P. L./Luckmann, T., Die gesellschaftliche Konstruktion der Wirklichkeit. Frankfurt/Main 1996 [1963].

bar. Darin liegt auch der Sinn der Rolle und ihre Funktion für die Gruppe. Durch die Vorhersehbarkeit des Verhaltens per Organigramm oder Stellenbeschreibung wird zwischenmenschliche Interaktion zum einen überraschungsfrei, vertraut, risikofrei. Zum anderen erscheint der Prozess zunehmende Institutionalisierung und Objektivierung für die beteiligten Menschen in sich längerfristig am Markt befindlichen Unternehmen mit hohem Regelungsgrad als „ärgerliche Tatsache":

Abbildung 40: Der Prozess der Rollenbildung nach Berger und Luckmann

Übung:

a) Welche Konsequenz hat der eben skizzierte Prozess der Institutionalisierung für die moderne praktische Personalführung?

b) Inwieweit sind Business-Reengineering[172] und Zielvereinbarungen für Sie praktische Instrumente, mit der Sie einer Über-Institutionalisierung entgegenwirken können?

---

172 So der gleichnamige Bestseller von Hammer, M./Champy, J. Frankfurt/Main (1993).

4.3.2 Rolle - Verwandte Begriffe

Formale Rollen sind durch **Positionen** fixiert *(z.B. Stellenbeschreibungen oder andere schriftliche Hilfsmittel)*. Informale Rollen unterliegen den Gesetzen der Gruppendynamik und damit emotionalen sozialpsychologischen Einflüssen; sie lassen sich daher nicht so eindeutig festlegen wie formale Rollen.

Gruppen, deren Mitglieder sich als gleiche/gleichwertige Menschen ansehen, entwickeln Rollen- und Rangdifferenzierung, welche die Entwicklung des Wir-Gefühls nicht behindern. **Status** ist das Ansehen einer Position in der formalen Organisation bzw. einer Rolle in der informalen Organisation/Gruppe.

Der formale Rang einer Position (Höhe in einer Hierarchie) und Status können, müssen aber nicht korrelieren *(z.B. der kontaktscheue Abteilungsleiter, der sich aus dem informellen Geschehen weitestgehend zurückhält)*.

Art und Ausbildung der Rollen ist u.a. abhängig von Zielen, Kohäsion, Größe der Gruppe. Häufig werden sich eine oder zwei Führerrollen feststellen lassen. Mitunter ergibt sich auch eine Spaltung in die Rolle des Tüchtigsten (**task leader**) und die des Beliebtesten (**social emotional leader**)[173]. „Tüchtigkeit" definiert sich dabei entweder durch formell festgelegte Verhaltensstandards (Typ 1) oder durch informell festgelegte Aufgaben der eigenen Bezugsgruppe (Typ 2).

4.3.3 Rollen in modernen Teams

Über die Führungsrolle hinaus kristallisieren sich auf der Ebene der Beobachtung häufig die Rolle des *Spezialisten*, des *Außenseiters*, des *Mitläufers*, des *Empfängers sozialer Leistungen* oder die des *Ideenspenders* heraus[174]. Aus der subjektiven Perspektive des Teamleiters erscheinen die Mitglieder z.B. in folgenden Fremdbildern oder Heterostereotypen:

---

[173] Die Einteilung der Führerrolle in die des „Tüchtigkeits-" und des „Sympathieführers" datiert zurück auf die Amerikaner R. F. Bales und Slater, P. F. [1955]. Siehe hierzu Hentze, J., Personalführungslehre. Bern/Stuttgart/Wien 1997³, S. 369.

[174] Vgl. ebd., S. 415.

Abbildung 41: Gruppenmitglieder aus Sicht des Gruppenleiters[175]

> **Übung:** Inwieweit erkennen Sie in der Abbildung Rollen in Ihrem eigenen Team wieder? Wie geht der Teamleiter mit den einzelnen Persönlichkeiten um?[176]

In modernen Teams ist weniger die (oberflächliche und eher beleidigende) Rolle in einer Gruppe maßgeblich, etwa welchen Stereotypen die Mitglieder nach Meinung des Teamleiters entsprechen. Entscheidend in „echten" Teams ist vielmehr die Frage, welche individuellen Qualitäten die einzelnen Mitglieder einbringen können. In diesem Zusammenhang gewinnen Persönlichkeitstest, welche Selbst- und Fremdeinschätzungen „emotionalen Intelligenz"[177] berücksichtigen, eine zunehmende Bedeutung. Wissenschaftlich geprüft und klassisch anwendbar ist der 100 Fragen umfassende LEONARD-Test, der die menschliche Persönlichkeit in Teams jenseits der Oberfläche der reinen Verhaltensbeobachtung auf 5 interaktive Kriterien hin analysiert[178]:

---

[175] Dieses in etlichen Firmenbroschüren viel zitierte Schaubild stammt vermutlich aus den gruppenpädagogischen Beiträgen aus Haus Schwalbach und datiert in etwa zurück auf das Jahr 1985.

[176] Konkrete Umgangstechniken zum Erlernen finden sich bei Petz, M.F., Führen-Fördern-Coachen. Wien 1997, S.46 – 55.

[177] Zum Klassiker und Erfinder des Begriffs „Emotionale Intelligenz", Daniel Goleman, siehe näher: Konrad, S. / Hendl, C., Stark durch Gefühle, Augsburg 1997.

[178] Yong, L.M.S., Leonard Personality Inventory, Kuala Lumpur 1999. Der Test und dessen umfassende Auswertung ist zu beziehen über die Verfasser.

Let's Explore:

Kriterium	mögliche Stärke	mögliche Schwäche
Open	Kreativ	Ständig auf der Suche nach neuen Lösungen
Neutral	Guter Zuhörer	Stimmt zu sehr überein mit Gruppenmeinung
Analytic	Liebt Genauigkeit	Hinterfragt zuviel
Relational	Unterhält sich gern	Spricht zuviel
Decisive	Risiko- und Entscheidungsträger	Zu starke Führung

Die Analyse ergibt oft, dass diese 5 Kriterien in den unterschiedlichsten Konstellationen und Korrelationen vorzufinden sind. Hierzu drei Auswertungsbeispiele:

Person 1   Person 2   Person 3

Abbildung 42: Drei Beispiele für Persönlichkeitsprofile

In den drei eben genannten Fällen betrachten wir sehr unterschiedliche, teilweise auch gegensätzliche Persönlichkeiten:

Person 1: hohe Punktzahl der Analytischen Fähigkeiten (**A**), die evtl. im näher zu thematisierenden Widerspruch zu einem niedrigen Wert in bezug auf Beziehungsorientierung (**R**) stehen könnte.

+ Andere würde diese Person für das Team vermutlich als guten Analytiker schätzen (z.B. während eines Projekts, wenn alleiniges Arbeiten zur Erstellung von Auswertungsunterlagen gefordert ist)

- Diese Person könnte aber auch oft von anderen als zu pedantisch, als zu akribisch eingeschätzt werden. Sie neigt möglicherweise aufgrund des niedrigen (R) dazu, weniger auf andere zuzugehen: die Person möchte vielleicht Dinge nur von sich selbst aus anzufangen und auch fortzuführen. Andere werden dies als sehr kritisch beäugen und die Person isolieren.

Person 2: hohe Punktzahl bei A und D

+ Sie könnte wie Person 1 auch ein sehr hohes analytisches Potential haben, ist aber zudem risikofreudig ist und liebt es, Dinge voranzubringen.

- Als Team-Leiter, um die Beziehungen innerhalb eines Teams zu verbessern, kommt dieser Typ ohne entsprechende Personalentwicklungsmaßnahmen nur schwerlich in Frage, da R und N als eher niedrig eingeschätzt werden müssen.

Person 3: mit einer vergleichsweise hohen Punktzahl in mindestens 4 Kategorien

+ Diese Person gilt als sehr vielseitig und kann die unterschiedlichsten Arbeiten ausführen (ideal für Job-Rotation und Job Enrichment)

- Leider tendiert diese Person auch dazu, alles selbst erledigen zu wollen (Gefahr: „burn-out-Syndrom"). Manche Probanden, die hier ein hohes scoring haben, neigen auch dazu, sich selbst oder den Tester damit zu betrügen, sich in allen Kategorien hohe Punktzahlen zu geben, um ein „gutes" Endergebnis zu bekommen. Doch genau darum geht es dem Test nicht!

Eine detaillierte und umfassende, fast 30 Seiten lange Computeranalyse generiert maßgeschneiderte Einsichten in folgende Aspekte:

- persönliche Stärken und Schwächen
- Möglichkeiten, die Emotionalen-Intelligenz zu fördern
- eigene Kreativitätspotentiale auszudrücken und zu verbessern
- Als Individuum zur Optimierung der eigenen Organisation beizutragen
- die eigene Führungsrolle mit praktischem Handeln auszufüllen
- Umgang mit zwischenmenschlichen Beziehungen, z.B. Verbesserung der Bewältigung von Konflikten
- Umgang mit Stress und individuelle Erzielung von Lernerfolgen.

Moderne Teams sind nicht nur ausführende Elemente von Weisungsbefugnissen, in denen der Chef lediglich ein hohes „D" mitbringen sollte, und alle anderen Kriterien willkürlich sind. Vielmehr ist es für das optimale Funktionieren moderner Arbeitsteams entscheidend, dass nach LEONARD alle fünf genannten Qualitäten abgedeckt werden. Erfahrungsgemäße Defizite können durch längerfristige Personalentwicklungs-maßnahmen oder durch entsprechende Bewerbertests im Rahmen von Nachbesetzungen ausgeglichen werden.

Da die meisten Menschen Mitglieder nicht nur im Teams arbeiten, sondern Mitglieder mehrerer Gruppen sind, besteht das menschliche Verhalten aus mehreren **Rollensegmenten**. Je nach Situation (jeweilig umgebende Gruppe) werden unterschiedliche Erwartungsbündel gehegt bzw. entsprechende Rollen „gespielt". Die verschiedenen Rollen einer Person können auch im Widerspruch zueinander geraten: **Rollenkonflikt** spiegelt die soziologische Bezeichnung für das subjektive Entscheidungsdilemma eines Motivkonflikts wieder[179].

Das tatsächliche Verhalten eines Menschen wird bestimmt durch das Ausleben einer jeweiligen Rolle unter Zugrundelegung seiner individuellen Sichtweise: *Der oben skizzierte misserfolgsmotivierte Mensch schreibt sich in „objektiv" gleichen Situationen einen anderen Grad an* **Rollenfreiheit** *als sein erfolgsmotiviertes Gegenüber zu*[180].

Zudem gelten bei der Frage nach der Rollenfreiheit tendenziell folgende Regeln:

- Je mehr das Individuum auf die Mitgliedschaft in einer Gruppe angewiesen ist, um so mehr wird es sein Verhalten seiner Rolle anpassen (*z. B. die Wirkung des Faktors Arbeitsplatzsicherheit auf den Grad der Unterordnung in der betrieblichen Hierarchie*).

- Je höher hingegen der informelle Status eines Individuums ist, um so mehr Freiheit hat der Einzelne, von der Rolle abzuweichen. Immer sind diesen Abweichungen aber Grenzen gesetzt; werden sie überschritten, fällt jemand dabei „aus der Rolle", so muss er mit Sanktionen durch die Gruppe rechnen. *Dem Führer eines Arbeitsteams werden in der Regel mehr individuelle Abweichungen gestattet; er kann sich aber nur dann halten und durchsetzen, wenn er die Gruppennormen übernimmt und mit gutem Beispiel vorangehend für deren Einhaltung sorgt.*

---

[179] Vgl. Kapitel 2.5. Oder siehe dazu diverse Beispiele des Intra- bzw. des Interrollenkonflikts bei Hentze, J., a.a.O., S.368.

[180] Das Konzept der Rollenfreiheit oder „Rollenverfügbarkeit" geht zurück auf Dreitzel, H. P., zitiert nach Kreckel, R., Soziologisches Denken. Opladen 1976, S.175-181.

4.4 Soziometrie als Analyse-Instrument für informelle Gruppen

Durch die Ausführung zu den Gruppeneigenschaften und den Persönlichkeitstest wollten wir zeigen, wie wichtig die Kenntnis der informellen („heimlichen") zwischenmenschlichen Beziehungen für die praktische Personalführung ist[181].

In eine etwas andere Richtung zielt die Frage, ob die Beziehung zwischen den Beteiligten generell stimmig ist und generell „die Chemie" stimmt. Die genaue Struktur informeller Gruppen kann in formellen Organisationen überschlagsweise durch teilnehmende Beobachtung, im Idealfall auch durch Einzelbefragung ermittelt werden. Entsprechende allgemeine Fragen, können im einfachsten Fall lauten[182]:

- Wer ist Ihnen im Betrieb/im Verein usw. besonders sympathisch?
- Wer ist Ihnen im Betrieb/im Verein usw. besonders unsympathisch?
  (jeweils nur eine Antwortmöglichkeit)

Eine weitere, mehr zielorientierte und weitaus mehr akzeptierte Ermittlung, die vor einem Rollen- oder Persönlichkeitstest geklärt werden sollten, könnte folgende fortführende Kontrollfragen enthalten:

- Mit welchem Mitarbeiter möchten Sie gerne, mit welchen nicht im gleichen Raum zusammensitzen?
- Mit wem diskutieren Sie gerne in fachlichen Fragen?
- Wen hätten Sie gerne als fachlichen Ratgeber?
- Wen würden Sie als unmittelbaren Vorgesetzten anerkennen, (und  wen ablehnen)?

Die Einzelbeziehungen einer informellen Gruppenstruktur zwischen den Personen A und B lassen sich dann beispielsweise mittels ein- oder beidseitiger Pfeilbeziehungen in durchgezogener Form (positive Wahlen) bzw. gestrichelt (negative Wahlen) darstellen:

---

[181] Vgl. das Werk von Scott-Morgan, P., Die heimlichen Spielregeln. Frankfurt/Main 1995 [1994].
[182] Im Orginal nach J. L. Moreno (z. B. in Stopp, U., Betriebliche Sozialpsychologie. Grafenau 1979, S. 81) oder im Übungsbuch bei Antons, K., Praxis der Gruppendynamik. Göttingen 1992, S. 205 ff.

116 Soziometrie als Analyse-Instrument für informelle Gruppen

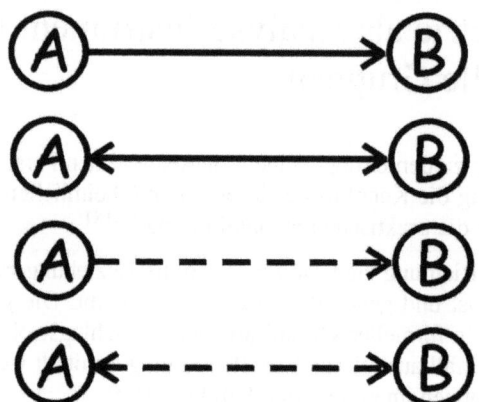

Abbildung 43: Darstellung von Einzelbeziehungen für ein Soziogramm[183]

Das Gesamtergebnis solcher Beobachtungen, die durch Befragungen verdichtet werden sollten, wird in Tabellenform oder graphisch als **Soziogramm** dargestellt, wo im Gegensatz zum offiziellen Organigramm die informelle Hierarchie abgebildet wird. In modernen Teams werden jenseits von traditionellen Rollen (Führerrollen, Cliquen, „schwarze Schafe" und sonstige Rollen von Gruppenmitgliedern) wertvolle Informationen für eine produktive Zusammenarbeit ersichtlich.

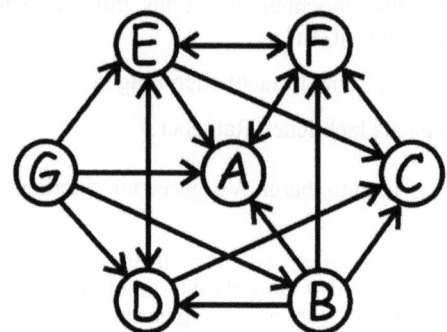

Abbildung 44: Kommunikationsstrukturen im Soziogramm[184]

---

[183] Nach Stopp, U., Betriebliche Sozialpsychologie. Grafenau 1979, S.81. Ausführlicher siehe Hofstätter, P. R., a.a.O., S. 140ff.

[184] Zu den in der Literatur gebräuchlichen Kommunikationsstruktur-Typen in der optischen Form einer Rades, einer Kette, eines Kreises oder einer idealen „Vollstruktur" siehe z.B. Schuler, H., Organisationspsychologie. Bern/Göttingen 1995[1993]. S. 330f.

> **Übung:**
>
> 1. Interpretieren Sie bitte den soziometrischen Gruppenzusammenhang, bei dem **nur positive** Wahlen dargestellt sind:
> 2. Was würde sich für diese Gruppe ändern, wenn auch die Beziehung von **A** und **C** mittels eines gegenseitigen Sympathiepfeils charakterisiert wäre?

Fazit: In einer Zeit, in der Gruppen- und Teamarbeit wichtiger denn je geworden ist, setzt die Idee, Soziogramme durch Beobachtung oder Befragung zu erstellen, Akzeptanz und das Vorhandensein einer Vertrauenskultur voraus. Wird eine solche Kultur erst angestrebt, oder steht sie auf wackligen Beinen, kann - gegebenenfalls katalysiert durch einen neutralen Außenbetrachter - die soziometrische Methode in Verbindung mit dem LEONARD-Test für die praktische Personalführung eine wertvolle Hilfe sein bei der

- Neuordnung von Arbeitsplätzen
- Bildung und Entwicklung von Teams
- Änderung der Aufgabenverteilung und Unterstellungsverhältnisse
- in der Führungsausbildung.

4.5 Gruppendynamik und Personalführung

Seit den Hawthorne-Experimenten fanden informelle Gruppen in der praktischen Personalführung immer stärkere Beachtung. Dies wird besonders deutlich bei der Auswahl und der Entwicklung von Führungskräften oder bei der Förderung teambildender Maßnahmen, die aber nicht selten mehr oder weniger oberflächlich definiert und implementiert werden – sprich: gruppendynamische Aspekte nicht berücksichtigt wurden[185].

Um die eminente Bedeutung der Gruppendynamik für alle Beteiligten besser einschätzen zu können, lassen sich für die betriebliche Praxis allgemein drei zentrale Vorteile von Gruppen- und Teamarbeit im Vergleich zur Einzelarbeit benennen:

a) Gruppen sind stärker! Das gilt nicht nur für physische Vorgänge wie beim Tragen schwerer Lasten, sondern besonders auch für den geistigen Fehlerausgleich in der Gruppe. Entscheidungen, die von der Gruppe getragen werden, beruhen auf einem breiten **intersubjektiven** Wissen aller Gruppenmitglieder. Sie sind, insoweit unten

---

[185] Eine aktuellen Überblick zum Thema Gruppendynamik verschafft Schwarz, G., et. al., Gruppendynamik. Geschichte und Zukunft. Wien 1996.

genannte Nachteile vermieden werden, ausgewogener, und damit in der Regel besser als subjektive Einzelentscheidungen[186].

Gruppendynamik

- alle dynamischen informellen Prozesse die in Gruppen ablaufen
- Kleingruppenforschung, welche diese Prozesse untersuchen
- Vielfalt an Lehrmethoden, in denen entsprechende Forschungserkenntnisse berücksichtigt werden.

---

b) Wichtige menschliche **Bedürfnisse** *(Bedürfnis nach Geborgenheit, sozialer Anerkennung, Sicherheit in einer als übermächtig empfundenen Institution und Organisation)* können in Gruppen befriedigt werden. Eine Personalführung, welche im Sinne HERZBERGs die Unzufriedenheit der Mitarbeiter vermeiden will, muss also zunächst die Gruppenbildung fördern, und auf ein gesundes Maß an Konvergenz dieser informellen sozialen mit den formellen betrieblichen Zielen achten.

c) Mittelbar damit zusammenhängend ist der Aspekt der **Partizipation**. Eine Beteiligung der Mitarbeiter an der Zielfindung und an Entscheidungen (PEKA-Schema)[187] verstärkt im allgemeinen die Leistungsmotivation und die Akzeptanz organisatorischer Regelungen. Da Partizipation die Kommunikation fördert, erscheint es erfolgsversprechend, eine entsprechende Gruppenbildung in den formellen organisatorischen Einheiten (**Teams**) zu ermöglichen.[188]

ABER: Gruppenbildung im Betrieb birgt auch einige **Gefahren**. Gruppen mit hoher Binnen-Kohäsion und entsprechend ausgeprägter Gruppenkontrolle neigen zu **Konvergenz** der Wahrnehmung, des Verhaltens auch in der Leistung. Starke Gruppenkohäsion bewirkt manchmal zudem, dass die Gruppe sich verrennt, weil sachlich falsche Ent-

---

[186] Hier nur ein empirischer Beleg aus etlichen praktischen Untersuchungen: Klein, M., Erhöht Gruppenarbeit die Kompetenzen der Mitarbeiter? In: Personal 3/1999, S.134-140. Der Autor weist im Vergleich von Mitarbeitern mit Einzel- bzw. Gruppenarbeit in einem Fertigungsunternehmen nach, dass zweitere um ca. 30% mehr output zustandebrachte. Die Fehlzeiten waren das ganze Jahr über zwischen 2 und 4%, während bei der Einzelarbeit monatsweise Schwankungen zwischen 3 und 9% zu verzeichnen waren.

[187] Gemeint sind neben der Ausführung die Mangementfunktionen Planung, Entscheidung und Kontrolle (vgl. die personalpolitischen Konsequenzen zu Herzbergs Zwei-Faktoren-Theorie in diesem Werk oder die optische Darstellung bei Oechsler, W. A., Personalwirtschaft. München 1991, S. 6).

[188] Zur Definition des Teams siehe z.B. Wildenmann, B., Professionell führen. Neuwied 1995, S. 219 oder Obermann, Ch./Schiel, F. (Hg), Trainingspraxis. 22 erfolgreiche Seminare. Köln 1997, S. 275.

scheidungen kanalisiert über den opinion leader in der Gruppenmeinung Fuß fassen und sachlich richtige Entscheidungen als abweichend angesehen werden („**group think**")[189].

Haben solche Gruppen leistungsfeindliche Ziele, so wird durch rein administrative, formelle Maßnahmen wahrscheinlich keine Verbesserung der Leistung erreicht. Im Gegenteil: Druck und anderweitige negative Motivationsmaßnahmen auf die Gruppe, insbesondere auf den Gruppenführer, werden zu einer Verstärkung der für den Betrieb negativen Kohäsion und Konvergenz führen.

*Zum Beispiel bilden sich manchmal in den Reihen des Managements **Ranggruppen**. Diese treffen sich häufig, tauschen Informationen aus und können so einen gewissen Einfluss auf das Betriebsgeschehen gewinnen, der ihre formalen Kompetenzen überschreitet. Wenn die Ziele von Ranggruppen im Widerspruch zu Unternehmenszielen stehen, können durch solche informellen Cliquenbildungen betriebliche Maßnahmen (z.B. Veränderung von Organisationsstrukturen) verhindert oder zumindest „verwässert" werden.*

Auch die formelle Veränderung von informell eingelebten Gruppenstrukturen *(z.B. Mitarbeiter einer Abteilung wird ihr Vorgesetzter oder umgekehrt)* kann zu leistungsmindernden Konflikten führen[190].

Eine Personalführung, welche die gruppendynamischen Strukturen und Vorgänge im Betrieb nicht erkennt (versteht/erklärt) und ggf. gegensteuert (Maßnahmen implementiert), wird also Fehlschläge hinnehmen müssen. Diese Unkenntnis und das ihr folgende Handlungsunvermögen kann im Gegenzug seitens der Geschäftsleitung durch eine self-fulfilling prophecy den schnellen Tod einer gerade eingeführten Teamarbeit bedeuten.

Exkurs: Praktische Regeln im Umgang mit Gruppen[191]

Team ist nicht Team! Wenn auch Teamarbeit in aller Munde ist, lässt sich doch nachweisen, dass viele Teams nicht der Grundidee, Elemente des dispositiven Faktors nach HERZBERG an eine Mehrzahl von Personen anstelle von Einzelpersonen zu übertragen, entsprechen[192]. Dies wird insbesondere deutlich, wenn wir die unterschiedlichen Möglichkeiten der Definition eines Teams entlang der Dimensionen „Leistung" und „Wir-Gefühl" beleuchten:

---

[189] Dieser Ausdruck geht zurück auf Janis [1982], rezipiert nach Born, M./Eiselin, St., Teams-Chancen und Gefahren. Bern 1996, S. 78-87. Vgl. auch den praktischen Beitrag von Gutmann, R., Intergruppen-Training: Verbesserung der Arbeitsbeziehungen zwischen Gruppen. In: Obermann,Ch./Schiel, F., ebd., S. 287-309.

[190] Siehe zusammenfassend zu den Gefahren der Gruppendynamik, S. 110.

[191] Vgl. die Regeln auf dem Weg zur Teameffizienz bei Comelli, G./Rosenstiel, L. v., a.a.O., S. 189-209.

[192] Stopp, U., Betriebliche Sozialpsychologie. Grafenau 1979, S.115.

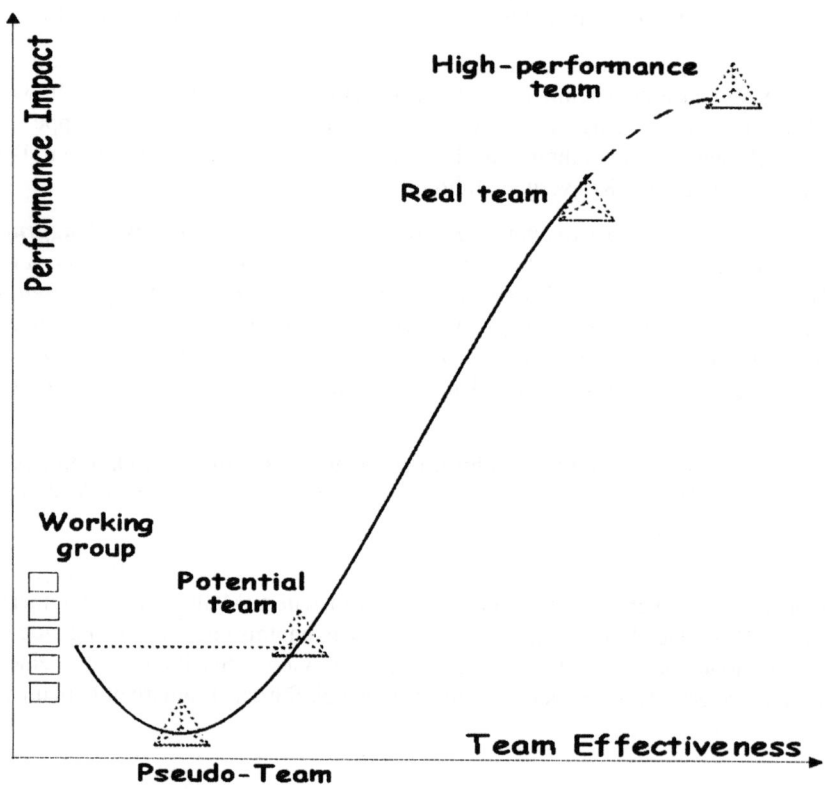

Abbildung 45: Teamkurve (Katzenbach & Smith)193

Viele ehemalige Arbeitsgruppen, die als Teams deklariert werden, bleiben „Pseudoteams", bei denen nur der Name gewechselt hat. Um den Weg zu einem „Potentialteam" zurückzulegen, sind gesonderte Teambuilding-Massnahmen erforderlich, nach denen sich die Stimmung oft als euphorisch kennzeichnen lässt. Nicht selten führt der Weg nach dem Teambuilding unmittelbar wieder zurück zum Pseudoteam, da Teamarbeit nicht gelebt wird. Folgende fünf Schritte zur Teamarbeit in Realteams und ggf. Hochleistungsteams sind absolut erforderlich[194]:

1. Zielsetzungstreffen: die Beteiligten definieren in einem 4-8 stündigen Projektkickoff-Workshop, was sie unter Teamarbeit verstehen und setzen nach einer maßgeschneiderten

---

[193] Z.B. in Wildenmann, B., Professionell führen. Neuwied 1995, S. 228 f. Siehe ausführlich: Obermann, Ch., / Schiel, F., Trainingspraxis 22 erfolgreiche Seminare. Köln 1997, S. 228f.

[194] Vgl. Studnitz, A., In sechs Schritten zur Teamarbeit. In: Financial Times vom 2.5.2000, S. 39.

Problemanalyse des Ist-Zustandes gemeinsam Ziele für die Zusammenarbeit (idealerweise mit einem sachkundigen neutralen Moderator)

2. Training: Alle künftigen Führungskräfte und Teamleiter nehmen an Teamführungsseminaren mit hohem Praxisbezug teil, da sie die wichtigsten Antreiber in der Teamarbeit sind.

3. Steuerung: In Frage kommen insbesondere regelmäßige Teamsitzungen, Organisations-Workshops und Coaching der Führungskräfte. Zu vereinbarende Feedback-Schleifen ermöglichen den Erfahrungsaustausch „top down" und „bottom up".

4. Follow-up-Workshops: In ca. zwei- bis dreimonatigen Abständen müssen (!) nach dem Muster der Kickoff-Veranstaltungen weitere Workshops mit der Basis stattfinden, bei denen Zwischenbilanz gezogen wird und notwendige Anpassungen vorgenommen werden.

5. Controlling und Bestandaufnahme: nach 9-12 Monaten wird die Teamentwicklung mit gelösten und ungelöst gebliebenen Problemen analysiert, Erfolgsbilanzen erstellt und zudem werden weitere Maßnahmen vereinbart

Unter einem echten Realteam verstehen wir dann „eine aktive Gruppe von verschiedenartigen Mitarbeitern, die sich auf gemeinsame Ziele verpflichtet haben, die sich prozessorientiert selbst steuern, die lösungsorientiert zusammenarbeiten, sich gegenseitig verantwortlich fühlen und sich gegenseitig fördern, die bestmögliche Leistungen erbringen, die Synergieeffekte nutzen und die Erfüllung durch Sinn und Freude an ihrem Tun finden[195]."

Jede Führungskraft ist nach Arbeitsvertrag, Stellenbeschreibung oder Organigramm zunächst nur formaler Führer. Um ein Realteam auch nach informellen Gesichtspunkten führen zu können, muss sie die Gruppendynamik ihres Teams oder ihrer Abteilung beachten. Dazu sind u.a. die vier folgenden Punkte zu beachten:

a) Kenntnis der **aktuellen** Gruppenzusammenhänge als Voraussetzung für praktische Personalführung

- Mitarbeiterrollen und ihre Gruppenzugehörigkeit
- Gruppenkohäsion und Gruppenziele
- Gruppenstrukturen (informaler Führer, Außenseiter usw.)

---

[195] Schawohl, P., Teamarbeit in der Versicherung. In: Personalführung, 7/1999, S. 57.

b) Kenntnis aktueller **zeitlicher** Dimensionen in der Wahrnehmung der Teammitglieder (gegenwärtige Entwicklungsphase der Gruppe und ihrer Dauer):

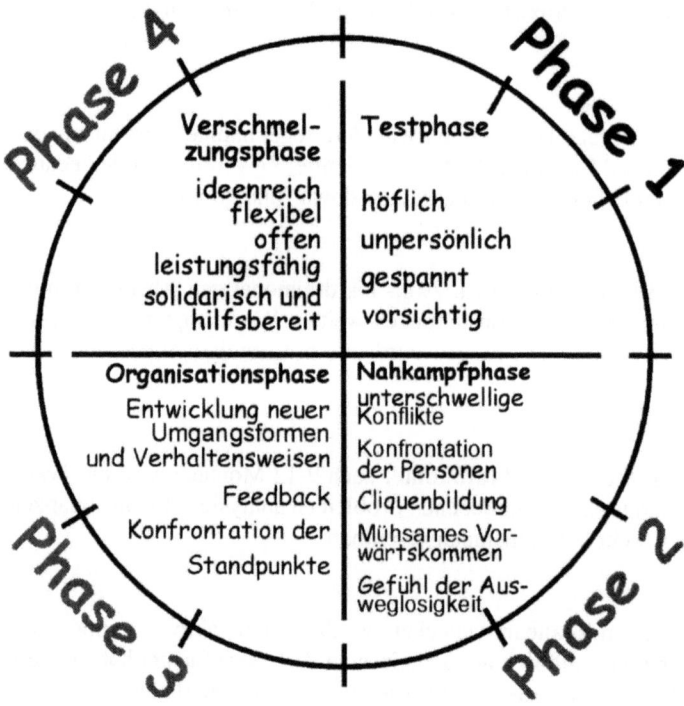

Abbildung 46: Vier der fünf Phasen von Teamentwicklung nach Tuckman (1964)[196]

---

[196] Z.B. in Francis, D./Young, D., Mehr Erfolg im Team. Hamburg 1996, S. 21-24. Diese in der Literatur gängigen Phase sind im Rahmen eines Teamtrainings praktisch dargestellt bei Obermann, Ch./Schiel, F. (Hg.), a.a.O., S. 353-357.

Forschungsgegenstand „Gruppe – Team" 123

> **Übung:** Wo steht Ihr Team derzeit? Bestimmen Sie bitte den derzeitigen Standort Ihres Teams nach Katzenbach / Smith bzw. nach Tuckman mittels einer moderierten Punktabfrage mit darauf folgender Diskussion! Worin bestehen die Unterschiede der beiden Ansätze? Überlegen Sie dann bitte gemeinsam mit den Mitgliedern per Kartenabfrage, wie Ihre Teamentwicklung durch konkrete Maßnahmen vorangebracht werden kann!

Praktischer Teamarbeit haftet trotz des oben skizzierten Vorgehens bisweilen das Manko an, nach einiger Zeit an Produktivität und Kreativität einzubüßen. Der Zenith einer Gruppe sinkt erfahrungsgemäß auch bei sehr gut ausgeprägter „Verschmelzung" im Laufe der Zeit wieder. Untersuchungen ergaben, dass die Leistungskurven in Projektgruppen nach einer Anlaufzeit von durchschnittlich ein bis zwei Jahren ab dem vierten Jahr wieder signifikant nach unten gehen. Nach der Krise bedarf es in den wenigen verbleibenden Gruppen eingehender Revitalisierung, um die emotionale Basis und die Leistungsfähigkeit der Gruppe wieder zu verbessern:

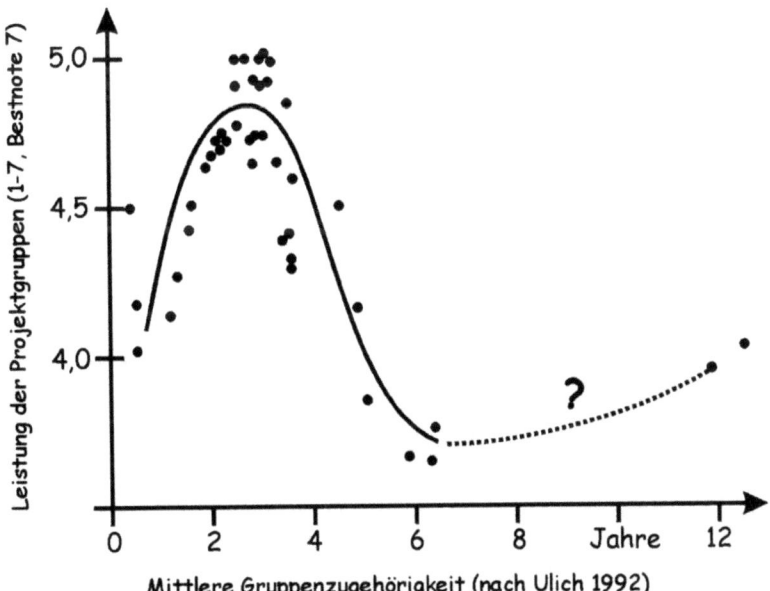

Abbildung 47: Leistungskurve von Projektgruppen[197]

---

[197] Zitiert nach Warnecke, H. J., a.a.O., S. 209.

c) Allgemeine Kenntnis des Gruppenvorteils **hinsichtlich Fehlerrate, Organisation aufwand und Ideenrate:**

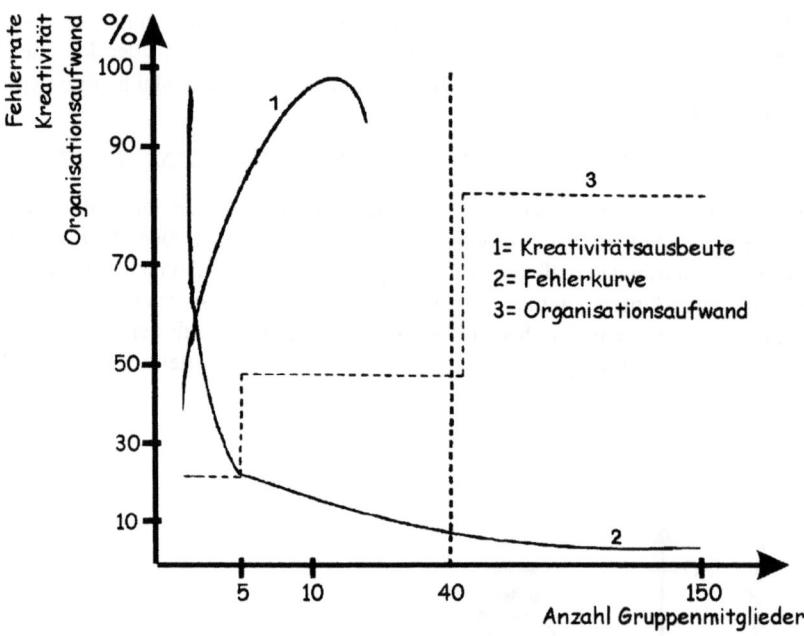

Abbildung 48: Gruppenvorteile hinsichtlich der Fehlerrate, Organisationsaufwand, Ideen[198]

Während die **Fehler**kurve (mit der Ausnahme von fehlgeleitetem „groupthink") bereits bei einer Anzahl von fünf Gruppenmitgliedern drastisch reduziert ist, und dann mit wachsender Teilnehmerzahl degressiv verläuft (Kurve 2), zeigt sich die beste Ausschöpfung des **Kreativitäts**vorteils zwischen sieben bis zwölf Personen (Kurve 1). Der **Organisationsaufwand** dagegen steigt stufenförmig ab fünf Personen an: um ab dieser Teilnehmerzahl effektiv arbeiten zu können, bedarf es der Hilfe moderner Moderations- und Präsentationstechniken[199]. Ab einer Größe von 40 Gruppenmitgliedern ist kein sinnvoller Dialog mehr möglich- es bliebe (an sozialpsychologisch vernünftigen Kriterien bemessen) nur die Aufteilung in mehrere Teilgruppen oder der traditionelle monologische Stil einer altmodischen Besprechung im Sinn einer Vorlesung.

---

[198] So die Untersuchung von Clemm, [1985] nach Grunewald, W., Psychologische Gesetzmäßigkeiten der Gruppenarbeit. In: Personalführung 9/1996, S. 749.

[199] Zum praktischen Einsatz moderner Moderations- und Präsentationstechniken siehe Klebert, K. et al., Kurzmoderation. Hamburg 1987, oder Nitschke, H., Erfolgreiche Vorträge und Seminare. Ehningen 1992, S. 101-123.

Forschungsgegenstand „Gruppe – Team"

Um nun die Gruppen bestmöglich zu motivieren, und group think zu vermeiden, sollte die Führungskraft mit anwachsender Mitgliederzahl bestrebt sein, die Aktivitätsverteilung nicht nur wenigen opinion leaders zu überlassen, und Rollenvielfalt entsprechend individueller Qualitäten zu steigern:

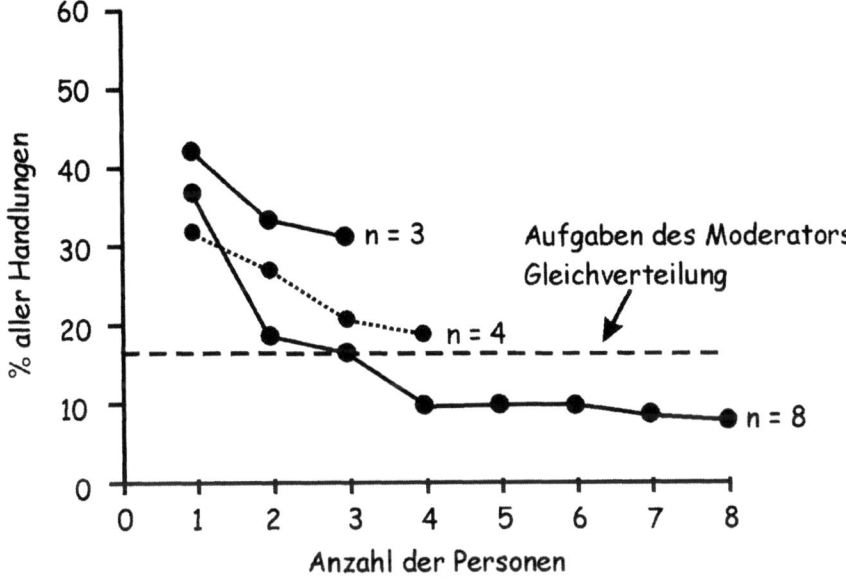

Abbildung 49: Aktivitätsverteilung in Gruppen[200]

d) Nach Analyse von a) bis c) werden informelle **Gruppenziele** und formelle **Abteilungs- und Teamziele** koordiniert. Dabei kann aus sozialpsychologischen Erwägungen das Ziel einer Führungskraft sein, aus der formellen Gruppe eine informelle Gruppe zu gestalten, deren informeller Führer der formelle Vorgesetzte ist. Die Personalunion von task leader und social emotional leader birgt dennoch die Gefahr, dass der innere Gruppenzusammenhalt über die Einhaltung der übergeordneten Leistungsziele gestellt wird[201].

Die Führungskraft kann die informelle Gruppenbildung fördern durch

- häufigen persönlichen Kontakt (regelmäßige bedarfsorientierte Workshops oder Qualitätszirkel; gemeinsame Aktivitäten in der Freizeit)
- Diskussion und Findung gemeinsamer Ziele (private und dienstliche Ziele)
- Gemeinsame Planung und Organisation der Aufgabenerfüllung

---

[200] In Anlehnung an Grunewald, W., a.a.O., S. 741.
[201] Eine Arbeitsteilung zwischen beiden Führerrollen fordert deshalb Schuler, H. (a.a.O., S. 333f.), wobei demzufolge der social emotional leader als Stellvertreter des task leaders fungieren sollte.

- Organisation gegenseitiger Hilfe bei Schwierigkeiten
- Sichtbarmachen des Gruppenerfolges.

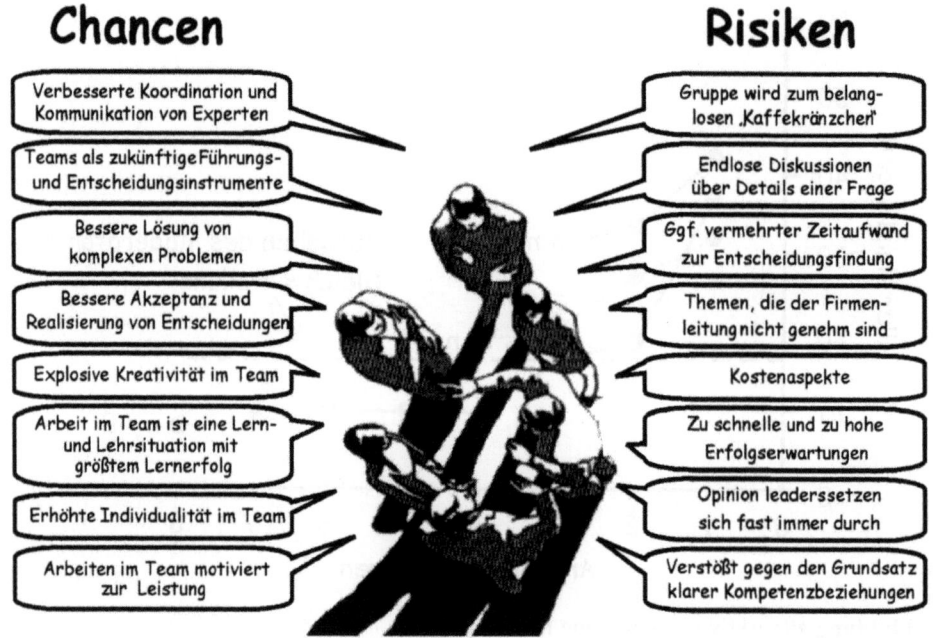

Abbildung 50: Das Team - Chancen und Risiken in der Praxis.[202]

---

[202] Zu den Rahmenbedingungen und Determinanten einer erfolgreichen Teamarbeit im Rahmen einer situativen Faktorenprüfung siehe Born, M./Eiselin, St.. a.a.O.. S. 47, sowie S. 117-122.

Gruppenverhalten im Betrieb

Der Mensch entwickelt seine sozialen Fähigkeiten in Gruppen **(Sozialisation)**.

Der Mensch denkt und handelt als Mitglied von Gruppen.

Kurz-Definition Gruppe

Anzahl Menschen zwischen denen persönliche Beziehungen bestehen, und die ein „Wir"-Gefühl verbindet.

Voraussetzungen für die Gruppenbildung

- Häufiger persönlicher Kontakt
- Geringe Anzahl
- Gleiche Ziele/Interessen

Gruppenkohäsion (4.2.1)	Gruppenkonvergenz (4.2.2)	Ausbildung einer Gruppenstruktur (4.3)
„Wir"- Gefühl ➢ unsere Gruppe ist besser, erfolgreicher usw. ➢ Ausbildung eines günstigen Autostereotyps „Je größer die Außendistanz um so geringer die Binnendistanz"	**Annäherung des Denkens und der Meinungen** Entwickeln eines gruppenspezifischen Verhaltens ↓ Gruppennormen ↓ Gruppenkontrolle	**Ausbildung von Rollen** ➢ Führerrolle ➢ Außenseiterrolle ➢ Rolle des Empfängers sozialer Leistungen ➢ Spaßmacher **Rollenkonflikte**

Abbildung 51: Memo-Box Gruppe

Fallstudie Nr. 3
Zum Thema Gruppe
"Nichts ist praktischer als eine gute Theorie"[203]

Aufgrund eines hohen Auftragszuwachses sah sich die Geschäftsleitung einer Textilfabrik (60 Mitarbeiter) gezwungen, in der Näherei eine zweite Schicht einzuführen, um Kapazitätsengpässe und Lieferschwierigkeiten zu vermeiden. Zur gleichen Zeit waren zwei Maßnahmen getroffen worden, die vor allem den Bereich der Näherei berührten:

Anstelle des bisherigen Zeitlohns wurde von der Geschäftsleitung ein Stücklohn eingeführt, um die variablen Lohnkosten besser kalkulieren zu können. Die neu festgesetzten Stücklöhne stellten eher eine Verbesserung der Lohnsituation für die Arbeitnehmer dar.

Es wurde die Stelle eines Produktionsleiters geschaffen, zu dessen Aufgabengebiet u.a. gehört, eine optimale Kapazitätsauslastung zu erreichen. Früher wurde diese Aufgabe vom technischen Geschäftsführer wahrgenommen, der sich unmittelbar an die Vorarbeiterin der Näherei wandte.

Die Arbeiterinnen, die schon seit langem in der Näherei des Betriebs tätig waren, bildeten jetzt die ersten Schicht; die zweite Schicht bestand ausschließlich aus neu eingestellten Mitarbeiterinnen.

Durch die o.a. Maßnahmen entwickelte sich in der ersten Schicht ein unbehagliches Gefühl, kontrolliert zu werden, so dass in der zweiten Schicht (Spätschicht) eine gewisse Eifersucht entstand, da man die Arbeitsplätze, Werkzeuge an den falschen Plätzen wieder fand, Nähmaschinen derart manipuliert waren, dass nur mit Mühe qualitativ gute Textilien genäht werden konnten. Die Folge war natürlich auch, dass der notwendige Ausstoß fehlte und Lieferengpässe entstanden.

Das Betriebsklima hatte sich deutlich verschlechtert. Es gab viele Beschwerden: „Der Stücklohn" ist zu gering, da können wir ja gleich zu Hause bleiben" usw. Innerhalb von 4 Wochen meldeten sich drei Näherinnen krank. Ursache waren grippale Infekte, Darmgrippe, Sehnenscheidenentzündungen.

Auf einer periodischen Betriebsversammlung wurde nach heftiger Diskussion den Näherinnen eine Erhöhung der Stücklöhne zugestanden. In dieser Situation erteilte ein Kunde einen Großauftrag, den die Geschäftsleitung annahm, ohne sich über

---

[203] Aus: Westermann, B/ Lutz. R., Nichts ist praktischer als eine gute Theorie. In: Rosenheimer Hochschulhefte 1995.

die Durchführbarkeit im einzelnen zu unterrichten. Der Produktionsleiter, zugleich Mittelsmann zwischen dem Nähsaal und der Geschäftsführung, wandte sich in dieser prekären Lage direkt an die Engpaßabteilung, die Näherei. Er ließ die Produktion stoppen und schilderte den Mitarbeiterinnen sein Problem: „Meine Damen, wir könnten einen großen Auftrag bekommen, doch sind wir nicht sicher, ob wir termingerecht liefern können. Anderseits ist es für das Unternehmen sehr wichtig, wenn wir diesen Kunden auch für die Zukunft an uns binden. Sagen sie mir bitte doch, was ich tun soll!" Das Problem wurde ausführlich diskutiert, wobei sich die Arbeiterinnen mit großem Engagement an der Diskussion beteiligten.

In den folgenden Tagen waren verblüffende Änderungen zu beobachten: Die Maschinen nähten wieder einwandfrei, die Arbeitsplätze wurden sauber gehalten und die Werkzeuge fanden sich auf ihren ordnungsgemäßen Plätzen wieder.

Ermutigt durch diesen Erfolg wagte sich der Produktionsleiter an ein anderes, seit langem bekanntes, aber immer aktuelles Problem: das Spannungsverhältnis zwischen dem (laut Nähsaal) „arbeitenden Volk und den Bürohengsten".

Anfang Dezember wurde eine kleine Weihnachtsfeier arrangiert, in der Produktionsleiter als Nikolaus und einer seiner Kollegen als Knecht Ruprecht auftrat. Der Nikolaus betonte in seiner Ansprache den großen Anteil des Nähsaals an dem Erfolg des vergangenen Jahres, mahnte zur Kooperation, die diesen Erfolg erst möglich gemacht habe und verurteilte schließlich in etwas ironischer, aber auch tadelnder Art die „Bürohengste". An jedem Angestellten wurde in Versform irgend etwas ausgesetzt, was bei dem „arbeitenden Volk" natürlich ein gewisses Schmunzeln hervorrief. Nachdem Nikolaus und Knecht Ruprecht die Geschenke verteilt hatten, wurde die Geschäftsleitung (die natürlich im Bilde war) noch zu einer Runde Glühwein verdonnert.

Wenige Tage nach dieser Feier wurde der Produktionsleiter von mehreren Näherinnen darauf aufmerksam gemacht, daß einige Stücklöhne (die einige Wochen zuvor erhöht worden waren) zu hoch angesetzt waren. Außerdem waren einige Näherinnen bereit, den dringend erforderlichen Wechsel in die zweite Schicht zu akzeptieren.

1. Einige Wochen später, in der Faschingszeit, wurden die „Bürohengste" von den Arbeiterinnen eingeladen, im Nähsaal bei einem Faschingsnachmittag maskiert mitzufeiern.

> **Aufgabe:** Bitte analysieren Sie den Fall nach der PAULUS-Methode!
> (Problem – Auswirkung – Ursache – Lösung – Umsetzung - Sicherung)

Lösungsskizze zur Fallstudie Nr. 3

Vorbemerkung:

Hinter dieser Aufgabe verbergen sich vor allem zwei praktische Lernziele:

1. Schärfen des analytischen Denkens durch eine Analyse von Kausal-Zusammenhängen
2. Kennenlernen eines moderierten Präsentationsmediums mit dem Zwang, sich „kurz und bündig" auszudrücken. Ohne die textliche Verwertung vorwegzunehmen, die der Fachkenntnis und der Kreativität des Anwenders selbst überlassen bleibt, einige Gebrauchsanweisungen zur PAULUS-Methode:

Teil 1: Analyse

P:

Hier wird eine aktuelle stichwortartige Beschreibung der Situationsänderungen erwartet, die sich für die Betroffenen im Fall „kritisch" auswirken. "P" steht für „**P**roblem", welches die Beteiligten in ein Stadium der kognitiven Dissonanz versetzt Dies ist weder negativ noch positiv, sondern bietet zunächst einmal als kritische Situation[204] eine Herausforderung, die von den Beteiligten so oder so definiert und entsprechend gelöst werden kann.

„Das" Problem bezeichnet aber nur ein vordergründiges Phänomen nach Augenschein der Beteiligten. Der Schein kann trügen - wie aus der weiteren Stufenfolge ersichtlich wird:

---

[204] Vgl. Herzbergs Methode der „kritischen Situation" (Kapitel 3.4).

A:

Die Situationsänderungen führen nun konkret zu diversen Auswirkungen, die betriebswirtschaftlich und sozialpsychologisch tiefer schürfen. So werden Führungskräfte insbesondere für den Aspekt der hiermit verbundenen, zum Teil quantifizierbaren Kosten, und auf andere Kennziffern (Gewinn- und Verlustrechnung, Bilanz) aufmerksam. Dass die sozialpsychologischen Folgen, die im Kapitel 2.6.6 als „Schreckgespenster" der Personalführung dargestellt wurden, mit Auslöser für eine ungünstige betriebwirtschaftliche Entwicklung sind, wird manchesmal übersehen.

U:

In dieser Stufe gehen wir mithilfe der betrieblichen Sozialpsychologie der Sache auf den Grund: Die Auswirkungen sind nun „abhängige Variablen" von **U**rsachen, die nun näher beleuchtet werden müssen. Um nun die „unabhängigen Variablen" herauszufinden, sind bereits vorstehend behandelte Ansätze der Personalführung gefragt.

In diesem Fall sind grundlegende Stichworte etwa: *gestörte Bedürfnisse* (welche?), *Frustration inklusive Folgen, Problem der Gruppenkohäsion, ingroup-outgroup* evtl. Vorgriff auf Kapitel 5: *Art der Führung*.

Teil 2: Synthese

L:

Der alltagsweltliche Gegenpart zur Spalte „Ursache" ist die noch allgemein gehaltene **L**ösung- oder Optimierungsbeschreibung (die „Idee"). Dieser Punkt, wie hier etwa eine partnerschaftliche die Beteiligung der Mitarbeiter, liegt oft „auf der Hand": Im Alltag gehen wir oft vom Problem direkt zur Lösung. Da wir aber die näheren Ursache-Auswirkungszusammenhänge nicht kennen, sind viele Lösungen Schnellschüsse oder werden praktisch nicht weiter verfolgt. Jeder schimpft und klagt, und hält Patentrezepte bereit, aber die Motivation, wirklich etwas zu bewegen, bleibt nicht selten auf der Strecke.

U:

Nur, wenn gute Ideen in Aktionen übergeleitet werden, können angedachte Lösungen erfolgreich sein. Die **U**msetzung ist in der Praxis meist der schwierigste Teilaspekt, da Lösungsvorschläge nun konkret operationalisiert werden müssen. Auf dem Weg von gemeinsamen und Zielvereinbarungen mit sich selbst werden nun

- Aufgaben und Maßnahmen festgelegt.

- In der Praxis müssen zusätzlich Verantwortungsnehmer und Termine am besten schriftlich und transparent für alle festgelegt werden, um die gemeinsam vereinbarten Ziele nun umzusetzen[205].

S:

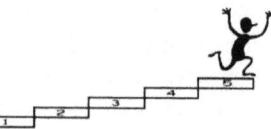

Die Erkenntnis, dass eine Initialzündung im Feld der Veränderung von mentalen Modellen und von Verhalten sehr schwierig und langwierig sein kann, führt uns letztlich zu der Frage, durch welche weiteren konkreten Maßnahmen im beschriebenen Fall eine Implementation über einen längeren Zeitraum hinweg sichergestellt werden kann[206]. Ob ein *neues Computersystem* oder eine *neue Arbeitsorganisation* eingeführt wird - immer wieder taucht das Problem auf, dass Mitarbeiter und Führungskräfte zwar willens sind, sich zu ändern, und auch wohlgemut starten. Bereits nach kurzer Zeit jedoch legen eingeschliffene Verhaltensweisen den allseits gewollten Wandel wieder lahm. Deswegen muss, wie in der Fallstudie beispielhaft durch die *Nikolausfeier* gezeigt, peinlich genau darauf geachtet werden, dass die in Gang gesetzte Entwicklung weitergeht. Wird dies nicht erreicht, dann sinkt automatisch das Vertrauen in sämtliche Veränderungsprozesse und die damit betrauten Personen.

P	A	U	L	U	S

Übungsformular zur PAULUS-Methode

---

[205] Siehe z.B. wie in der Fallstudie Nr. 2 ausgeführt.
[206] Vgl. die Kritik an Herzberg in ebd.

5. Führung

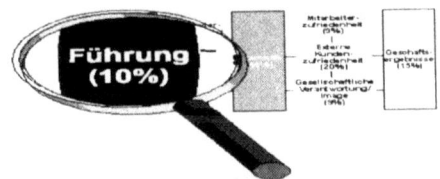

Führung und deren optimaler Erfolg lassen sich nach einem modernen praktischen Begriffsverständnis nicht mehr von einem einseitigen Chef–Untergebenen-Verhältnis ableiten. Unter Führung und deren Resultat verstehen wir vielmehr die Funktion einer gegenseitigen Beziehung zwischen Führungskraft und Geführten im Unternehmen[207]. Dennoch basieren Erfolg oder Misserfolg immer als erstes auf dem Verhalten der Führungskraft, die im Besitz des Direktionsrechts die entscheidenden Weichen stellt. Die aktuelle Bedeutung eines solchen Führungsverständnisses ist im EFQM mit 10 Prozentpunkten dokumentiert. Im einzelnen dann sind in der Praxis der Selbstbewertung von den Unternehmen folgende Punkte zu erforschen[208]:

- Wie Führungskräfte ihr Engagement für eine Kultur umfassenden Qualitätsmanagements sichtbar unter Beweis stellen.

- Wie Führungskräfte den Verbesserungsprozess und die Mitwirkung daran fördern, indem sie geeignete Ressourcen zur Verfügung stellen und Unterstützung gewähren.

- Wie Führungskräfte sich um Kunden, Lieferanten und andere externe Organisationen bemühen.

- Wie Führungskräfte Anstrengungen und Erfolge der Mitarbeiter anerkennen und würdigen.

> **Übung:** Operationalisieren Sie bitte die vier eben dargelegten Aspekte des EFQM jeweils durch praktische Beispiele, die Vergleichsmöglichkeiten von mehreren Führungskräften zulassen! Nehmen Sie dazu bitte das im Abschnitt 5.3.3 abgebildete Polaritätenprofil zu Hilfe!

Mit dem EFQM wird erstmalig europaweit die Wichtigkeit einer zeitadäquaten, auf Gegenseitigkeit beruhenden Führung dokumentiert. Im folgenden werden wir zunächst versuchen, die geistigen Wurzeln, die Denkstrukturen der modernen Führung durch eine Kurzdarstellung ihrer **historischen Entwicklung** abzuleiten und zur Selbstreflexion Anlass zu geben (5.1). Daran anknüpfend werden zentrale Ergebnisse der eher „praktischen" Klassiker in der **Führungsforschung** skizziert (5.2). Darauf aufbauend werden

---

[207] Weiter zum Begriff der Führung in der Lehre vgl. Schuler, H., a.a.O., S. 337 oder Hentze, J., a.a.O., S. 25ff.

[208] European Foundation for Quality Management, Selbstbewertung für Unternehmen. Brüssel 1997, S. 15f.

wir **Führungstheorien** mit besonderer praktischer Bedeutung darstellen bzw. entwickeln (5.3).

5.1 Historische Entwicklung[209]

Führung ist kein maßgeschneidertes Instrument für die Wirtschaft: „Die Führungsformen, die in der Wirtschaft Anwendung finden, sind nicht, wie man fälschlicherweise vielfach annimmt, speziell für die Unternehmen in Industrie und Handel entwickelt worden. Vielmehr sind sie durch die historische und soziologische Gesamtsituation der Zeit bestimmt, in der sie entstanden. Sie richten sich nach den einst in Staat und Gesellschaft geltenden Leitbildern aus.

Als in Deutschland während der dreißiger Jahre des 19. Jahrhunderts die ersten Fabriken entstanden, gab der absolute Staat mit seinem Heer und Verwaltungsapparat das Leitbild für die Formen der Menschenführung ab.

Das hier herrschende autoritäre Führungsprinzip, das auf dem Grundsatz von Befehlen und Gehorchen beruht, durchzog die gesamte Gesellschaftsordnung und hatte in allen Lebensbereichen seine Gültigkeit.

- Es findet sich auf dem adligen Gutshof wieder. Hier nimmt der Gutsherr die Stellung des Souveräns ein. Dieses Führungsprinzip wird beim Gutsherrn noch durch das Eigentum verstärkt, das seinem Wesen nach absolutistische Züge trägt. Beruht es doch auf der Ausschließung der Verfügungsgewalt jedes Dritten und gibt dem Eigentümer das Recht, mit seiner Sache so zu verfahren, wie er will.

- Auch die Führung im handwerksmeisterlichen Betrieb richtet sich nach dem autoritären Prinzip. Hier ist der Handwerksmeister Eigentümer und kleiner Souverän. Seine Stellung wird durch die fachliche Überlegenheit gegenüber den Untergebenen noch untermauert: Zum Wesen des Handwerksmeisters gehört, dass er mehr weiß und mehr kann als jeder seiner Gesellen und Lehrlinge.

- Im gleichen Sinne führten die Männer, die an der Spitze der jungen industriellen Unternehmen standen.

Die Fabrikherren, die in dieser Zeit Ihre Unternehmen aufbauten, waren in ihrem Bereich das Abbild des souveränen Fürsten. Die Fabrik als sein Eigentum gab dem Fabrikherrn die gleiche Stellung, wie sie der Fürst im Staat, der Offizier im Heer, der Gutsherr auf seinem Hofe und der Handwerksmeister in seinem handwerklichen Betrieb besaß.

---

[209] Zur genaueren Nachzeichnung einer „Geschichte" der Führung vom Altertum über das Mittelalter bis in die moderne Industrialisierung siehe Kieser, A., et. al., Handwörterbuch der Führung. Stuttgart 1995, S. 1093-1122.

Die zunehmende Größe der Unternehmen, die Weiterentwicklung der Technik und die damit verbundene immer stärkere Arbeitsteilung führen zu einer Durchbrechung des autoritären Führungsprinzips. Es lässt sich mit den Erfordernissen der Wirklichkeit nicht mehr vereinbaren. Der handwerksmeisterliche Führungsstil wird durch die Entwicklung überholt.

Der Mann an der Spitze eines Unternehmens kann sich nicht mehr wie der alte Handwerksmeister verhalten, der seinen Betrieb noch überschaute und den Arbeitsablauf fachlich beherrschte. Er ist vielmehr gezwungen, in Bereichen, die ihm bisher selbst vorbehalten waren, andere schalten und walten zu lassen und ihnen dabei eine gewisse Freiheit zu gewähren.

Es gehört jetzt nicht mehr zur Qualifikation des Vorgesetzten, dass er seine Mitarbeiter durch fachliches Wissen und Können überragt. Seine Führungseignung erweist sich zum überwiegenden Teil in der Fähigkeit, das Wissen und Können seiner Mitarbeiter für das Unternehmen fruchtbar einzusetzen.

Der Vorgesetzte macht nicht mehr selbst vor. Er beschränkt sich darauf, die notwendigen Anweisungen zu geben und sie in der Durchführung zu überwachen. Die Führung von „innen" wird durch die Führung von „außen" abgelöst. Der Unternehmer braucht jetzt mehr als lediglich Untergebene. Er benötigt Kräfte, die selbständig denken und handeln.

Der Untergebene, dessen Pflicht gegenüber seinem Vorgesetzten nur im Gehorchen bestand, wird durch den Mitarbeiter abgelöst, der im Rahmen allgemeiner Richtlinien seine Entscheidungen selbst in eigener Verantwortung trifft.

Dieser neue Typ des Mitarbeiters steht in ausgesprochenen Gegensatz zum Untergebenen alter Prägung, der sich als Betriebsuntertan fühlt und verhält. Dem Mitarbeiter gegenüber versagen daher die alten autoritären Führungsformen. Menschen, die selbständig denken, handeln und entscheiden sollen, müssen entsprechend geführt werden. Aus den veränderten wirtschaftlichen, technischen und soziologischen Gegebenheiten erwächst ein neuer Führungsstil: die Führung im Mitarbeiterverhältnis"[210].

Diese hat durch die Industrialisierung, das Dritte Reich und die moderne demokratische Wirtschaftsverfassung in Deutschland vereinfacht gesprochen drei Epochen durchlebt. Diese werden die im Schaubild auf der nächsten Seite kurz tabellarisch gegenübergestellt. An der folgenden Darstellung lassen sich die Wurzeln der „modernen" betrieblichen Führung aus gesamtgesellschaftlichen **Handlungs- und Verhaltensgrundlagen** ableiten:

---

[210] Höhn, R., Führungsbrevier der Wirtschaft. Bad Harzburg 1977, S. 15f.

Gesellschaftliche Handlungs- und Verhaltensgrundlagen				
Epoche	Mittelalter	Industrialisierung	Drittes Reich	Moderne
Kriterien	Handwerk Zünfte	ungelernte Fabrikarbeiter	einheitliche Grundordnung	freiheitliche Grundordnung
Verhalten	traditionell	revolutionär	Personenkult	soziale Persönlichkeit
Betriebliche Führung				
Führungsstil	patriarchalisch familiär	militärisch organisatorisch	charismatische Befehlsmacht	partnerschaftlich
Fehlverhalten	Verstöße gegen familiäre Ordnung	Befehlsverletzung	Beleidigung des Führers	Missachtung von Gruppennormen
Führungssysteme	autoritäre Führungssysteme			kooperative demokratische Führungssysteme
Führungsziel	Leistungsgehorsam			kritische Leistungskreativität

Abbildung 52: Betriebliches Führungsverhalten im Spiegelbild gesellschaftlicher Epochen[211].

5.2 Praktische Führungsforschung[212]

Auch in einer demokratischen freiheitlichen Grundordnung müssen wir uns grundsätzlich fragen, ob eine ihr entsprechende „kooperative" Personalführung erfolgsversprechend ist – leben wir doch in einer Gesellschaft, in welcher die Prinzipien vorwiegend autoritärer Denkstrukturen vielfach immer noch sozialisiert, und entsprechend gelebt

---

[211] In Anlehnung an: Panse, W., Der Wandel in der heutigen Führungsphilosophie. In: Hamburger Abendblatt. Informationsblätter für Personalchefs. Januar 1986, Nr. 16.
[212] Zum Stand und zu aktuellen Trends in der Führungsforschung siehe Hentze, J., a.a.O., S. 73-78.

werden. Mit einer praktischen Führungsforschung verstehen wir deshalb keineswegs nur „Verstehen und Erklären" allein. Als angewandte **Aktionsforschung**[213] hat die praktische Personalführung immer einen normativ-wertenden Bezug und ist wie angedeutet besonders an drei Fragen interessiert:

- „Wovon hängt generell der Führungserfolg ab?"
- „Wie kann Effizienz und Effektivität des Führungserfolges verbessert werden?"
- „Inwieweit ist in einer demokratischen Gesellschaft die „moderne" kooperative Führung der „überkommenen" autoritären überlegen"?

Dementsprechend folgen nun im einzelnen drei Forschungsansätze, welche eine zufriedenstellende Beantwortung der Frage nach der Abhängigkeit des Führungserfolgs auf vier unterschiedliche Faktoren sowie deren Wechselwirkungen zurückführen[214]:

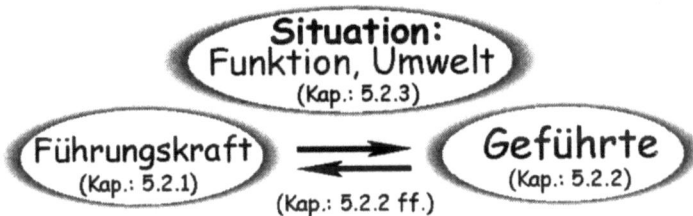

Abbildung 53: Führungsfeld nach Kurt Lewin (1938)[215]

> **Übung:** Bestimmen und Ordnen Sie bitte anhand des Führungsfeldes für ein selbst erlebtes situatives Beispiel die Fehler, die Ihrer Ansicht nach dafür massgeblich waren, dass der Erfolg nicht optimal war oder ist!

---

213 Diese schließt im Anschluß an Kurt Lewin [1946] neben dem akademischen „Forschen" explizit „Handeln und Erziehen" der Untersuchungsteilnehmer mit ein (nach Becker, H./Langosch, J., Produktivität und Menschlichkeit. Stuttgart 1995 [1984], S. 60f.
214 Graphik nach Kieser, et. al., a.a.O., S. XI, Vgl. auch die Gegenstandsbestimmung der Soziologie in Kap. 1.
215 In: Lewin, K., Feldtheorie in den Sozialwissenschaften. Bern/Stuttgart/Wien 1963, S. 271ff.

5.2.1 Eigenschaftsansatz der Führung

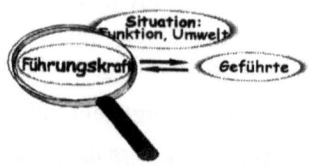

Die traditionelle Antwort auf die Frage nach der Ursache des Führungserfolgs im Alltagsdenken, aber auch in etlichen Forschungsansätzen lautet: „Der Führungserfolg ist von den Eigenschaften der Führungskraft abhängig!". Es gilt die leicht nachvollziehbare Devise:

Wer über das Direktionsrecht verfügt, bestimmt durch sein Handeln respektive sein Verhalten auch die Art des Führens, des Mitarbeiterverhaltens und damit den Führungserfolg.

In den folgenden Ausführungen werden wir kurz versuchen, vor dem Hintergrund der oben gekennzeichneten historischen Entwicklung kurz nach Ergebnissen der Forschung Ausblick zu halten. Wir werden untersuchen, ob und inwieweit moderne „kooperative" Führungseigenschaften den in den meisten Veröffentlichungen als überkommen etikettierten „autoritären" überlegen sind

UND

konkret operationalisierbare Eigenschaften herausarbeiten, an denen der Erfolg von Führungseigenschaften gemessen werden könnte.

In der Vergangenheit wurden zahlreiche wissenschaftliche und nicht-wissenschaftliche Versuche unternommen, Eigenschaften des Führungserfolges zu definieren. In welche Richtung für den Führungserfolg entscheidende Faktoren gesucht werden soll, hat als erster der österreichische Sozialpsychologe Kurt LEWIN systematisch erforscht (1938)[216]:

Als Pioniere der sozialpsychologischen Eigenschaftsforschung untersuchten seine Mitarbeiter Ronald LIPPITT und Leslie WHITE in einem berühmt gewordenen Experiment an 11jährigen Schulkindern die Wirkungen von „autoritärer", „demokratischer" (=kooperativer) und „laissez-faire"-Führung[217]. Die Kinder hatten Papiermasken herzustellen und wurden von Erwachsenen geführt, die jeweils einen der drei obengenannten Stile praktizierten. Die „laissez-faire"-Führung[218], bei welcher der Gruppenleiter keine Initiativen und Bewertungen zeigte, sich nicht an den Arbeiten beteiligte und der Gruppe totale Entschei-Entscheidungsfreiheit ließ, brachte den mit Abstand geringsten

---

[216] Folgende Darstellung nach: Hentze J., et al., Personalführungslehre. Bern/Stuttgart/Wien 1997³, S. 246-252.

[217] Ausführlich hierzu siehe Brocher, T., Gruppendynamik und Erwachsenenbildung. Braunschweig, S. 27f. oder Bornewasser, M., a.a.O., S. 9.

[218] Der laissez-faire-Führungsstil "bedingt in Schulen eine weitgehende Verwahrlosung der triebstarken und eine Terrorisierung der vital schwachen Schüler" (Brocher, T., a.a.O., 1981. S.28).

Führung

Führungserfolg. „Im Rennen" blieben „autoritäre" und „demokratische" Führung, die sich hinsichtlich des Vorgehens wie folgt voneinander unterschieden:

a) autoritär:

Alles Vorgehen wird vom Führer bestimmt; er gibt die Arbeitsschritte im einzelnen vor und legt fest, wer mit wem was tut. Er lobt und tadelt persönlich und beteiligt sich kaum an der Gruppenarbeit[219].

b) demokratisch:

Alle Vorgehensweisen werden auf Anregung des Führers von der Gruppe diskutiert und entschieden; die Gruppe legt ihre Ziele fest, die Arbeitsteilung ist ihr überlassen; Kritik und Lob sind objektiv und sachlich; der Führer ist gleichgestelltes Mitglied.

Der Führungserfolg in diesem Experiment schlug sich in Abhängigkeit der gewählten Führung in unterschiedlichen Verhaltensweisen der Schülergruppen und im Führungserfolg bei den Arbeitsergebnissen nieder[220]:

autoritär geführte Gruppe	demokratisch geführte Gruppe
• hohe Spannung • Ausdruck von Feindseligkeiten • unterwürfiges, gehorsames Gruppenverhalten	• entspannte, freundschaftliche Atmosphäre • höhere Kohäsion • geringere Austritte
• Höhere Arbeitsintensität während der Phase des Kontrolliert-Werdens	• hohe Originalität der Arbeitsergebnisse[221]
• Arbeitsunterbrechung bei Abwesenheit des Führers	• Weiterarbeit auch bei Abwesenheit des Führers

Abbildung 54: Führungserfolge nach dem Experiment von Lewin

Aufgrund dieser Erkenntnisse, die sich mit denen aus der Gruppendynamik decken, haben viele Unternehmen die demokratische Führung im Wege der Teamarbeit formell eingeführt – informell aber noch lange nicht durchgesetzt.

---

[219] Brodtmann, E., Brodtmann T. (Erfolgreiche Betriebs- und Unternehmensführung. Düsseldorf, 1992, S.66-126) unterscheiden in suffisant-ironischer Weise 21 Realtypen eines offen bis versteckt autoritären Führungsverhaltens.

[220] Siehe vergleichsweise Schuler, H., a.a.O., S. 340.

[221] Vgl. die Frage der Kreativität in Abhängigkeit von der Gruppengröße bei Grunewald, W., a.a.O., (Vgl. Abb. Nr. 45 in Kapitel 4.4).

Die Darstellung von idealtypischen Führungsstilen/-verhalten erfolgt durch nähere Beschreibung folgender „kritischer" Führungsmerkmale, die in der Forschung und in den Firmenleitsätzen als „Variablen" näher operationalisiert werden können:

Merkmale / Variablen	autoritär	kooperativ
Motivation	Druck/Lob	Interesse an der gemeinsamen Arbeit und den Mitarbeitern
Kommunikation	Information nur soweit nötig → Distanz	umfassende Information → Verbunden-Sein
Konfliktregelung	Konflikte werden unterdrückt und eskalieren mitunter	Konflikte werden partnerschaftlich ausgetragen
Entscheidung	Allein (evtl. nach Beratungen)	gemeinsam durch Diskussion und/oder Moderation
Kontrolle	Umfassende Fremdkontrolle	Hilfe zur Selbstkontrolle
Kritik und Anerkennung	Werden als Antrieb zur Leistung benutzt	ergeben sich aus der Diskussion der gemeinsamen Arbeit

Abbildung 55: Checkliste autoritärer bzw. kooperativer Führung

In der aktuellen Führungspraxis wurde im Anschluss an LEWIN jedoch nachgewiesen, dass sich einerseits wirtschaftliche Führungserfolge auch ohne solche typisch „demokratischen" Merkmale einstellen. Andererseits bleibt trotz vorhandener kooperativer Führungseigenschaften ein Führungserfolg in wirtschaftlicher, insbesondere aber in sozialpsychologischer Hinsicht aus[222].

---

[222] Stogdill, wies z.B. nach, dass die Erwartung der Mitarbeiter hinsichtlich der Führungsqualitäten ihres Chefs entscheidende Wirkung auf den Führungserfolg ausübt. Vgl. unsere eigenen Studien im Rosenheimer Seminar für Mitarbeiterführung. Hier wurden beispielsweise mehrere Fälle bekannt, bei denen sich die Ablösung einer „autoritären" durch eine „kooperative" Führung negativ auf den Führungserfolg auswirkte. Zur Erklärung vgl. Kapitel 5.3.4.2.

Führung 141

In Ergänzung der auch im Alltagsdenken üblichen Polarität von „autoritär" bzw. „kooperativ" lassen sich in der Forschung auch Listungen finden, welche konkreten Eigenschaften Führungskräfte mitbringen sollten.

Hier finden sich nicht mehr bloß allgemein gehaltene Anforderungsprofile mit plausiblen, aber erklärungsbedürftigen Elementen wie „Intelligenz, Dominanzstreben, Extraversion, Anpassungsfähigkeit oder Sensitivität[223]". Gestandene Praktiker, wie der erfolgreiche schweizerische Personalberater Egon ZEHNDER, benennen jenseits des Lehrbuchwissens nämlich generell nähere Führungseigenschaften, deren Häufigkeit und Wirkung näher zu erforschen wären[224]:

Führungseigenschaften 2000

- **Sensibilität: Charakter, Humor, Demut**
- **Seine Grenzen erkennen**
- **Lebenslange Lernbereitschaft**
- **Visionen und Intuition**
- **Soziale Kompetenz**
- **Provokation der Führung**
- **Ethisches und ökologisches Bewusstsein**
- **Charisma?** [225]

Abbildung 56: Führungseigenschaften 2000

> **Übung:** Ordnen Sie bitte die Eigenschaften nach Zehnder in einer Matrix eher autoritärem bzw. kooperativem Führungsverhalten zu! Welches Fazit würden Sie für sich persönlich und für „Ihr" Team ziehen? Wo sehen Sie Nachholbedarf?

---

[223] So im diesem Werk zugrundeliegenden Skriptum aus dem Jahr 1991.
[224] Zehnder, E., Führung 2000. In: Personalführung 5/1995, S. 470 ff. In der jüngeren Fachliteratur wird immer wieder konstatiert, daß insbesondere weibliche Eigenschaften die entscheidenden modernen Erfolgsfaktoren in einer demoktatischen Wirtschaftsstruktur darstellen (z. B. jüngst Wunderer, R./ Dick, P. (Hg.), Frauen im Management. Neuwied 1997.)
[225] Zur amerikanischen Sichtweise siehe House, M./Shamir, B., Charismatische Führung. In: Kieser et al., a.a.O., S. 875ff. oder Hentze, J., a.a.O., S. 194-205.

Die Wichtigkeit der Führungskrafteigenschaften stellt unbestritten auch weiterhin die vielleicht bedeutsamste Einflussgröße für den Führungserfolg auch in einer Gesellschaft dar, die sich im manchmal unwegsam erscheinenden Übergang von einer absolutistischen „von oben herab" bestimmten zu einer demokratischen Führung befindet. Dennoch wird die Eigenschaftstheorie als monokausales Erklärungsmodell von der herrschenden Lehre abgelehnt und um die beiden folgenden Variablen in 5.2.2 und 5.2.3 erweitert.

5.2.2 Der gruppendynamische und der Interaktions-Ansatz

Definition und Erfolg der modernen praktischen Personalführung werden hier als Funktion einer gegenseitigen (!) Interaktion zwischen Führungskraft und Geführten angesehen[226]:

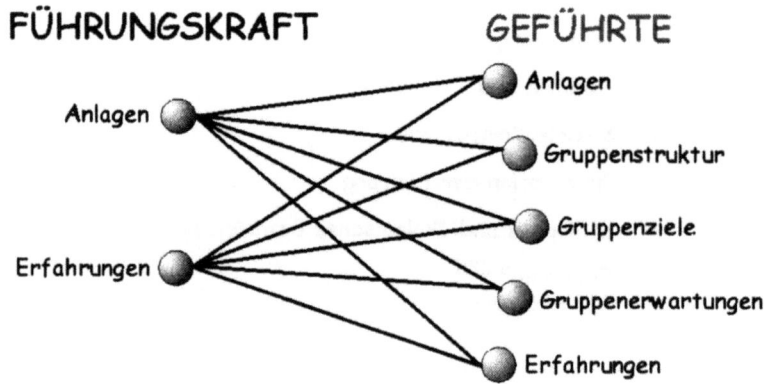

Abbildung 57: Hofstätters gruppendynamischer Ansatz[227]

Damit stellen beide Ansätze im Anschluss an die Ausführungen zur Gruppendynamik (Kapitel 4.5.) in zweifacher Weise eine entscheidende Ergänzung zur Eigenschaftstheorie dar:

- Zum einen werden die Eigenschaften der **Geführten** berücksichtigt. Die konkrete Ausgestaltung der Führerrolle und des Führungserfolgs werden als Ergebnis gruppendynamischer Zusammenhänge **in** der Gruppe der Geführten einschließlich der

---

[226] Steinle, Claus, Führungsdefinitionen. In: Kieser, A., a.a.O., S. 525ff. (bes. 526).
[227] Im Orginal verbal abgeleitet bei Hofstätter, P. R., Gruppendynamik. Reinbek bei Hamburg 1986, [1957], bes. S. 159-175.

Führung 143

Beziehungen zur Führungskraft betrachtet (Gruppenkonvergenz, informelle Gruppenstruktur respektive Gruppenziele usw.)[228].

- Zum anderen kommt es hier auf das Zusammenspiel, die **gegenseitige Beeinflussung** der Eigenschaften von Führungskraft und Geführten an. Insofern sind Führungserfolge durch einseitige Eigenschaftsansätze nicht zu erklären. Die Interaktion ist geprägt durch unterschiedliche gegenseitige subjektive Wahrnehmung.

> Der Führungserfolg ist abhängig von der Persönlichkeit und dem Führungsverhalten des Vorgesetzten im Zusammenhang mit den Eigenschaften der Geführten (Gruppenkonvergenz, Gruppenkohäsion und -struktur).

Praktische Personalführung im neuen Jahrtausend muss trotz des absolutistischen Erbes zunehmend kooperative Geführten-, aber auch Führungskräfteeigenschaften berücksichtigen, die spezifisch in der Bundesrepublik Deutschland unter demokratischen Umständen sozialisiert wurden. Der Soziologe Helmut KLAGES (z.B. 1991[229]) stellte in einer langfristig angelegten „Längsschnitt"-Studie fest, dass seit der Gründung der Bundesrepublik ein neuer Sozialisationstrend "Selbständigkeit" und "freier Wille" die alten Werte "Gehorsam und Unterordnung" verdrängte. Dieser Trend hat sich bis Ende der 80er Jahre weiter nach oben stabilisiert und betrifft 15 Jahre später weite Teile der sich im führungsfähigen Alter befindlichen Mitarbeiter und Führungskräfte[230]:

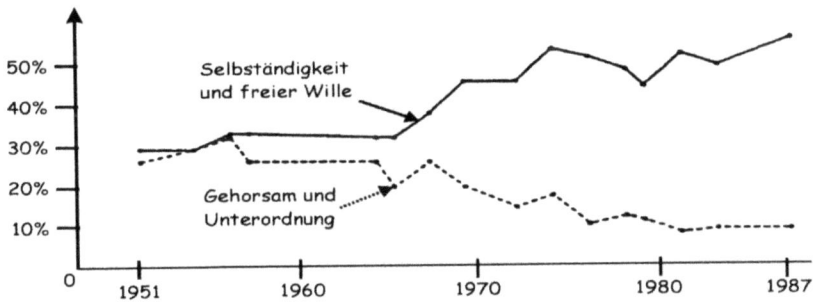

Abbildung 58: Wandel der Erziehungsziele seit Begründung der Bundesrepublik

---

[228] Eine diesem Ansatz entsprechende Personalführungstheorie mit praktischem Hintergrund findet sich im Kapitel 5.3.4.2.
[229] Klages, H., Wertewandel in den westlichen Bundesländern. In: BISS Public, 2/1991, S. 99-118.
[230] Vgl. Rosenstiel, L. v., Wertewandel. In: Kieser A.; et al., a.a.O. 1995, S. 2175-2190.

Inweweit sich bis über 2000 hinweg „autoritäre" Gegentrends eingestellt haben oder ob die Schere zwischen den Erziehungszielen für zukünftige Generationen noch weiter „kooperativer" auseinander klafft, bleibt bis auf weitere Forschungen unserer Spekulation vorbehalten.

5.2.3 Situativer oder Interdependenz-Ansatz

Dieser aus der Organisationsentwicklung stammende Ansatz[231] erweitert den gruppendynamischen Ansatz um „objektive" situative Einflussgrößen wie

- formell vorgegebene **Funktion der am Führungsprozess Beteiligten** (Aufgabenstellung durch Organigramm oder Stellenbeschreibung, Arbeitsbedingungen u.a.)
- **Umwelt** (informelle Einflüsse anderer Abteilungen, des Gesamtunternehmens, der Gewerkschaften und anderer Organisationen, der Politik, der Technik, der Gesellschaft usw.; die gesamte soziale und sachliche einschließlich der natürlichen Umwelt)[232].

Die Menschen und ihre Handlungen im Führungsprozess sind ein Produkt ihrer Umstände, würde der Vertreter eines orthodoxen situativen Ansatzes sagen, und dabei von einer einseitigen Beziehung ausgehen. *Beim Einsatz einer Feuerwehr ist sicher ein anderes Führungsverhalten angemessen als im Projektteam von IT-Spezialisten.* Da lebende Menschen ihre spezifischen Situationen aber je nach Grad der Rollenfreiheit[233] mehr oder weniger selbst ausgestalten, lässt sich die (in der Forschung genau zu prüfende) Frage stellen, inwieweit sich diese Einflussfaktoren gegenseitig bestimmen, und durch Führungs- und Geführtenhandeln auch ändern lassen:

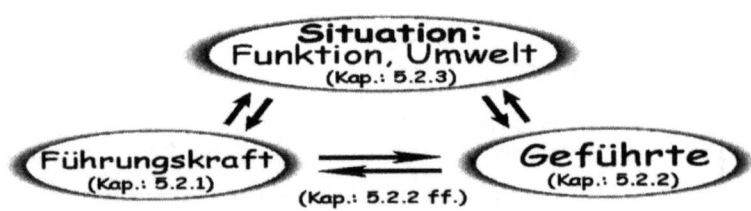

Abbildung 59: Die Variablen des situativen Ansatzes im Überblick

---

[231] Zuerst etwa bei French, W. L./Bell, C. H., Organisationsentwicklung, Bern/Stuttgart/Wien 1973 oder Becker, H./Langosch, J., op. cit. oder Hentze, J., a.a.O., S. 342.
[232] Zur Einzelfaktoren des situativen Ansatzes vgl. z.B. Balzereit, B., a.a.O., S.26.
[233] Wie in Kapitel 4.3 Gruppenstruktur dargestellt.

Exkurs: Die Messung des Führungserfolgs[234]

Der „empirische", d.h. wissenschaftlich begründete Nachweis des Führungserfolgs in wirtschaftlicher **und** sozialpsychologischer Hinsicht ist für die praktische Personalführung der Prüfstein für ihre Praxisnähe. Sie muss auch (wie eingangs zu Kapitel 5 für den EFQM beschrieben) in konkrete Aspekte heruntergebrochen (als Variable operationalisiert) werden. Eine Messung des Führungserfolge wird insbesondere durch die drei folgenden klassischen empirischen Methoden ermöglicht[235]:

Empirische Methoden der Führungsforschung		
Inhaltsanalyse	Beobachtung	Befragung
→ Output → Verhalten/Handeln	→ Verhalten	→ Handeln
Betriebswirtschaftliche bzw. sozialpsychologische Analyse von in der Regel nicht zu analytischen Zwecken dienendem Material (häufigste Form: Dokumentenanalyse)	• offene • versteckte ------- • teilnehmende • nicht teilnehmende	• unstrukturiertes, qualitatives Interview • strukturierter, quantitativer Fragebogen ------- • Einmalbefragung • Mehrfachbefragung (z.B. Panel)
z. B. Auswertung von Gewinn- und Verlustrechnung, Bilanz, Fluktuation, Fehlzeitenstatistik, Reklamationsbuch, Arbeitszeugnis, Arbeitsproben, Fotos und Video	z. B. Interaktion zwischen Führungskraft- Mitarbeiter, Mitarbeiter-Kunde oder Lieferant, Mitarbeiter-Mitarbeiter, i.w.S. Mitarbeiter-Arbeitsaufgabe	z. B. Mitarbeiter, Führungskräfte-, Kunden- oder Lieferantenbefragung

Abbildung 60: Empirische Methoden der Führungsforschung[236]

---

[234] Hinsichtlich detaillierterer wissenschaftlicher "Effizienzvariablen" zum Führungserfolg siehe Witte, E., Effizienz der Führung, in: Kieser, A., et al., a.a.O., S. 266.

[235] Vgl. Lehner, J., Führungserfolg - Messung. In: Kieser, A., et al., a.a.O., S. 557f. Lehner beschränkt sich aber auf Dokumentenanalyse, Beobachtung und offene Interviews.

[236] Stellvertretend für eine Reihe von lesbaren und fundierten Methodenlehrbücher seien hier nur genannt der Evergreen von Friedrichs, J., Methoden der Empirische Sozialforschung. Reinbek bei Hamburg 1979 [1973].

> **Übung:** Überlegen Sie sich bitte für ein eigenes Forschungsvorhaben anhand oder in Ergänzung zu dieser Darstellung geeignete Methoden! Entwerfen Sie dazu einen Fragebogen!

„Führung" in der Praxis über eine Befragung zu erfassen, ist nicht einfach, setzt dies doch das Einverständnis zumindest des Top-Managements voraus. Ungleich besser, aber nicht zwingend nötig, ist die hochgradige und ungeteilte Akzeptanz sämtlicher Führungskräfte und Mitarbeiter in einer Vertrauenskultur. Allgemein können beispielsweise 10 kritische Faktoren in der Führungsforschung, bei denen auch „Führung" explizit wird, unterschieden werden[237]*:*

1. **Motivation:** sie ist, soweit es die situativen Bedingungen zulassen, positiv und intrinsisch durch Job-enlargement, Job-enrichment und Job Rotation.

2. **Konfliktbewältigung:** das Teamklima ist offen und vertraut; Fehler und zwischenmenschliche Probleme werden regelmäßig ausdiskutiert.

3. **Leistungsbereitschaft:** die Ziele des Teams sind bekannt; die Mitarbeiter setzen sich entsprechend für den Kunden ein, auch wenn es schwierigere Aufgaben zu bewältigen und länger zu arbeiten ist.

4. **Rolle im gesamten Unternehmen:** die Mitarbeiter wissen, welchen Beitrag sie für die Gesamtziele leisten und sind in die dispositiven Prozesse eingebunden.

5. **individuelles Rollenverständnis:** die Mitarbeiter arbeiten weniger nach vorgegebener Position, sondern verteilen die Arbeitsaufgaben im Team entsprechend ihrer Stärken und Schwächen.

6. **Arbeitsmethoden und Organisation:** die Mitarbeiter können ihren Teil dazu einbringen, die Geschäftsprozesse selbst an der Basis zu optimieren.

7. **Weiterentwicklung und Qualifikation:** die Mitarbeiter sind für ihre Arbeitsaufgaben qualifiziert und suchen beständig neue Wege, ihre Qualifikation zu verbessern.

8. **Kreativität:** die Mitarbeiter haben akzeptierte Wege gefunden, Probleme gemeinsam zu lösen und neue Ideen gewinnbringend aufzunehmen.

9. **Beziehungen zu anderen Einheiten im Unternehmen:** es gibt keine Feindschaften und Gartenzaunpolitik - die Außendistanz ist nicht höher als nötig

---

[237] Vgl. Francis, D./Young, D., Mehr Erfolg im Team, Hamburg 1996, S. 79-83.

10. Führung: sie wird als gemeinsame Aufgabe verstanden, als die Führungskräfte sich Zeit nehmen, mit den Mitarbeitern offen Dialoge zu führen, Ziele zu setzen und ganzheitliche Aufgaben zu delegieren.

„Führung" als die letztgenannte dieser 10 möglichen Kernfragen kann beispielsweise in neun nicht zusammenhängend abgefragten Statements operationalisiert werden. Die Befragten können mit „trifft voll auf uns zu (V)", „trifft manchmal / teilweise auf uns zu (M)" antworten oder –im Fall einer Negativanzeige- den Punkt offen lassen:

Teamverstärker „Führung"	V	M
• Führung und Mitarbeiter nehmen sich selten Zeit, einander ihre Erwartungen und Wünsche mitzuteilen.		
• Die Führung wünscht nicht oder zu wenig, dass auch Mitarbeiter verantwortungsvolle oder auch Führungsaufgaben übernehmen.		
• Manche Mitarbeiter sind sich nicht im klaren über ihr Verhältnis zur Geschäftsführung.		
• Die Qualität der Entscheidungen unseres Bereichs wäre besser, wenn die Mitarbeiter mehr die Initiative ergreifen würden.		
• Die Führung trifft oft Entscheidungen, ohne sie mit den Mitarbeitern besprochen zu haben.		
• Die Führung passt ihren Führungsstil nicht der jeweiligen Situation an.		
• Die Führung ist nicht sensibel genug für die verschiedenen Sorgen der Mitarbeiter.		
• Ich bezweifle, ob unsere Interessen von unserer Führung auf höherer Ebene richtig vertreten werden.		

Abbildung 61: „Führung" – operationalisiert im Fragebogen

Werden diese Fragen vom jeweiligen Arbeitsteam mehrheitlich und im ranking-Vergleich zu den anderen 9 „items" signifikant höher mit „ja" beantwortet, entsteht beispielsweise Trainingsbedarf in puncto Führung. Dieser könnte ggf. mithilfe eines Beraters im Wege eines Workshops mit spezifischen Übungen vom Team gezielt abgearbeitet werden, und Zielvereinbarungen geschlossen[238]. Ergänzend hierzu bieten sich zum Zweck einer situativen Analyse Vertiefungsfragen oder Eingangsinterviews sowie teil-

---

[238] Ebd., S. 191-200 sowie in Fallstudie Nr. 2.

nehmende Beobachtungen an, möglichst aus der noch „unverdorbenen" Perspektive eines neutralen Außenbetrachters[239].

5.2.4 Das Kontingenzmodell von Fiedler (1967)[240]

Zu den bedeutendsten Versuche, den Führungserfolg unter besonderer Berücksichtigung situativer Faktoren zu messen, zählt das „Es-kommt-darauf-an-Modell" nach Fred E. FIEDLER. In einer Vielzahl von Forschungen wurde wird die Führungssituation jeweils durch Polaritätenprofile unterteilt in

- Beziehungsstruktur (B): Sie spiegeln die Qualität der Interaktionen zwischen Führungskraft und Geführten wider.

- Aufgabenstruktur (A): Mit diesem Kriterium wird das Ausmaß angesprochen, in dem die Aufgabe klar definiert, die Ziele vorgegeben und der Weg zur Zielerreichung festgelegt ist.

- Positionsmacht der Führungskraft (P): Hier wird untersucht, in wieweit der Führende sein Direktionsrecht geltend macht.

Alle drei Variablen werden als Input-Faktoren mit der Output-Variable (Leistung einer Arbeitsgruppe) in Korrelation gesetzt (als Resultante eines wirtschaftlichen Führungserfolgs):

---

[239] So wie in den Fallstudien Nr. 1 und Nr. 2 ausgeführt. Ausführlich zur Begründung vgl. z.B. Becker, H./Langosch, I., Produktivität und Menschlichkeit. Stuttgart 1995, S. 29-32.

[240] Im Original zuerst bei Fiedler, F.E., A Theory of Leadership Effectiveness. New York 1967. Vgl. z.B. die ausführliche deutsche Darstellung bei Hentze, J., a.a.O., S. 314-329.

Führung

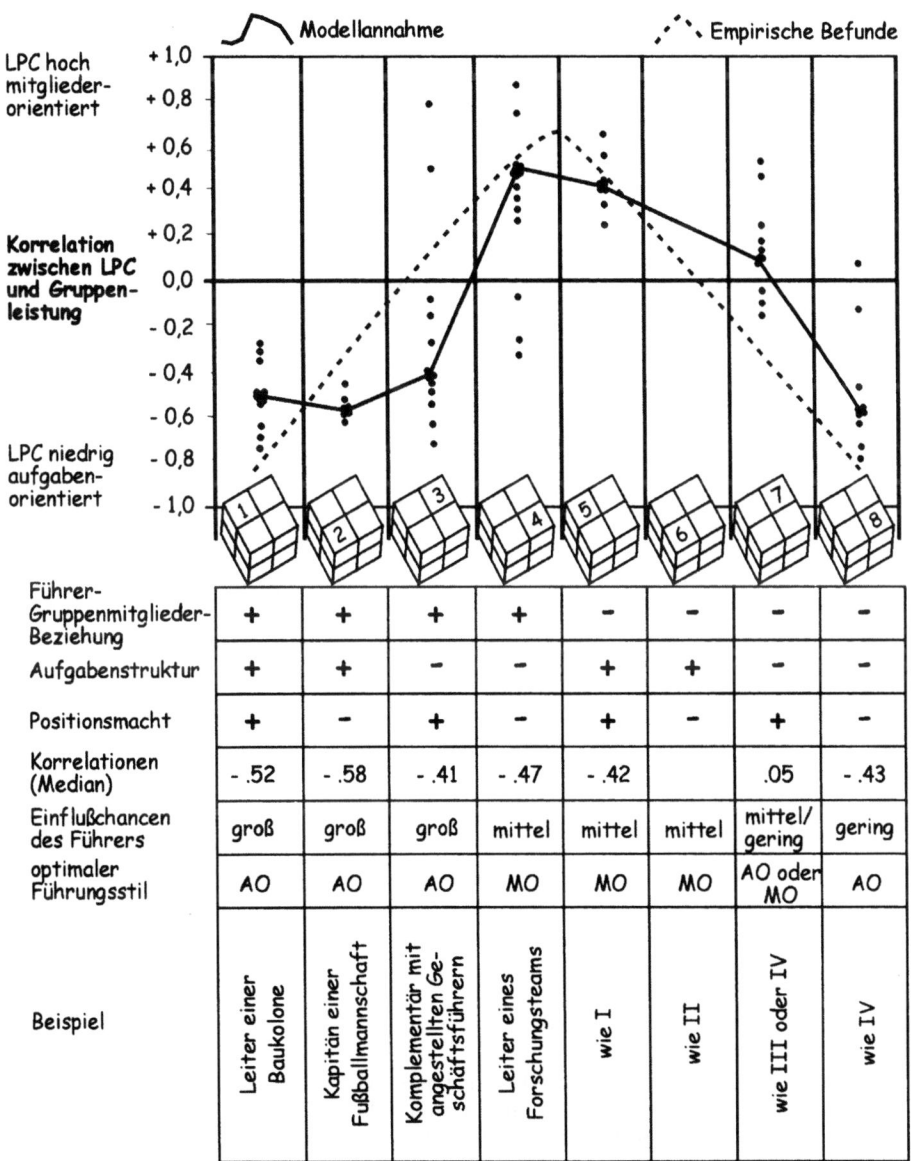

Abbildung 62: Das Kontingenzmodell nach Fiedler

Das Ergebnis, der LPC-Wert[241], zeigte bei unterschiedlichen Kombinationen von B, A und P rein exemplarisch betrachtet beispielsweise folgende Führungserfolge:

- die besten scores wurden erzielt, als (B) allein gut war (Bereich IV),
- die zweitbesten scores wurden erzielt, als (A) und (P) gut war (Bereich V).

Diese Ergebnisse bestätigen diejenigen von LEWIN, nachdem die kooperative Bedingungsvariable (B) der autoritären (A und P) überlegen ist. Eine autoritäre Führung kann durch die Erfolge bei hochgradigem (A) und (P) den Mangel an kooperativer Führung lindern, aber nicht vollkommen ersetzen. Jede Form von laissez-faire-Führung führt auch nach FIEDLER zu wesentlich ungünstigeren Erfolgen und scheidet für die moderne Personalführung aus.

Zusammenschau: Situative Bedingungen und Gefahren autoritärer bzw. kooperativer Führung

Die nachfolgende Zusammenfassung der situativen Bedingungen und Folgen unterschiedlicher Führung verbindet den Eigenschaftsansatz und den situativen Ansatz. Die Erkenntnisse des gruppendynamischen Ansatzes, die „je nach Gruppe" sehr unterschiedlich ausfallen können, wurden nicht durchgehend berücksichtigt[242].

---

[241] LPC bedeutet „Last Preferred Coworker" und mißt, wie der Vorgesetzte den von ihm am wenigsten geschätzten Mitarbeiter noch relativ wohlwollend beschreibt. Liegt eine in der Skala vergleichsweise wohlwollende Beschreibung auch weniger geschätzter Mitarbeiter vor, so wird gefolgert, daß der Vorgesetze „beziehungsorientiert" führt. In der Grafik wird nun ein Korrelation hergestellt zwischen diesem Maß und einer zweiter Meßgröße, dem ASO-Wert „Assumed Similarity between Opposites". Dieses zweite Maß ermittelt die Streuung zwischen dem am meisten und dem am wenigsten geschätzten Mitarbeiter in der Wahrnehmung des Vorgesetzten. Besteht niedrige Streuung, dann läßt sich schlußfolgern, daß der Vorgesetzte keinen Mitarbeiter bevorzugt oder benachteiligt (vgl. Schneider. H. J., a.a.O., S. 160).

[242] Ein praktisches Forschungsvorgehen, bei dem der gruppendynamische Ansatz zentral ist, findet sich in Kapitel 5.3.4.2.

Situative Bedingungen, die kooperative Führung	
erschweren[243]	erleichtern
sehr unterschiedliches Bildungsniveau	ausgeglichenes Bildungsniveau
autoritäre Wertvorstellungen und Normen	Aufgeschlossenheit, Kreativität, Initiative als Normen
abgestumpfte, routinegewöhnte Mitarbeiter	interessierte Mitarbeiter mit Fähigkeit zur Kooperation
leistungsfeindliche Gruppennorm	leistungsorientierte Gruppennorm
Aufgaben bewältigen unter Zeitdruck	ausgereifte, flexible Entscheidungen für Aufgabenbewältigung nötig
Organisation als Befehls- und Kontrollsystem mechanische Aufgaben	Organisation als Rahmen menschlicher Leistungsentfaltung
autoritäres Klima im Unternehmen/in der sozialen Umwelt/Unternehmenskultur	anspruchsvolle Aufgaben
	kooperatives Klima im Unternehmen/ in der sozialen Umwelt

Abbildung 63: Situative Bedingungen für eine kooperative Führung

Gefahren	
kooperativer Führung[244]	autoritäre Führung
langsame Entscheidungen	Einsame/einseitige Entscheidungen
Manipulation der Gruppe, „Gruppenterror" mittels „group think"	Schlechte Leistung wegen mangelnder Identifikation
unklare Verantwortung	Verfall der Gruppe bei Abwesenheit der Führungskraft
Überforderung von (mangelhaft ausgebildeten) Mitarbeitern	Unzufriedenheit bei kooperativ sozialisierten Mitarbeitern
Unzufriedenheit bei autoritär sozialisierten Mitarbeitern	Verminderte Kreativität
Verminderte Disziplin, wenn „kooperativ" und „laissez-faire" verwechselt wird	Kombination von autoritärer und laissez-faire-Führung

Abbildung 64: Gefahren autoritärer und kooperativer Führung

---

[243] Vgl. Hentze, J., a.a.O., S. 266f.
[244] Vgl. die bereits tabellarisch dargestellten Risiken der Teamarbeit auf Seite 117.

**Fallstudie Nr. 4
zum Thema Führung**

"Die Präzisions-Werkzeuge KG"

Dieses Unternehmen mittlerer Größe (800 Mitarbeiter) hat aufgrund seiner Spezialisierung einen weltweit guten Ruf. Seit 1999 sind Umsatz und Kapazität ständig gestiegen; die Expansionsgrenzen scheinen noch keineswegs erreicht zu sein.

Herr Rösemann ist Leiter der Abteilung Betriebsabrechnung und Budgetierung. Er gilt als einer der tüchtigsten und aussichtsreichsten Führungskräfte. Er hat sich von der Pieke auf in sein jetziges Arbeitsgebiet emporgearbeitet.

Herr Rösemann ist bei den meisten Mitarbeitern seiner Abteilung recht angesehen. Er trifft klare, eindeutige Entscheidungen. Wer sie pünktlich ausführt, erfreut sich des Wohlwollens von Rösemann. Allerdings kann seine Kritik auch bei kleinen Fehlern ätzend sein. Sie ist überall gefürchtet.

Die hohe Fluktuation in seiner Abteilung, die ihm der Personalleiter hin und wieder vorhält, hält Rösemann nicht für nachteilig. Wenn man nicht alle die herausdrückt, die sich nicht einfügen können oder wollen, so meint er, kann sich keine hohe Leistung in der Abteilung halten. Es hat sich inzwischen in der Abteilung herumgesprochen, daß man nicht zu schnell arbeiten darf, weil Rösemann immer glaubt, daß ein Mitarbeiter noch etwas mehr Arbeit bewältigen kann, als er zur Zeit leistet.

Einige Mitarbeiter, die schon sehr lange in der Abteilung sind, sind allerdings mit Rösemann recht unzufrieden. Man könne mit ihm nie über eine Entscheidung diskutieren, er habe immer Recht, gegen irgendwelche Kritik sei er extrem allergisch. Selbst Entscheidungen des Vorstandes, die er nur an seine Mitarbeiter weiterzugeben hat, dürfen nicht kritisiert oder "in Frage gestellt" werden. Und das auch dann, nicht, wenn sie offensichtlich Schwierigkeiten bewirken, die der Auftraggeber nicht einkalkulieren konnte.

Vor fast zwei Jahren hat Herr Lehmann, ein Diplom Betriebswirt, gekündigt. Er hatte ein System der Kostenanalyse entwickelt, ohne ausdrücklich von Rösemann dazu beauftragt worden zu sein. Rösemann hat ihn dafür sehr streng getadelt und im übrigen die Idee als zu theoretisch beiseite geschoben. Davon spricht jetzt niemand mehr, nachdem gerade im letzten Monat vom Vorstand ein System der Kostenüberwachung angeordnet worden ist, das sich weitgehend mit dem von Lehmann deckt.

Als im letzten Jahr die Verwaltung in das neue Bürogebäude mit Großraumbüros umzog, hat Rösemann gegen den Rat der Architekten eine besondere Anordnung der Arbeitsplätze in seine Abteilung eingeführt: Es gibt keine Sichttrennwände; alle Mitarbeiter schauen in die gleiche Richtung, nämlich auf den Glaskasten, der das

Büro von Rösemann ist. So kann er sämtliche Mitarbeiter gut übersehen. Nebenbei, so hat er einmal einem Kollegen verraten, sind die Mitarbeiter weniger in Versuchung, Privatgespräche zu führen. Zuerst gab es gegen diese Anordnung einige Proteste; jetzt haben sich die Mitarbeiter daran gewöhnt.

Aufgaben:
1. Kennzeichnen Sie bitte Herrn Rösemanns Führungsverhalten!
2. Ist das Führungsverhalten in dieser Situation angebracht?

Lösungsskizze zur Fallstudie Nr. 4

zu Frage 1:

Kennzeichnen Sie bitte Herrn Rösemanns Führungsverhalten!

Autoritäres Führungsverhalten seitens des Herrn Rösemann liegt sicher auf der Hand. Die Frage "kennzeichnen Sie" läuft darauf hinaus, diese auf den ersten Blick erkennbare übergeordnete Gattung durch eine nähere Analyse logisch zu verästeln.

Beispielsweise lässt sich zur Lösung zunächst folgendes Tableau mit entsprechenden Textverweisen heranziehen[245]:

---

[245] Hier im Einsatz: die Checkliste autoritäre bzw. kooperative Führung auf S. 154.

Kriterien

"Kennzeichen"	Autoritär/kooperativ aus der Sicht der Mitarbeiter / des Außenbetrachters / der Führungskraft, weil ... (Begründung und ggf. Textverweis)
Entscheidung	
Kommunikation	
Kontrolle	
Kritik	
Konflikthandhabung	

Über eine tabellarische Kennzeichnung der Kriterien mit Bezug auf entsprechende Textstellen hinaus lässt sich zusammenfassend die These vertreten, dass von Herrn Rösemann (nach einer Typologie von TANNENBAUM und SCHMIDT[246]) ein reinrassig autoritäres Führungsverhalten praktiziert wird (nominal oder skalar die Stufe 1 des Führungskontinuums). Ebenso lässt sich das Verhaltensgitter von BLAKE und MOUTON[247] anwenden, nach dem Herrn Rösemann sicher dem rein aufgabenbezogenen 9.1.-Quadranten ziemlich nahe kommt.

zu Frage 2.
Ist das Führungsverhalten in dieser Situation angebracht?

Die Forschungen von LIPPITT und WHITE zeigten bereits Ende der 30er Jahre, dass das von Herrn Rösemann praktizierte Führungsverhalten nur dann zu effizienterem Erfolg führt, falls die Führungskraft permanent anwesend ist. Und auch in diesem Fall steigt vermutlich nur die Arbeitintensität. Dennoch erscheint Herrn Rösemanns Verhalten noch geradezu typisch für viele klein- und mittelständische Führungskräfte: in den 90er Jahren konnte "man" sich den "Luxus" eines autoritären Führungsverhaltens und dessen Folgen für den Führungserfolg (hohe stille Kosten) vielleicht noch leisten - in Jahren zunehmenden Konkurrenzdrucks können derartige Auswirkungen fürs Unternehmen nachhaltig negative Konsequenzen zeitigen.

---

[246] Im Vorgriff zum Abschnitt 5.3.2.1.
[247] Im Vorgriff zum Abschnitt 5.3.4.1.

Führung 155

Woran kann aber der Führungserfolg, der darüber Auskunft geben kann, ob das Verhalten Rösemanns in dieser Situation angebracht erscheint, gemessen werden? Zur Beantwortung dieser Frage sollten zwei Argumentationen zur Anwendung kommen:

a) **betriebswirtschaftlicher Erfolg:**

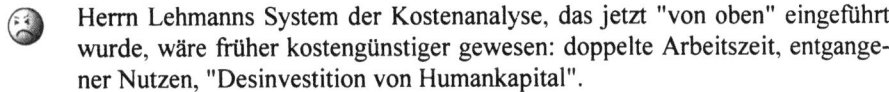 Herrn Lehmanns System der Kostenanalyse, das jetzt "von oben" eingeführt wurde, wäre früher kostengünstiger gewesen: doppelte Arbeitszeit, entgangener Nutzen, "Desinvestition von Humankapital".

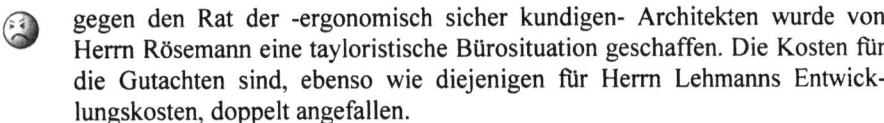 gegen den Rat der -ergonomisch sicher kundigen- Architekten wurde von Herrn Rösemann eine tayloristische Bürosituation geschaffen. Die Kosten für die Gutachten sind, ebenso wie diejenigen für Herrn Lehmanns Entwicklungskosten, doppelt angefallen.

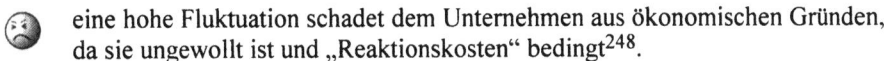 eine hohe Fluktuation schadet dem Unternehmen aus ökonomischen Gründen, da sie ungewollt ist und „Reaktionskosten" bedingt[248].

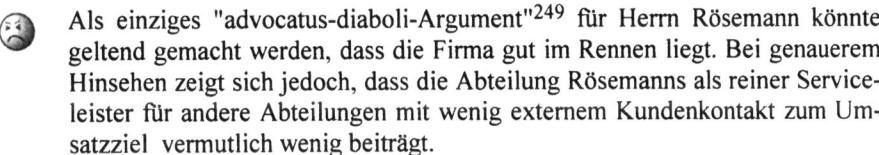 Als einziges "advocatus-diaboli-Argument"[249] für Herrn Rösemann könnte geltend gemacht werden, dass die Firma gut im Rennen liegt. Bei genauerem Hinsehen zeigt sich jedoch, dass die Abteilung Rösemanns als reiner Serviceleister für andere Abteilungen mit wenig externem Kundenkontakt zum Umsatzziel vermutlich wenig beiträgt.

b) **sozialpsychologischer Erfolg:**

Herr Rösemann wird im Text als "recht angesehen" bezeichnet. Dies deutet auf einen relativ niedrigen Reifegrad der Geführten, oder auf eine nur formell intakte Informationsquelle des Analysators hin. Folgende Aspekte, welche im Text näher belegt werden, deuten auf einen teilweise sogar quantifizierbaren Misserfolg hin:

 nur die frustrationsgeneigten Rollen Resignierte / Konforme / Mitläufer bleiben.

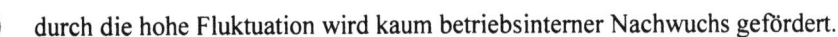 durch die hohe Fluktuation wird kaum betriebsinterner Nachwuchs gefördert.

 die dadurch in erhöhtem Maß erforderliche Personalbeschaffung ist teuer.

 informelle und formelle Gruppennormen driften auseinander.

---

[248] Vgl. den Exkurs 1 im Kapitel 2.6.6 Frustration und genauer bei Scholz, Ch., Personalmanagement. München 1993, S. 580-593.

[249] Nach dem Thomas-Theorem läßt sich in der Argumentation auch die Position des advocatus diaboli einnehmen. Im Prinzip nichts spricht dagegen, wenn entsprechend plausible Begründungen geliefert werden können. Im vorliegenden Fall ist aber mit Begründungsproblemen zu rechnen, genug Argumente für das Angebrachtsein des autoritären Führungsverhaltens zu finden.

interaktive Rückwirkungen auf das Betriebsklima sind zu vermuten (negative Motivation, Arbeitsunzufriedenheit in bezug auf HERZBERGs dissatisfier).

Fazit: die langfristigen Folgen hoher Fluktuation sind im Vergleich zum Wettbewerb unter Umständen als sehr ungünstig einzuschätzen!

5.3 Führungs"theorien"[250]

Die Ergebnisse der Führungsforschung sind die in der Lehre verdichteten Führungs"theorien", die seit TAYLORs Erkenntnissen an den Hochschulen gelehrt, und durch praktische Impulse genährt im Wirtschaftsleben Eingang nehmen sollen. Letztgenannte resultieren aber ernüchternderweise nur im Idealfall aus Ergebnissen der Forschung. Sozialpsychologisch gesehen sind diese sog. „Theorien" im subjektiven Denken der Wissenschaftler nicht mehr oder weniger als deren „Ideen" - Abbilder von Forschungen mit z.T. sehr begrenzter Reichweite, nicht selten gar bloße Spekulationen aufgrund von subjektiven Evidenzerlebnissen[251].

Aktuelle Führungs"theorien" bauen auf den Erkenntnissen des Eigenschafts-, des Interaktions- und des situativen Ansatzes auf. Eines ihrer wichtigsten Resultate für die Theorie, die oben angesprochenen Einteilungen der Führung in Anschluss in Kurt LEWIN und Fred FIEDLER wird nun sozialpsychologisch abgeleitet. Zum einen gilt es nun,

a) kurz der Frage nachzugehen, ob und in welcher Weise der realisierte Führungserfolg mit dem Ziel des **willentlichen Handelns** übereinstimmt.

b) Zum anderen stellt sich generell die Frage nach den **Denkstrukturen**, die darüber bestimmen, in welcher Weise wir als Führungskraft oder als Geführter mit unserem jeweiligen Gegenüber interagieren.

zu a) Während die traditionelle Führungsforschung davon ausgeht, dass Führung eine Qualität darstellt, die vom Vorgesetzten „zu managen" ist, teilen wir diesen Fortschrittsglauben nur sehr

---

[250] Einen aktuellen Gesamtüberblick über die Entwicklungsstammbäume von Führungstheorien findet sich bei Neuberger, O., Moden und Mythen der Führung. In: Kieser, A., et al., a.a.O., S.1578-1590 (bes. S.1582).

[251] Den letztgenannten Vorwurf trifft bei den „Evergreens" der Personalführung insbesondere die beiden Klassiker A. Maslow oder im folgenden Kapitel D. McGregor.

bedingt. Obwohl es dem Menschen durch seinen Intellekt angetan ist, willentlich zu handeln, sein Verhalten zu reflektieren und ggf. zu ändern, bleibt er doch unseres Erachtens an seine physischen und mentalen Grundlagen gebunden.

Die Unterscheidung "**Führungsstil**" und "**Führungsverhalten**" trägt diesem Problem Rechnung. Der Führungsstil spiegelt die Handlungs*absicht* wider, die Frage nach dem Verhalten lautet "wie wird aus der Sichtweise der Adressaten einer Führung, wie des Geführten oder aber des Außenbetrachters geführt"[252]?

zu b) Wenn wir die Frage nach den der Führung zugrundeliegenden Denkstrukturen näher beleuchten, so lässt sich feststellen, dass Führungsstil und Führungsverhalten eines Vorgesetzten Ausdruck seiner gesamten Persönlichkeit und letztlich seiner eigenen selektiven Wahrnehmung sind. In Anlehnung an die Theorie der Situationsdefinition (Thomas-Theorem) kann auch Führung als gelebter Ausdruck einer grundsätzlichen Vorstellung vom typischen Mitarbeiterverhalten seitens der Führungskraft, seines **Menschenbildes**[253] gesehen werden:

„**If leaders define others (and their behaviour!) as ..., they become ... by their definition**"[254].

Was bedeutet dies konkret? In einer modernen Informationsgesellschaft sind -trotz der ihr allgemeinhin unterstellten- Komplexität insbesondere zwei konträre Menschenbilder[255] vorzufinden, die das Denken von Führenden und Geführten, aber auch von Forschern und Theoretikern selbst zu allen Zeiten beeinflusst haben:

---

[252] Jeuschede, G., Grundlagen der Führung. Wiesbaden 1994, S. 63.

[253] Als Menschenbilder bezeichnen wir typisierte, vereinfachte mentale Grundmodelle über die Wesensart des Menschen. Siehe jüngst: Weinert, A., Menschenbilder und Führung. In: Kieser, H., et al., a.a.O., S. 1497-1510. Vgl. Weinerts empirische Untersuchung von Führungskräften [1984] in Hentze, J., a.a.O., S. 59.

[254] In Anlehnung an Staehle, W. M., Management - Eine verhaltenswissenschaftliche Einführung, München 1987³, S. 212. Vgl. Kapitel 2.3.

[255] Vgl. auch die erweiterte Menschenbildtypologie nach Schein, E., Organizational Culture and Leadership. San Francisco 1986. Schein geht zusätzlich zum (hier skizzierten) pessimistischen bzw. optimistischen Bild von zwei weiteren Menschenbildern aus: Der nach sozialen Bedürfnissen strebende Mensch (social man) und der Mensch mit situativ veränderbarer Persönlichkeitsstruktur (complex man).

Pessimistisch		Optimistisch
N. Machiavelli (1469-1527)		**J. Locke (1632-1704)**
Der Mensch ist undankbar, heuchlerisch, gewinnsüchtig; er geht Gefahren und Risiken aus dem Weg; nach seiner Meinung prägt Hass – nicht Liebe – den Lauf der Welt.	Gesellsch. theorie	Der Mensch ist vernünftig und kann sich selbst kontrollieren; er ist kooperationsfähig und bedürftig und neigt zur demokratischen Herrschaft.
S. Freud (1856-1939)		**E. Fromm (1900-1980)**
Der Mensch ist von Natur aus primitiv, wild und böse; natürliche Triebe (Sex, Aggression) müssen unterdrückt werden.	Psychologie	Die Persönlichkeit wird primär von externen gesellschaftlichen Kräften beeinflusst und nicht durch biogenetische Triebe; ohne enge soziale Beziehung ist das Leben des Menschen einsam und arm.
F. W. Taylor (1856-1915)		**Ch. Argyris (*1923)**
Der Mensch ist von Natur aus faul und egoistisch; ohne Kontrolle und materielle Anreize denkt er gar nicht daran, zu arbeiten.	Sozialpsychologie	Der Mensch will und kann sich permanent bis zur höchsten Reife weiterentwickeln, sofern nur die geeigneten Voraussetzungen dafür geschaffen werden; er setzt sich bei interessanter Arbeit voll ein.

Abbildung 65: Menschenbilder im Wandel der Zeit[256]

---

[256] Texte nach Wagner, H., Führung. Münster 1989, S. 10f und Bilder (Engel/Teufel) von Peter Puck aus „Mein Freund Rudie".

> **Übung:** Wie werden Menschen geführt, wenn eine Führungskraft der X- bzw. der Y-Theorie anhängt? Was kommt „dabei heraus"? Differenzieren Sie bitte diese Fragestellungen in einer Entscheidungsmatrix nach den Aspekten a) Führungsverhalten, b) Motivation und c) Führungserfolg!

5.3.1 Die XY-Theorie von McGregor (1960)[257]

Der Amerikaner Douglas McGREGOR bezieht sich auf die beiden dargelegten Menschenbilder und beschreibt die entsprechenden Auffassungen für die praktische Personalführung näher.

a) **pessimistisch:** Auch viele „heutige" erfahrene Vorgesetze halten den typischen Mitarbeiter für faul, insbesondere denkfaul; dieser Sicht nach ist er zu bequem, um eigene Initiative zu ergreifen. Sein einziges Interesse an der Arbeit: Geld, möglichst viel Geld zu verdienen.

Die Schlussfolgerung aus dieser **pessimistischen** "Theorie" von der menschlichen Natur (McGREGOR nennt sie die **X-Theorie**): die Personalführung beruht auf genauen Arbeitsanweisungen, ständiger Kontrolle, Androhung von Sanktionen bzw. Anreiz durch materielle „extrinsische" Vergünstigungen.

McGREGOR (und die Mehrheit der herrschenden Lehre seit MASLOW und HERZBERG) halten die X-Theorie für falsch. Für sie basiert die X-Theorie auf einer irrtümlichen Situationsdefinition im Anschluss an den mechanistischen Ansatz von TAYLOR und seiner Vorstellung vom homo oeconomicus. Sie stellt für McGREGOR nichts weiter dar als eine ineffektive Übertragung überkommener absolutistischer Herrschaftselemente in die moderne demokratische Wirtschaft. Allerdings hat die X-Theorie nach dem Interaktionsansatz die Eigenschaft, sich nach R. K. MERTON als „**self-fulfilling prophecy**" selbst zu bestätigen[258]: Mitarbeiter, die als faule und denkfaule Menschen behandelt werden, sehen keine Möglichkeiten, ihre Initiative zu entfalten. Sie sehen keinen Sinn, sich in ihrer von der Führungskraft vordefinierten Rolle über die arbeitsvertraglich vereinbarten Mindestanforderungen hinaus für ihre Arbeit einzusetzen. Sie handeln und verhalten sich deshalb -gemäß der Wahrnehmung der Führung- wie faule Mitarbeiter. Die sich selbst erfüllende Prophezeiung einer anfangs falschen und statischen Wahrnehmung bestätigt sich in der Interaktion, die aber grundlegend von der Führungskraft geleitet wird. Wer zahlt,

---

[257] Im Original bei McGregor: ders., The Human Side of Enterprise. New York 1960.
[258] Vgl. Kapitel 2.3.

schafft als X-Führungskraft an, wer im Besitz des Direktionsrechts ist, bestimmt das Führungs- und Geführtenverhalten, ohne sich dessen bewusst werden zu müssen!

b) Nach McGREGOR sind die im Kapitel Motivation schon dargelegte moderne Auffassung vom Mitarbeiter und ihre Folgen für die Interaktion angemessener: der Mensch braucht Wandel und Entwicklung in seiner Arbeit und das Erleben der eigenen Leistungsfähigkeit genauso, wie er Ruhe, Geselligkeit und Schlaf benötigt. Der moderne Mitarbeiter möchte nach der **Theorie Y** in der Arbeit nicht wie ein gut geöltes Rädchen funktionieren, sondern sich als ganze Person mit seiner Aufgabe identifizieren können. Entsprechend den situativen Rahmenbedingungen muss die Führungskraft ihm Möglichkeiten erschließen, seine individuelle Leistungsfähigkeit systematisch einzusetzen. Bei dieser Forderung trifft sich McGREGOR mit den **optimistischen** Ansätzen von MASLOW und HERZBERG[259].

c) Die Z-Theorie von OUCHI[260] -eine japanische Weiterentwicklung der Y-Theorie, geht von einem Menschenbild aus, welches impliziert, dass der Mitarbeiter von der Führungskraft letztlich als Mitunternehmer wahrgenommen und behandelt wird. Wird die Rolle des Mitarbeiters entsprechend definiert, stellt sich durch die Befriedigung höherwertiger Bedürfnisse maximale quantitative und qualitative Leistung ein *(z. B. durch Einbindung in die Unternehmensplanung)*.

Fazit: Die von McGREGOR und OUCHI behaupteten „richtigen" Menschenbilder der Y- oder der Z-Theorie entsprechen zwar den Grundwerten einer demokratischen Gesellschaft. Jene erscheinen uns heute aber empirisch betrachtet ebenso vereinfachend und damit verfälschend wie das Menschenbild der X-Theorie. Beide Autoren nehmen eine unzulässige Vereinfachung der Polaritäten „autoritär" bzw. „kooperativ" vor, die für eine praktische Personalführung nicht näher operationalisiert werden[261].

Die logische Schlussfolgerung aus den optimistischen Vorstellungen von der menschlichen Natur lautet: dem Mitarbeiter muss nach gemeinsamer Zielfindung ein weitestgehend eigenes Aufgabengebiet anvertraut werden, in dem er seine Fähigkeiten entfalten kann, in dem er selbständig entscheidet und auch seine Arbeitsergebnisse selber kontrolliert. Einerseits erscheint es doch utopisch, dass alle Mitarbeiter in allen Arbeitssituationen in diese demokratische Richtung „geführt" werden können. Denn empirisch betrachtet scheint gesichert, dass X-Mitarbeiter nicht nur im Denken von Führungskräften, sondern sehr „real" existieren[262]. Andererseits heißt doch aufgrund von wissenschaftli-

---

[259] Siehe auch Schuler, H., Organisationspsychologie. Bern/Göttingen 1995 [1993], S. 49f.

[260] Ouchi, W., Theory Z. Reading/Mass. 1981. Zusammenfassend z.B., in Geißler H., et al., a.a.O., S. 71.

[261] Vgl. Lilge, W., Menschenbilder als Führungsgrundlage. In: Zeitschrift für Führung und Organisation 1/1981, S. 14-22.

[262] So die Ergebnisse der Personal-Portfolio-Analyse nach Odiorne [1984], die keineswegs nur subjektive Spekulationen widerspiegelt (nach Staehle, W., a.a.O., S. 747).

chen Forschungserkenntnissen im Anschluss an LEWIN, FIEDLER und anderen[263] die Forderung für Betriebe, in denen der Generationswechsel von autoritär zu kooperativ vollzogen werden könnte: Schlummernde Y- und Z-Potentiale, den „sleeping demand" bei den Mitarbeitern in einem mittelfristig angesetzten Prozess mentalen Trippelns Zug um Zug soweit als irgend möglich zu aktivieren **(KAIZEN-Prinzip)**[264]!

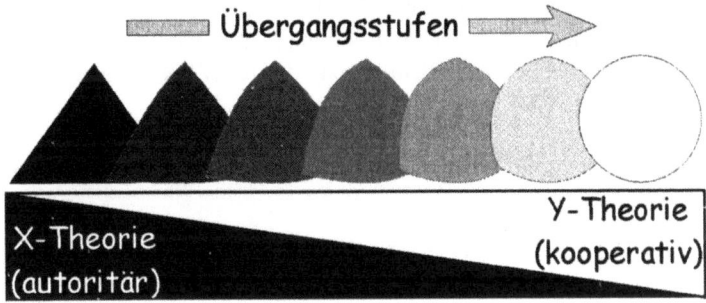

Abbildung 66: Der Führungs-KAIZEN

Übung:

a) Gibt es „ihn" jenseits der Wahrnehmung wirklich – den X-Mitarbeiter? Diskutieren Sie, was Sie als Führungskraft tun können, die (von Ihnen so wahrgenommenen) Anfänger, Verweigerer, Besserwisser und Resignierte zumindest stufenweise in Richtung Y zu bringen!

b) Überlegen Sie sich bitte ein eigenes Praxisbeispiel, in dem Sie entlang des Führungs-KAIZEN ca. vier bis sechs Stufen echter Verhaltensänderung definieren, um von X nach Y zu kommen! Welchen Vorteil hat dieses Vorgehen im Vergleich zum Besuch eines Führungs-Wochenendseminars?

---

[263] Vgl. jüngst den „Anti-Machiavelli" von Grimm, B. A., Macht und Verantwortung. Wiesbaden 1996.

[264] Kaizen ist der japanische Originalbegriff für das deutsche Äquivalent „KVP" (kontinuierlicher Verbesserungsprozess) von Systemen und Abläufen (Imai, M., Kaizen. München 1992, S. 24 ff.).

5.3.2 Differenzierte polare Einteilungen

Trotz der Kritik an der unzulässigen Vereinfachung des Führungsproblems in der Führungsforschung von LEWIN in „autoritär" bzw. „kooperativ" sowie der X/Y-"Ungelöst"-Theorie von McGREGOR haben zeitgenössische und spätere Führungstheorien die zwei polaren Einteilungen zwar generell beibehalten. Gleichzeitig wurden die Polaritäten, die auch das Alltagsdenken bestimmen, als reine Idealtypen einer viel stärker schraffierten Wirklichkeit nach dem Prinzip des KAIZEN um einige **Grautöne** modifiziert bzw. erweitert.

5.3.2.1 Das Führungskontinuum nach Tannenbaum und Schmidt (1958)[265]

Diese Stufen-Theorie wird den in der Praxis vorzufindenden Grautönen verschiedener Führungsdimensionen zwischen „autoritär" und „kooperativ" am ehesten gerecht:

Autoritärer Führungsstil						Kooperativer Führungsstil
Entscheidungsspielraum des Vorgesetzten						Entscheidungsspielraum der Gruppe
Extrem individuelle Art der Willensbildung						Extrem kollegiale Art der Willensbildung
1	2	3	4	5	6	7
Vorgesetzter entscheidet ohne Konsultation der Mitarbeiter.	Vorgesetze entscheidet; er ist aber bestrebt, die Untergebenen von seinen Entscheidungen zu überzeugen, bevor er sie anordnet.	Vorgesetzter entscheidet; er gestattet jedoch Fragen zu seinen Entscheidungen, um durch deren Beantwortung deren Akzeptierung zu erreichen.	Vorgesetzte informiert seine Untergebenen über seine beabsichtigten Entscheidungen; die Untergebenen haben die Möglichkeit, ihre Meinung zu äußern, bevor der Vorgesetzte die entgültige Entscheidung trifft.	Die Gruppe entwickelt Vorschläge. Aus der Zahl der gemeinsam gefundenen und akzeptierten möglichen Problemlösungen entscheidet sich der Vorgesetzte für die von ihm favorisierte.	Die Gruppe entscheidet, nachdem der Vorgesetzte zuvor das Problem aufgezeigt und die Grenzen des Entscheidungsspielraumes festgelegt hat.	Die Gruppe entscheidet; der Vorgesetzte fungiert als Koordinator /Moderator nach innen und nach außen.

Abbildung 67: Optische Darstellung des Führungkontinuums nach Tannenbaum und Schmidt

---

[265] Im amerikanischen Original zuerst bei Tannenbaum, R./Schmid W., How to Choose a Leadership Pattern. In: Harvard Business Review, 1958, S. 95 ff.

> **Übung:** Überlegen Sie sich Beispiele aus der eigenen Praxis, welche Stufen nach TANNENBAUM/SCHMIDT bei Führungskräften Ihnen selbst als Mitarbeiter schon begegnet sind! Wo und warum war Ihrer Ansicht nach der Führungserfolg günstiger?

Besonders interessant erscheinen Gegenüberstellung und Kommunikation

a) des von der Führungskraft beabsichtigten Führungsstils (Selbstbild) und

b) der Interpretation des realisierten Führungsverhaltens in der Sichtweise der Mitarbeiter als Adressaten (Fremdbild).

Bei genauerer Erforschung zeigt sich typischerweise, dass der „kooperativ" gemeinte Sinn des Führungshandelns *beispielsweise in Stufe zwei und drei seitens der Führungskraft von vornherein feststeht und die gemeinsame Beratung mit den Mitarbeitern nach deren Wahrnehmung höchstens Alibi-Funktionen hat oder pseudodemokratisches Aushängeschild darstellt*[266].

5.3.2.2 Die aufgaben- und mitarbeiterorientierte Führung

bietet eine alternative Einteilung zu den Polaritäten „autoritär" und „kooperativ"[267], die mit FIEDLERs oben skizzierten Forschungstypologie verwandt ist. Sie geht mit zwei polaren Idealtypen vom Eigenschaftsansatz, genauer gesagt von der formellen Führerrolle aus.

1. Bei einer idealtypischen **aufgabenorientierten** Führung steht für den „Task leader"[268] die zu bewältigende Aufgabe im Mittelpunkt:

    - er tadelt mangelhafte Arbeit
    - er herrscht über das Personal (alias Produktionsfaktor Arbeit) mit eiserner Hand
    - er achtet darauf, dass seine Mitarbeiter ihre Arbeitskraft voll einsetzen

---

[266] Für den Anwender nachvollziehbar durch eine Gegenüberstellung von Fremd- und Selbstbild z.B. auf einen moderierten Workshop näher zu erforschen und zu trainieren nach der Fragebatterie zum Thema „Führung" nach Francis/Young, in diesem Buch auf S. 137 oder in den Fragen zu den Dimensionen einer Führungsverhaltensanalyse bei Wildenmann, B., Professionell führen. Neuwied 1995, S. 241-281.

[267] Z.B. Jeuschede, W., a.a.O., S. 63-66 unterscheidet in seinem Lehrbuch zwischen autoritärem, kooperativem und weiter rein nominal zwischen "patriarchalischem" und "situativem" Führungsstil, kennt aber keine Grautöne. Wir schließen uns dagegen der Sicht der betrieblichen Sozialpsychologie bei Lewin bzw. Tannenbaum/Schmidt an, nach der "autoritär" und "kooperativ" als polare Archetypen zu bezeichnen sind, und alle anderen davon abhängen.

[268] Zur Ableitung von „task leader" und „social emotional leader" vgl. Abschnitt 4.3.

- er stachelt seine Mitarbeiter durch Druck, seltener Manipulation zu größeren Anstrengungen an
- er befehligt langsam arbeitende Mitarbeiter, sich mehr anzustrengen
- er verlangt gerade von leistungsschwachen Mitarbeitern, mehr aus sich herauszuholen.

2. Bei der **mitarbeiter-** oder **beziehungsorientierten** Führung stehen idealtypisch betrachtet die Mitarbeiter mit ihren Bedürfnissen und Erwartungen im Mittelpunkt des Führungsinteresses. Die Führungskraft als „social emotional leader"
   - achtet auf das Wohlergehen ihrer Mitarbeiter
   - bemüht sich um ein gutes Verhältnis zur Belegschaft
   - behandelt alle Unterstellten tendenziell als Gleichberechtigte
   - unterstützt ihre Mitarbeiter bei dem, was sie tun oder tun müssen
   - macht es ihren Mitarbeitern leicht, unbefangen und frei mit ihr zu reden
   - setzt sich für ihre Mitarbeiter in der Hierarchie „nach oben" ein.

5.3.3 Skalare Einteilungen

bedeuten keine Infragestellung, sondern implizieren eine möglichst genaue statistische Messung der Grautöne polar angelegter Führungstypen mittels eines rating oder eines ranking. In der modernen praktischen Personalführung sollte das konkrete Führungsverhalten eines Vorgesetzten durch ein *Polaritätenprofil* gemessen werden, um jenes mit dem seiner Kollegen zu vergleichen, Führungsprobleme zu erkennen, zu präsentieren und nötigenfalls situationsangemessen aktiv gegenzusteuern.

Führung

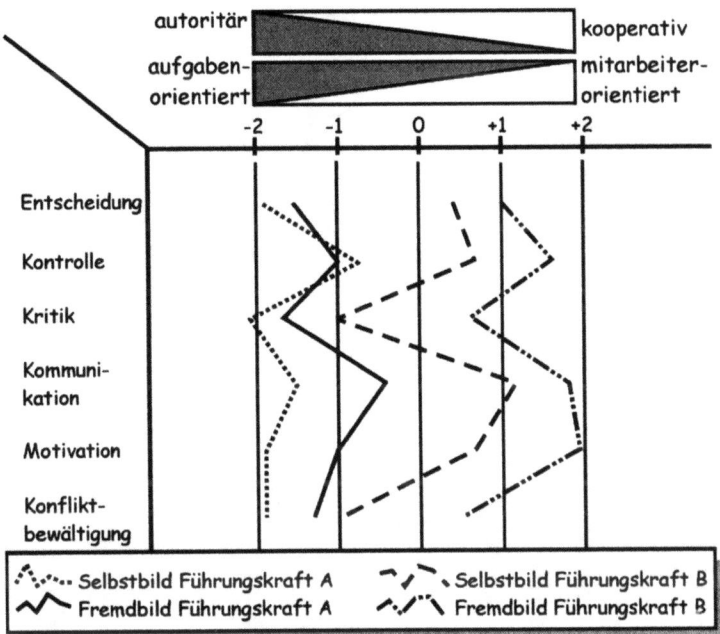

Abbildung 68: „Fieberkurve" einer skalaren Einteilung im Selbst- und Fremdbild[269]

Übung: Bitte überlegen Sie sich exemplarisch anhand von zwei oder drei der sechs obenstehenden Hauptkriterien, wie Sie in der Praxis zu diesem Ergebnis kommen können! Definieren Sie bitte in einem zweiten Schritt „To Dos", die sich im skizzierten Fall aus der Analyse ergeben!

Seit einigen Jahren wird im Rahmen einer sog. 360°-Beurteilung, bei der verschiedene Personen und Gruppen sich gefördert durch skalare Modelle gegenseitig feedback geben, gefördert[270]:

---

[269] Vgl. z.B. in der Teambeurteilung bei Knebel, H./Zander, E., Kleine Führungspraxis: vom Spezialisten zur Führungskraft. Heidelberg 1996², S. 73.

[270] Z.B. Eyer, E. et al., Selbst- und Fremdbeurteilung bei Vergütung von Teamarbeit. In: Personalführung 7/1999, S. 32-35.

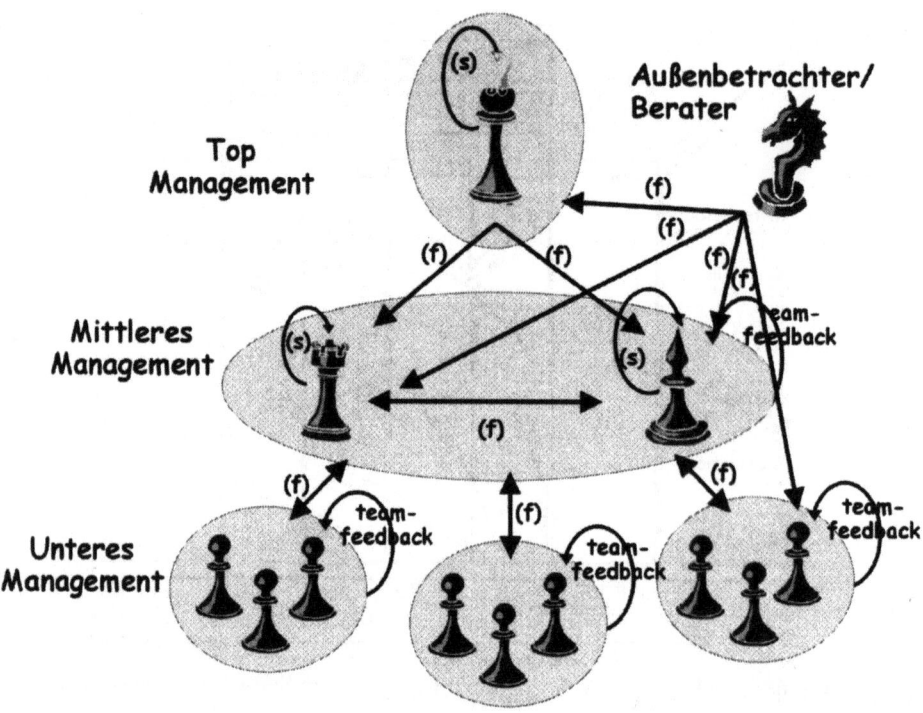

Abbildung 69: Bezugspersonen des Führungsfeedbacks in der Personalbeurteilung

Weil die Kommunikation von Führungsproblemen meist nicht gelernt und schwierig ist, müssen bei der Durchführung dieses Feedbacks müssen entsprechende Feedback-Regeln eingehalten werden[271]. Nicht, wie vielfach in der Praxis oder im Unterricht der Hochschule sollen die Teilnehmer reaktiv warten, bis etwas passiert, sondern:

1. Geben Sie Feedback, wenn Sie sich danach fühlen!

Aktivieren Sie die rechte Hälfte unseres Gehirns: hier regieren nicht die gesellschaftlichen Normen, sondern es herrscht die Welt unserer emotionalen Intelligenz! Dies bedeutet nicht anarchisches Drauflos, sondern Feedback funktioniert nur, wenn die Gefühle auch wie folgt kontrolliert werden.

---

[271] Vgl. näher die 13 Feedback-Regeln von Ruth Cohn (zit. nach Siems, Schwäbisch, Anleitung zum Sozialen Lernen. Reinbek 1973 (Originalausgabe).

2. Ich-Botschaften, keine Du-Botschaften!

Hier verbirgt sich die wichtige Nachricht des THOMAS-Theorems: nicht „Du bist schuld", sondern „ich habe dies und jenes Problem mit Dir...". Das Problem ist nicht das Problem, sondern ist das Problem in meinem Kopf.

3. Meine Beobachtung... provoziert folgendes Gefühl, Verhalten

Ärger, Trauer aber auch Freude sind hier angesprochen (positiv). Hier ist wieder die Logik der emotionalen Intelligenz anzuwenden: Empathie mit dem anderen: Versuch, ihn/sie zu verstehen und seine/ihre Gefühle ernst zu nehmen. Ob wirklich Änderungsbedarf vorhanden ist, entscheidet letztlich und allein nur er/sie:

4. Keine Ratschläge, keine Analysen!

Nicht: "Du solltest weniger arrogant sein" -> auch Empfehlungen sollten nach Möglichkeit dem Feedback-Empfänger überlassen bleiben (nicht gönnerhaft, herablassend, sondern „Könntest du bitte darüber nachdenken, wie du dein Verhalten gegen mich oder mein Bildnis von dir verbessern könntest." (Merke: nur Selbst-Commitment sind möglich!)

5. Feedback sollte akzeptabel und im Prinzip auch umkehrbar sein

Auch umgekehrt sollte die Regel gelten: derjenige, der sich missverstanden fühlt, soll die Chance haben, sich beim anderen zu erkundigen, was in dessen selektiver Wahrnehmung abgelaufen ist. Dementsprechend versteht sich auch die nächste Regel:

6. Fragen Sie nach Feedback, wenn Sie das Verlangen danach haben!

- Wie hab ich auf Euch gewirkt?
- Was ist Euch bei meinem Verhalten aufgefallen?
- Welche Ideen habt Ihr für mich?

7. Wenn Du Feedback erhältst, hör ruhig zu!

Generelle Regel für die Interaktion zu zweit oder im Team: ausreden lassen, sich nicht gleich verteidigen. Hierzu dient die –gedankliche oder offen geäußerte- Formel: „Ich habe wohl gehört, was Du zu sagen hattest, und es ist wichtig für meine zukünftigen Handlungen. Ob und wie ich es dann anwende, muss ich aber selbst entscheiden!"

5.3.4 Mehrdimensionale Einteilungen

Sicher bestehen in der Praxis eindeutige Korrelationen von „autoritären" und „aufgabenbezogenen" bzw. „kooperativen" und „mitarbeiterorientierten Führungsmerkmalen. Während jedoch die Polaritäten „autoritär" und „kooperativ" einander ausschließen, sagt die Feststellung, dass ein Vorgesetzter sehr an seiner „Aufgabe" interessiert ist, noch nichts darüber aus, ob er auch mehr oder weniger „mitarbeiterorientiert" denkt und handelt.

Deswegen werden wir in unseren letzten Ausführungen zu den Führungstheorien nun noch in zwei Unterabschnitten genauer untersuchen, wie die beiden eben genannten Polaritäten zusammenhängen.

5.3.4.1 Das Verhaltensgitter nach Blake und Mouton (1964)[272]

Während die zweidimensionale Polarität von autoritär versus kooperativ beide Merkmale in der gleichen Situation ausschließt, lassen sich die „sowohl-als-auch"-Kriterien Aufgaben- versus Mitarbeiterorientierung mithilfe eines zwei- oder mehrdimensionalen[273] Koordinatensystems praktisch kennzeichnen. Beide Autoren unterteilen eine entsprechende Matrix in 81 Felder (siehe Abb. folgende Seite). Insgesamt werden fünf folgende Idealtypen näher beschrieben:

Impoverished Management (1,1):

Eine befriedigende Arbeitsleistung ist nicht zu erreichen, da einerseits die Mitarbeiter faul, gleichgültig und desinteressiert sind und andererseits auch keine befriedigenden sozialen Beziehungen zwischen den Mitarbeitern zu erreichen sind.

Task Manager (9,1):

Menschen werden ähnlich wie Maschinen behandelt. Die Arbeitsleistung wird dadurch erreicht das die Arbeitsbedingungen so angeordnet sind, daß "Störungen" durch individuelle und soziale Bedürfnisse der Mitarbeiter minimiert werden.

Country Club Managemnet (1,9):

Die weitgehende Befriedigung der sozialen Bedürfnisse der Mitarbeiter führt zu einer gemütlichen freundlichen Arbeitsatmosphäre und entsprechend gemütlichen Arbeitstempo.

Middle of the Road Management (5,5):

Eine befriedigende Arbeitsleistung wird durch ständige Kompromisse zwischen den Leistungsanforderungen der Organisation und den individuellen Bedürfnissen der Mitarbeiter aufrechterhalten

Team Management (9,9):

Hohe Arbeitsleistung ist das Ergebnis einer ausgewogenen Abstimmung von aufgaben und personenbezogenen Bedürfnissen, die bei der Erreichung der organisatorischen Ziele in gleicher Weise befriedigt werden.

---

[272] Im Original Blake, M./Mouton, J. ‚The Managerial Grid. Houston 1964.

[273] Eine mehrdimensionale Erweiterung des Modells von Blake und Mouton um den Faktor „Mitwirkung" findet sich z. B. bei Rosenstiel, L. v., Mitarbeiterführung in Wirtschaft und Verwaltung. München 1994, S. 33-36.

Führung 169

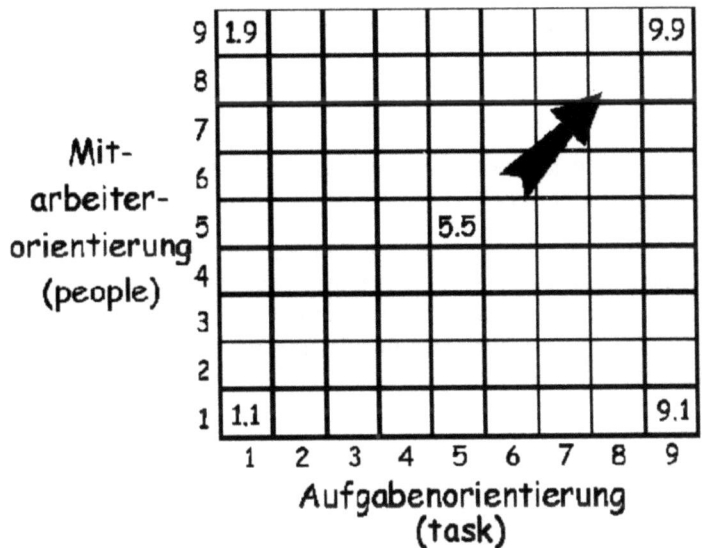

Abbildung 70: Verhaltensgitter der Führung nach BLAKE und MOUTON

Die wichtigste praktische Folgerung aus dem Verhaltensgitter lautet[274]:

Das normative Ziel der 9.9-Orientierung impliziert, "dass es einen besten Weg zum erfolgreichen Führen gibt" [275]. Dieses Ziel ist unschwer wie bei McGREGOR als hochgradig kooperative Führung zu erkennen.

Aus den in etlichen Publikationen zum Verhaltensgitter geäußerten Kritikpunkten seien nur zwei besonders wichtige hervorgehoben:

 Falls das Verhaltensgitter (wie von BLAKE und MOUTON beabsichtigt) als normativer Führungsansatz verwendet wird, ist die 9.9.-Führung immer und zu jeder Zeit anzustreben. Alle anderen oben angesprochenen Variablen wie Situation, Befindlichkeit der Geführten und die spezifische Qualität der Interaktion zu den Vorgesetzten werden vernachlässigt.

 Auch eine Führungskraft kann nur beschränkt „aus ihrer Haut". Während ein blasser Vorgesetzter trotz eines mitarbeiterorientierten Handlungswillens schwerlich über das 1.1–Führungsverhalten hinauskommt, tut sich ein 5.5-Manager zwar sicher leichter, das Modell für sich als handlungsrelevant zu ak-

---

[274] Eine aktuelle Zusammenfassung der Funktionsweise des "managerial grid" findet sich bei Lux, E., Verhaltensgitter der Führung. In: Kieser, A., et al., a.a.O., S.2126-2139.
[275] Ebd., S. 2138.

zeptieren. Doch bleiben auch entwicklungsfähige und flexible Führungskräfte an Variationsspannweiten im Rahmen der ihnen eigenen mentalen Modelle gebunden[276].

5.3.4.2 Die situative-kooperative Reifegradtheorie von Hersey und Blanchard (1972) [277]

In einem letzten Schritt zum Thema Führungstheorie möchten wir uns nun auch intensiv mit der aktuell noch viel diskutierten Reifegradtheorie auseinandersetzen, die bei der Erforschung der Geführten ansetzt. Mit diesem Beitrag lässt sich vor allen Dingen gut demonstrieren, wie die Theorie produktiv mit der praktischen Personalforschung und -entwicklung verbunden werden kann.

a) Hintergrund

Die Amerikaner Paul HERSEY und Kenneth H. BLANCHARD beziehen sich mit ihrem Ansatz auf das Matrix-Modell von BLAKE und MOUTON. Für die beiden Wissenschaftler ist allerdings statt des unbedingten Ziels einer 9.9-Führung eine „situativkooperative" Komponente entscheidend. Dies bedeutet weniger, dass sich die Führungskraft (wie bei LEWIN oder FIEDLER) auf allgemeine unterschiedliche Situationen einzulassen versteht. Vielmehr wird als „situative Bedingung" des Führungserfolgs der Counterpart der Führungskraft, der Geführte, näher untersucht. Wichtigste Aussage der Reifegradtheorie: Im Rahmen eines weiteren normativen Ansatzes, der über reines Beschreiben (verstehen und erklären) hinausgeht, „sollte" sich die ideale Führungskraft nach eingehender Erforschung in der Interaktion mit den Geführten an dessen Reifegrad anpassen.

Der Führungserfolg hängt dann vielmehr von der jeweiligen Qualität einer Interaktion ab, in welche der Geführten von der Führungskraft gebracht werden. Jene müsste diese als Inhaberin der Direktionsrechts nach einer systematischen Analyse wie folgt relativ einseitig vorgeben:

- "Ist" oder gibt sich die Führungskraft rein autoritär oder aufgabenorientiert, dann bleiben auch die Mitarbeiter auf dem wenig reifen Niveau der Unmündigkeit stehen, sofern sie nicht entwicklungsbereit sind, innerlich kündigen oder fluktuieren. Dies scheint uns eine bittere, und manchesmal kostentreibende Erkenntnis zu sein, die HERSEY und BLANCHARD verwerfen.

---

[276] Zu beispielhaften konkreten Verhaltensweisen „realer" Führungskräfte aufgrund ihrer jeweiligen begrenzten „persönlichen" Art siehe Bayer, H., Coaching-Kompetenz. München, 1996, S.45.

[277] Vgl. Kapitel 5.2.3. Im Original: Hersey, P./Blanchard, K.H., Management of Organizational Behavior. Englewood Cliffs 1972, S. 95.

- Sieht es die Führungskraft dagegen - in Kenntnis der Führungsforschungsergebnisse in bezug auf den Führungserfolg- als ihre Aufgabe an, die Mitarbeiter zu mehr Kooperation zu bringen, sprich mehr mitarbeiterorientiert zu führen, dann muss diese bei den Mitarbeitern einen Reifungs- oder Entwicklungsprozess in Gang setzen, an dem sowohl das Unternehmen als auch die Belegschaft profitieren können.

b) **Praktisches Vorgehen in fünf Schritten**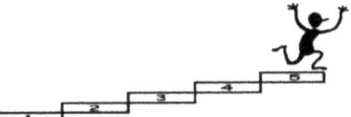

1. **Ansatzpunkt** bei HERSEY und BLANCHARD ist, wie bereits erwähnt, das mehrdimensionale Modell von BLAKE und MOUTON. Die beiden Dimensionen „aufgaben- bzw. mitarbeiterorientierte Führung" werden nun nicht in 81 Quadranten, sondern in nur vier Matrixfelder unterteilt:

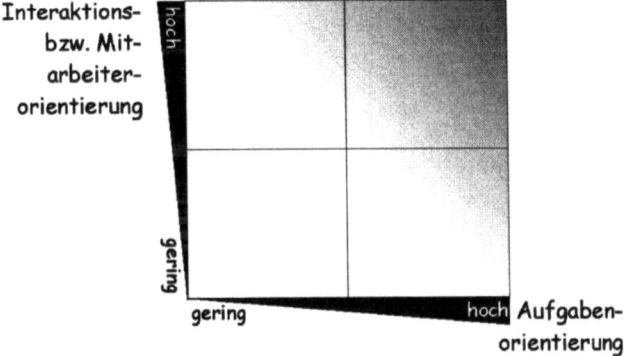

Abbildung 71: Vier Matrixfelder nach HERSEY und BLANCHARD

2. **Bewusstseinsbildung:** In Fortführung des mehrdimensionalen Modells wird nun gedanklich in die Matrixfelder von rechts nach links ein glockenförmiges Führungskontinuum gelegt, welches der Führungskraft demonstriert, dass sie je nach Reife der Mitarbeiter entsprechend der vier Quadranten ein unterschiedliches Führungsverhalten an den Tag legen sollte[278].

Führung wird damit nicht mehr statisch verstanden: Bezüglich der beiden Dimensionen „Aufgaben-" und „Mitarbeiterorientierung" wird der Faktor „Zeit" und damit die Notwendigkeit der Personalentwicklung in die mittel- und langfristige Führungssituation eingeblendet.

3. **Reifeanalyse:** wie lässt sich nun in der Praxis der für die Führungssituation jeweils relevante Reifegrad „verstehen und erklären"? Über einen mehrseitigen

---

[278] Vgl. die optische Darstellung auf der übernächsten Seite.

Reifetestbogen wird nun der jeweilige situativ angemessene Reifegrad ermittelt, um (darauf folgend) den „richtigen" Führungsstil zu wählen – so zumindest in der Idealvorstellung der Autoren.

Mit diesem Reifegradtestbogen (sogenannter „LEAD-Test") werden 12 Eventuallfälle bei den Führungskräften theoretisch getestet, ob diese imstande ist, sich zumindest im beabsichtigten Führungsstil auf den Reifegrad der Mitarbeiter einzustellen[279]. Eine perfekte Führungskraft hat +24 Punkte. Es fehlt allerdings unseres Erachtens die Möglichkeit einer situativen Erhebung und Diskussion echter Situationen, die für das Erleben einer Führungskraft konkret auftreten. Von 12 simulierten Situationen nach HERSEY und BLANCHARD hier ein Auszug aus deren Fragebogen:

Situation:

„Ihre Mitarbeiter reagieren in der letzten Zeit nicht auf Ihre freundlichen Gespräche und Ihr offensichtliches Bemühen um Ihr Wohlergehen. Ihre Leistungen sind sehr unregelmäßig."

Verschiedene Handlungsmöglichkeiten

☐ A) Sie betonen die Anwendung einheitlicher Vorgehensweisen und die Notwendigkeit der Aufgabenerfüllung.

☐ B) Sie halten sich für Gespräche zur Verfügung, aber Sie drängen sich nicht auf.

☐ C) Sie sprechen mit Ihren Untergebenen und setzen dann Ziele.

☐ D) Sie mischen sich absichtlich nicht ein.

Wenn der Befragte die Situation nach den vier Quadranten richtig diagnostizierte und den dazu passenden Führungsstil gewählt hat, erhält er für diese Lösung +2 Punkte. Hat er die nach Situations-Diagnose zweitbeste Lösung gewählt, bekommt er +1 Punkt, ist der Befragte im Hinblick auf die angemessene Führung noch weiter weg, bekommt er –1 Punkt und bei einer völlig „falschen" Reaktion erhält er –2 Punkte.

---

[279] Ob diese Handlungsabsicht aus der Perspektive der Mitarbeiter als „Führungsempfänger" auch als dementsprechendes Verhalten ankommt, kann durch eine systematische Gegenüberstellung von Fremd- und Selbstbild in einer intakten feedback-Kultur erhoben werden (s.o.). Auf dem Weg dorthin kann der neutrale Berater als Moderator entscheidende Hilfestellungen bieten (z.B. Baumgartner, I. et al., OE-Prozesse. Bern/Stuttgart/Wien 1996, S. 122 ff.).

Führung 173

> **Übung:** Kreuzen Sie bitte die Ihrer Ansicht nach in der obigen Situation richtige Handlungsmöglichkeit an (die richtige Bepunktung nach HERSEY und BLANCHARD befindet sich in der nachfolgenden Anmerkung[280]).

HERSEY und BLANCHARDs Forschungsberichten zufolge haben in den USA „mehr als zehntausend Vorgesetzte" den LEAD-Test absolviert. 84% aller Probanden liegen demnach im Bereich zwischen +6 bis -6: Die relative Häufigkeit des „middle-of-the-road-managers" zeigte, dass die meisten Führungskräfte nicht so schlecht abschneiden, dass sie das Modell als ungünstig ablehnen müssten, aber anderseits auch nicht so gut, als dass sie nichts mehr dazulernen könnten!

4. Auf der Grundlage des Ergebnisses werden in bezug auf die vier Quadranten (diesen entsprechende) **Reifesituationsgrade** bei den Geführten unterschieden, auf welche die Führungskraft – wie mit einer Glockenkurve angedeutet - praktisch reagieren sollte:

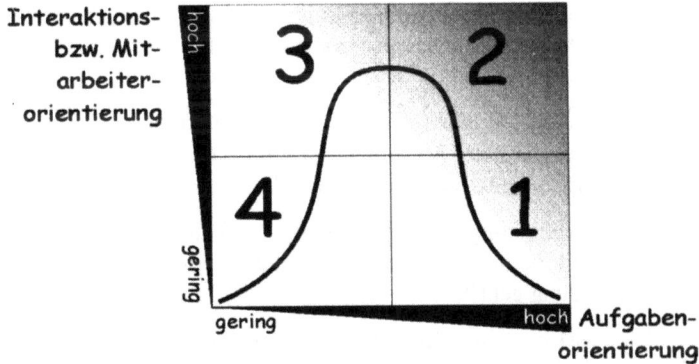

Abbildung 72: Glockenkurve nach der Reifegradtheorie

5. Wahl des situativ angemessenen Führungsstils: auf der Grundlage der Ergebnisse werden nach der Glockenkurve von rechts nach links nun folgende vier Führungsmuster als „Maßnahmen" ins Spiel gebracht bzw. sollen je nach Reifegrad der Mitarbeiter angewandt werden:

---

[280] Für die oben beschriebene Situation ergibt sich für Hersey und Blanchard folgende Lösung: A (Stil 1) +1; B (Stil 3) –1; C (Stil 2) +2; D (Stil 1) –2.

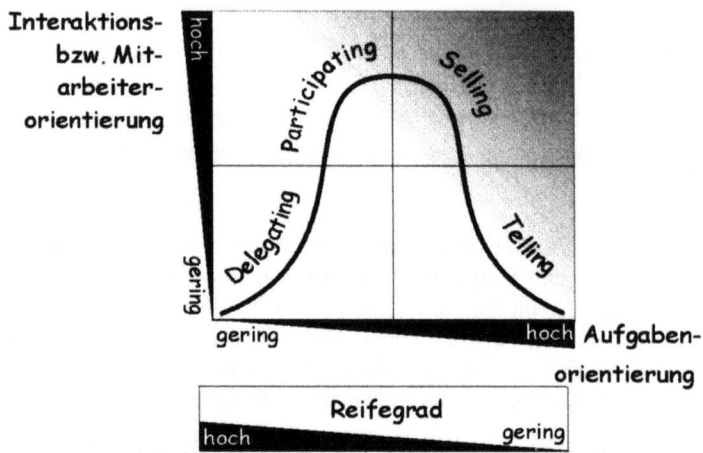

Abbildung 73: Die Reifegradtheorie nach dem amerikanischen Original[281]

Unterweisen (Telling) als Ergebnis eines hohen aufgabenbezogenen Führungsverhaltens bedeutet demnach, den Mitarbeiter durch präzise Zielformulierung und Aufgabendefinition bei der Arbeit, aber auch bei seiner persönlichen Entwicklung zu mehr Reife zu unterstützen.

Überzeugen (Selling) als Ausfluß eines hohen aufgaben- und mitarbeiterbezogenen Führungsverhaltens bedeutet, dass der Mitarbeiter aufgrund der überzeugenden Argumente seines Vorgesetzten objektiv entscheidet und handelt.

Beim Partizipieren (Participating) sind die Mitarbeiter Teilhaber an der einzelnen Entscheidung. Sie reden mit, beraten die Führungskraft oder stimmen mit ab, wenn es letztlich um „die" Entscheidung geht[282].

Delegieren (Delegating) heißt im Zusammenhang der situativen Führung, dass davon auszugehen ist, dass der Mitarbeiter sowohl aufgabenbezogen als auch motivationell eine hohe Reife aufweist und daher keiner großen fachlichen Hilfe und aufmunternden Zuspruchs mehr bedarf. Delegieren beinhaltet ferner die Erkenntnis des jeweiligen Vorgesetzten, dass er dem Mitarbeiter Vertrauen schenken kann, weil dieser das Vertrauen rechtfertigen wird.

Wir fassen zusammen:

- Situativ-kooperativ heißt demnach einerseits auch unter gegebenen Umständen autoritär und sogar manipulativ führen, weil der Führungserfolg bei „unreifen" Mitar-

---

[281] Vgl. die Neuauflage des Originals bei Hersey, P./Blanchard, K. H., Management of Organizational Behavior. Englewood Cliffs 1993.

[282] Zu den verschiedenen Möglichkeiten einer Teamentscheidung siehe Antons, K., a.a.O., S. 163-166.

beitern eben unter Vorzeichen entsprechender situativer Umstände am höchsten ist. Es kommt aber andererseits weniger auf die (von der Führungskraft ehrlich gemeinte) Richtung des Führungsstils, als vielmehr auf das von den Geführten „so oder so" interpretierte Führungsverhalten an!

- Die Stufe des Delegierens als Stadium geringer Mitarbeiterorientierung ist für HERSEY und BLANCHARD nicht identisch mit der laissez-faire-Führung (1.1 Typ bei BLAKE und MOUTON), weil dieser nicht statisch, sondern als letzter Schritt einer Entwicklung gesehen wird. Eingedenk eines humanistischen Ansatzes, der um die besseren wirtschaftlichen Erfolge durch das Praktizieren eines demokratischen Führungsverhaltens weiß, bedeutet „reagieren" etwas anders. Es muss das Ziel der Führungskraft sein muss, die Geführten für die Zukunft in einem längerfristig angelegten Prozess Zug um Zug kooperativer führen zu können:

> **Je reifer die Geführten, desto lockerer („kooperativer"- „delegativer") kann, vielmehr soll die Führungskraft die Zügel lassen.**

> **Übung:** Stellen Sie sich bitte nun gezielt folgende Grundfragen für Ihre eigene praktische Personalführung:
> 1. (Wie konkret) führe ich entsprechend der Eigenschaften meiner Mitarbeiter? Wie habe ich sie analysiert?
> 2. (Wie) schaffe ich konkrete Voraussetzungen für die Entwicklungsfähigkeit der Mitarbeiter im Sinne der Reifegradtheorie? Welche tools kann ich aus den Kapiteln 3 und 4 nutzen?
> 3. (Wie) bringe ich die Mitarbeiter zur höheren und schließlich zur vollendeten Reife? Wie verfahre ich dabei mit eher hoffnungslosen X-Mitarbeitern, die ich nicht freisetzen kann oder will[283]?

c) Die Reifegradtheorie auf dem Prüfstand der Praxis

Folgende **Kritikpunkte** werden in der Praxis immer wieder geltend gemacht:

 Ist eine Führungskraft (nach McGREGOR) der grundsätzlichen Auffassung, der Mensch könne nur durch materielle Mittel zum Arbeiten gebracht werden, dann

---

[283] Zu Techniken, wie verschiedene Mitarbeitertypen zum Erfolg geführt werden können, vgl Petz, M. F., a.a.O., S. 46-55.

ist die Anwendung der kooperativ-situativen Führung freilich zum Scheitern verurteilt. Langfristig gelernte Einstellungsmuster lassen sich insbesondere beim häufig vorfindbaren „middle-of-the-road-manager" nur schwer ändern. Er lebt und führt vor sich hin, ohne nennenswerten Leidensdruck zu spüren. Das Fazit für die rein aufgabenorientierte Führungskraft zeigt das Problem an: "Der autoritäre Stil unreflektierter Art zur falschen Zeit und in der falschen Situation ist letztlich unsinnig, weil er kreative Bedürfnisse und Leistungen unterdrückt..."[284]

☹ Nur weil dies nach HERSEY und BLANCHARD so "ist", werden folglich Führungskräfte, die immer schon "autoritär" oder "kooperativ", "aufgabenorientiert" oder "mitarbeiterorientiert" gehandelt haben, also kaum ihr Führungsverhalten ändern. Kooperative Führung aber stellt hohe Ansprüche an Reife und Persönlichkeit von Führungskraft und Geführten. Angedachte, geplante oder bereits anfänglich umgesetzte Verhaltensänderungen prallen immer wieder auf die Grenzen unserer „eingelebten" mentalen Modelle[285].

☹ der Umstand, dass die erforderlichen Führungseigenschaften in der Praxis durch die Glockenkurve auf eine einzige Entwicklungsrichtung nivelliert sind, erscheint unrealistisch. *Beispielsweise ist es im Bereich von Löscharbeiten undenkbar, dass vorort bei der Bekämpfung des Feuers nur delegiert wird. Ein Feuerwehrkommandant sorgt durch kurze und klare Einsatzbefehle dafür, dass der Brand schnell gelöscht wird. Ebenso lassen sich in der Wirtschaft etliche Beispiele finden, in denen es auf „aufgabenbezogenes" Führungsverhalten erforderlich machende Reaktionsgeschwindigkeit ankommt.*

Autoritäre Führung scheint, unter der idealen Voraussetzung, dass die Führungskräfte sich selbst führen können, nach der "die Ausnahme-bestimmt-die Regel-Verfahren" nur in zwei Fällen der kooperativen Führung überlegen.

a) Mitarbeiter mit geringer Motivation und /oder Fähigkeiten (wobei nach der Reifegradtheorie eben der Vorgesetzte dafür selbst verantwortlich ist, ob die Mitarbeiter in dieser Stufe der X-Theorie verharren).

b) Gefahrensituationen - generell immer, wenn die Situation "Reaktionsgeschwindigkeit" erfordert[286].

---

[284] Kuhn, G., Die situativ-kooperative Führung als aktuelles Führungskonzept. In: Fortschrittliche Betriebsführung 3/1983, S.10
[285] Insbesondere der Mangel an gegenseitiger Kommunikation (feedback) verhindert die Reifegradentwicklung der Mitarbeiter (Hentze, J., a.a.O., S. 312).
[286] Vgl. Stalk, G./Hout, T. M., Zeitwettbewerb. Frankfurt am Main 1990.

	a) sichtbar: Kontinuum des Führungsverhaltens				
Verhaltensmuster	Der Führer fällt die Entscheidung autonom; unter starker Betonung der Positionsautorität versucht er, unter Einsatz der ihm zur Verfügung stehenden Macht (Autorität) seine Entscheidungen zu vermitteln; dabei steht die konsequente Zielerreichung im Mittelpunkt.	Der Führer versucht seine Mitarbeiter von der Richtigkeit seiner Entscheidungen zu überzeugen, wobei die Problemidentifikation der Mitarbeiter durch Fragen etc. selbst zu einem besseren Zielverständnis (Identifikation) gelangen soll.	Der Führer präsentiert einen Entscheidungsentwurf, sammelt Entscheidungsalternativen, wobei die Problemidentifikation (Diagnose) und die Problemlösung (Therapie) beim Führer verbleiben; Änderungen sind grundsätzlich möglich.	Der Führer präsentiert das Problem (Diagnose), sammelt Entscheidungsalternativen und entscheidet dann unter Einbeziehung der Mitarbeitervorschläge selbst.	Der Führer umreißt das Entscheidungsproblem, steckt einen Entscheidungsrahmen ab und fordert das Team auf, Entschlüsse zu zu fassen.	Der Führer gibt einen weitgesteckten Rahmen vor, innerhalb dessen das Entscheidungsteam sowohl die Problemidentifikation als auch die Problemlösung autonom steuert.
	b) mental: Grundmuster der Führungsorientierung (Führungsstiel)				
rational-ökonomische Führerorientierung	Die funktionalistische Orientierung steht im Vordergrund; durch Planen, Organisieren und Kontrollieren soll eine effektive Zielerreichung gewährleistet werden; personale Konflikte sollen vermieden werden; irrationales und affektives Verhalten sollen durch organisatorische Gestaltungs-muster unterbunden werden; das Personal wird entsprechend geschult.				
soziale Führerrolle		Die personale Orientierung bildet neben dem sachlichen Entscheidungsproblem den Schwerpunkt; der Führer besitzt nicht nur Sachkompetenz, sondern ist auch ein kompetenter Menschenführer und Sozialtechnologe: den Gefühlen und Bedürfnissen der Mitarbeiter steht er wohlwollend und offen gegenüber; ein gutes Informationssystem, Gruppen-Anreiz-Systeme etc. sind Voraussetzung bzw. Multiplikator.				
sozialpsychol. Führerrolle			Sinnvolle Aufgabenstellung unter gleichzeitig weitergehender Partizipation der Mitarbeiter an dem Entscheidungsproblem sind das dominierende Merkmal; angestrebt wird eine partnerschaftliche Kooperation, wobei sich der Führer mehr als Katalysator und Förderer begreift; es wird ein Wechsel von extrinsischer zu intrinsischer Motivation			

Abbildung 74: Memo-Box Führung

komplexe Fo.	rational-ökonomischer Mensch	sozialer Mensch	Selbstentfaltung strebender M.	Komplexer Mensch
Der Führer ist bestrebt, komplexe Situationen mit jeweils variantem Verhalten zu entsprechen; eine Teilung zwischen aufgabenbezogener und personenbezogener Führungsorientierung entfällt; der Führer ist mehr ein Diagnostiker, der versucht, die der Situation adäquate Therapie anzuwenden; individuelle und situationsbedingte Unterschiede werden nicht als Störfaktoren gesehen; es gibt keinen universal gültigen Führungsstil, kein pauschalen Organisationsschemata und keine uniformen Mitarbeiter.				

c) zugrundeliegende Menschenbilder

rational-ökonomischer Mensch	sozialer Mensch	Selbstentfaltung strebender M.	Komplexer Mensch
Der Mitarbeiter ist charakterisiert durch ein definiertes ökonomisches Selbstinteresse, wobei organisatorische Maßnahmen eine Kollision dieser rationalen egoistischen Interessen verhindern sollen; der Mitarbeiter trennt strikt zwischen Berufs- und Privatleben: er ist zumeist ein angepaßtes, passives, williges Wesen, welches darüber hinaus weitgehend fremdbestimmt ist.	Der Mitarbeiter ist vorrangig durch soziale Bedürfnisse motiviert; er orientiert sich in seinem Leistungsverhalten eher an internen Gruppennormen als an anderen Anreizsystemen, er sucht eine Art Ersatzbefriedigung (Kompensation) für die von ihm als sinnentleert bzw. entfremdet wahrgenommene Arbeit in Form sozialer Beziehungen am Arbeitsplatz; er akzeptiert die Führung (Vorgesetzte) unter der Bedingung persönlicher Zuwendung, Anerkennung etc.	Weitgehende Autonomie, Einbringung persönlicher Fähig- und Fertigkeiten sowie ein starker Drang nach Selbstkontrolle sind hier die dominierenden Merkmale des Mitarbeiters; darüber hinaus ist der Mitarbeiter bereit, seine Fähigkeiten zu autonomen, unabhängigem, kreativem und langfristig orientiertem Handeln einzusetzen; er zeigt eine starke intrinsische Motivation, wobei kein grundsätzlicher Konflikt zwischen Eigenziel (Selbstverwirklichung) und Organisationsziel existiert.	Der Mensch wird in seinem Denken und Handeln durch die Komplexität seiner Umwelt beherrscht; er präferiert Motive und Bedürfnisse entsprechend der jeweiligen Situation und der Bedeutung, die diese für ihn haben; er ist extrem lernfähig und paßt sich jeder neuen Situation schnell an; durch vielfältige situationale Bedingungen entwickelt er eine flexible und vielschichtige Motivationsstruktur; er sucht seine Bedürfnisse nach zwischenmenschlichen Bedürfnissen auch neben offiziellen Führungshierarchien zu befriedigen; er akzeptiert durchaus den Zwangscharakter einer Situation, wobei ihm die Identifikation mit den Organisationszielen nicht als zwingend oder notwendig unterstellt werden darf.

Abbildung 74: Memo-Box Führung (Fortsetzung)

Fallstudie Nr. 5

zum Thema Führung

Die Fauth & Art GmbH

Die Fauth & Art GmbH ist ein Leasingunternehmen mit 40 festen Mitarbeitern im Innendienst und 74 freiberuflichen Mitarbeitern im Außendienst.

Herr Fauth und Herr Art, beide zu gleichen Teilen Gesellschafter und Geschäftsführer der Firma, haben vor drei Monaten Herrn Gorb, einen 28jähriger Diplom-Betriebswirt (FH) als Prokuristen eingestellt, und sich seither mehr ihrem Privatleben gewidmet. Gorb hat nach seinem Studium eineinhalb Jahren Praxiserfahrung als Personalentwickler in der Baubranche gesammelt. Neben z.T. individuellen Einweisungen in das seit vier Monaten eingeführte Computer-Netzwerk für die Mitarbeiter praktiziert er in seiner jetzigen Position das Prinzip der "jederzeit offenen Tür". Gorb veranstaltet jede Woche mit den 7 Gruppenleitern eine Mitarbeiterbesprechung von einstündiger Dauer. Hierbei werden im Zuge einer von ihm und den Gesellschaftern angestrebten Teamorientierung zusammen mit diesen Probleme am Arbeitsplatz besprochen. Gorb gilt in dieser Hinsicht in der Belegschaft als Hoffnungsträger "neuen Denkens". Sein Image bei den Mitarbeitern steht damit in krassem Gegensatz zu dem der beiden formal amtierenden, aber nicht mehr ins Tagesgeschäft eingreifenden Geschäftsführer. Diese sind nach wie vor stolz, das drei Jahre alte Unternehmen insbesondere durch ein System klarer Anweisungen und Kontrollen aufgebaut zu haben.

Herr Gorb hat im Rahmen seiner Tätigkeit Fauth und Art erstmals eine Berechnung vorgelegt, nach der die kurzfristige Liquidität des Unternehmens stark rückläufig ist. Vor allem das neue Computer-Netzwerk samt branchenspezifischer Software, die jetzt bezahlt werden müssen, schlagen zu Buche. Um wenigstens die unmittelbaren Liquiditätsengpässe (laufende Gehälter und Steuerzahlungen) zu beseitigen, beabsichtigt Gorb einen Bankkredit aufzunehmen. Die beiden Gesellschafter, die der Prokurist wegen der Bankvollmacht fragen muß, lehnen diesen Plan kategorisch ab. Gorb fordert Fauth und Art nun schriftlich auf, seinem Ansinnen binnen Wochenfrist nachzukommen. In der anschließenden Aussprache von Fauth, Art und Gorb kommt es zu folgendem Wortwechsel:

<*Herr Art*>: "Herr Gorb, so geht das nicht! Sie bekommen ein fürstliches Gehalt - und was ist das Ergebnis Ihrer Tätigkeit: unserem Unternehmen geht es schlechter als je zuvor. Sie motivieren die Leute offensichtlich nicht zum arbeiten, sondern..."

<*Darauf Herr Fauth*>: "Wenn Sie, Herr Gorb, hier durch Ihre Aktivitäten einen Betriebsrat gründen wollen, dann sind Sie in der falschen Firma! Die Zahlen sprechen gegen Ihre meetings, die viel Zeit und Geld kosten ... Sie müssen ohnehin als

> Prokurist der GmbH in dieser prekären Lage jetzt mit gutem Beispiel vorangehen und unter Umständen auch auf Ihr eigenes Gehalt verzichten, bevor Sie an unsere Bank herantreten!"
>
> Herr Gorb betitelt darauf Herrn Art als "großen Guru, der mit majestätischem Gehabe gegenüber den Mitarbeitern die Zeichen der Zeit nicht erkannt" hätte. Herr Fauth, der die Erledigung der Aufgaben seit kurzem per DV-gestützter Terminverwaltung im Netzwerk kontrolliert, sollte laut Gorb sein "Kasperltheater beenden und stattdessen Kurse in Unternehmensführung besuchen... Außerdem kennen Sie die in der Praxis üblichen Möglichkeiten der Fremdfinanzierung offensichtlich nicht!"

Fragen:

1. Kennzeichnen Sie bitte die Führungsprobleme in der GmbH!
2. Stellen Sie bitte die Reifegradtheorie nach Hersey & Blanchard vor! Wenden Sie Ihre Ausführungen auf den vorliegenden Fall an!
3. Welche Zusammenhänge bestehen zwischen Führungsstil, Führungsverhalten und Menschenbild? Erläutern Sie bitte die Zusammenhänge anhand des vorliegenden Falles!
4. Wie hätten Sie als Personalleiter (der spontan von Gorb zu dem Gespräch dazugerufen wurde) den Gang der Dinge zu beeinflussen versucht?

Lösungsskizze zur Fallstudie Nr. 5

zu Frage 1.

Kennzeichnen Sie bitte die Führungsprobleme in der GmbH!

<Bei dieser Frage geht es gezielt darum, den Finger in die Wunde zu halten und mithilfe des gesamten Instrumentariums, welches dieses Buch aufgezeigt hat, den Fall durch eine Listung der aufgedeckten Führungsprobleme zu analysieren>.

 Problem Nr. 1: In diesem Unternehmen herrschen offensichtlich zwei *konkur-*

rierende Führungs*verhalten*, die sich durch unterschiedliche praktische Verständnisse des gewollten kooperativen Führungs*stils* bei Gorb bzw. den Gesellschaftern äußern: Einerseits erscheinen die Herren Fauth & Art autoritär / evtl. aufgabenbezogen, andererseits zeigt sich der junge Herr Gorb kooperativ-personenorientiert und evtl. aufgabenbezogen. Eine nähere Erörterung des Führungsverhaltens nach dem Kontinuum von TANNENBAUM und SCHMIDT könnte weitere Klärung bringen.

Problem Nr. 2: Der Wechsel von „autoritär" zu „kooperativ" wurde offensichtlich zu abrupt vollzogen: Weder die Geschäftsleitung, noch die Mitarbeiter hatten die Chance, sich auf den neuen Führungsstil einzustellen. So war der Wechsel von den beiden Geschäftsführern sicher anfangs auch gewollt (Handeln). Nur hatten sich beide in der praktischen „Teamarbeit" die Zusammenarbeit weniger kooperativ als Gorb vorgestellt und verfallen nun in autoritäre Verhaltensmuster.

Auch in diesem Fall kann zum „Beweis" des unterschiedlichen Führungsverhaltens wie in der Fallstudie 4 eine tabellarische Gegenüberstellung von Einzelkriterien unternommen werden.

Problem Nr. 3: Die Argumentation seitens der Herren Fauth und Art, das neue, kooperativ gemeinte Führungsverhalten des Prokuristen sei an den Liquiditätsengpässen schuld, erscheint sachlich gesehen nicht stichhaltig, da das kostenintensive Netzwerk vor Gorbs Eintritt in die Firma beschafft wurde.

Problem Nr. 4: Da Herrn Gorbs Reaktion auf die Anschuldigungen sicher auch nicht kooperativ ist, entsteht aus der bei den Beteiligten deutlichen kognitiven Dissonanz kurzfristig ein destruktiver Konflikt. Zur Klärung im Rahmen der Fallbehandlung dient ein deutlicher Textverweis auf das Thomas-Theorem und die Theorie von der sich-selbst-erfüllenden Prophezeihung[287].

Zu Frage 2.
Stellen Sie bitte die Reifegradtheorie nach Hersey & Blanchard vor! Wenden Sie Ihre Ausführungen auf den vorliegenden Fall an!

Nach einer plausiblen Erläuterung der Theorie, evtl. mithilfe einer gut erläuterten (!) Zuhilfenahme des Schaubildes[288] erfolgt die Anwendung in Form einer Problematisierung des Mitarbeiter-Reifegrads in der Fauth & Art GmbH.

Alle mit der Führung betrauten Personen agieren nicht als Führungskräfte in Sinne der Reifegradtheorie:
- *Fauth & Art* bleiben trotz ihres Veränderungswillens auf der Stufe des „telling". Dies zeigt sich exemplarisch durch die autoritäre Art und Weise, wie sie mit ihrem Prokuristen ins Gericht gehen.

---
[287] Vgl. Kapitel 2.2 bzw. Kapitel 4.2.2.
[288] Siehe Seite 161f.

- Herr *Gorb* demonstriert zwar offen ein kooperatives Führungsverhalten, berücksichtigt aber nicht die wichtigste Binsenweisheit aus der Entwicklungspsychologie, nämlich: die Mitarbeiter dort abzuholen, wo sie stehen[289]. Trotz des möglicherweise guten Willens, dem neuen Mann Vertrauen zu schenken, erscheint ein entsprechender Reifegrad für Gorbs „participating" bei den Mitarbeitern nach jahrelanger „Befehls"-Führung noch nicht vorhanden. Gorb muß sich also nach HERSEY/BLANCHARD den Vorwurf gefallen lassen, die Stufe des „selling" übersprungen zu haben („unstrukturierte Teamarbeit per Gießkanne"). Mittels einer genaueren Analyse durch Beobachtung sowie einen situativ angepaßten Reifegradtestbogen hätte er möglicherweise herausgefunden, dass erst durch Entwicklungsmaßnahmen nachhaltige Erfolge erzielt werden können, und ein job enrichment nach HERZBERG auch auf Teamebene nicht von heute auf morgen möglich ist (KAIZEN-Prinzip).

Zu Frage 3.

Welche Zusammenhänge bestehen zwischen Führungsstil, Führungsverhalten und Menschenbild? Erläutern Sie bitte die Zusammenhänge anhand des vorliegenden Falles!

Grundsätzlich gilt folgender Zusammenhang: Nach Mc GREGOR wird in der Sozialisation langfristig ein Menschenbild erlernt (optimistisch „Y" oder pessimistisch „X"). Aus diesem Menschenbild resultiert das Führungs*verhalten*; falls dieses Führungsverhalten „sinnhaft" reflektiert und intentional ist, auch der Führungs*stil*. Das Führungsverhalten spiegelt die empirisch beobachtbare Ebene wider, und erlaubt Rückschlüsse auf die intentionale Ebene. Das Führungsverhalten wiederum hat sicher einen eminenten Einfluß auf das Verhalten der Geführten, aber, wie der situative Ansatz lehrt, spielen weitere Faktoren eine Rolle[290]. Entspricht das Führungsverhalten in der Situationsdefinition der Mitarbeiter nicht dem von der Führungskraft behaupteten Führungsstil, kommt es zu Verhaltensunsicherheiten und ungünstigen Auswirkungen auf den Führungserfolg.

---

[289] Etwa auch die Kritik an Herzberg in Kapitel 3.4.3.
[290] Vgl. Kapitel 5.3.

Anhand des vorliegenden Falles läßt sich stichwortartig in verkürzter Form die MEMO-Box „Führung" nach LILGE[291] anwenden:

Menschenbild	Führungsstil	Führungsverhalten
bei Fauth & Art: Theorie X homo oeconomicus	autoritär/aufgabenorientiert (Art der Führung feststehend)	zu erforschen jeweils durch empirische Untersuchung: beobachtbares und erfragbares Tun, Dulden oder Unterlassen der Beteiligten
bei Gorb: social man	Kooperativ / mitarbeiterorientiert (Art der Führung feststehend)	
Angemessen wäre: Theorie Y complex man	situativ-kooperativ (**Richtung**, nicht die Art der Führung steht fest!)	

zu Frage 4.
Wie hätten Sie als Personalleiter (der spontan von Gorb zu dem Gespräch dazugerufen wurde) den Gang der Dinge zu beeinflussen versucht?

Der Personalleiter als Moderator hätte in einer ersten Stufe nach der Ampel-Methode[292] versuchen können, durch Nachfragen und aktives Zuhören ein gegenseitiges Verständnis der Situationsdefinitionen auf beiden Seiten herbeizuführen. Optimal erscheint uns in einer Situation hochgradiger gegenseitiger Aufschaukelungs- und Etikettierungsprozesse[293] zunächst das Führen von Einzelgesprächen. Dies wäre die Grundbedingung dafür, dass die offensichtlich gestörten Sozial- und Differenzierungsbedürfnisse für die Kontrahenden wieder erfüllt werden können. In einem gemeinsamen Gespräch mit dem Ziel eines „Gewinner-Gewinner-Spiels"[294] könnten z.B. die Bedeutung von Teamorientierung den Herren Fauth & Art in der Sicht von Herrn Gorb besser vermittelt werden oder

---

[291] Siehe S. 165f.
[292] Wie im Kapitel 2.6.6 „Frustration" Exkurs 2 beschrieben.
[293] Vgl. Kapitel 4.2.2 die Ausführungen zur Gruppenkonvergenz.
[294] Vgl. Scheuer, A., a.a.O..

-vice versa- Herrn Gorb Reifegradüberlegungen nahegebracht werden („Erklärung", um ein gemeinsames Problembewußtsein für konkrete Vorgehensweisen zu entwickeln):

In einer zweiten Stufe könnten partnerschaftlich - wie nach dem Lernkreis vorgesehen[295] konkrete Maßnahmen überlegt, Verantwortliche benannt und Termine gesetzt werden *(z.B. Ausweitung der Bankvollmacht an Herrn Gorb, Führen über Zielvereinbarungen, klare funktionale Anweisungsrechte der Beteiligten, durch Befragung und durch Beobachtung stärkere Einbeziehung der Mitarbeiter, um deren Reifegrad zu ermitteln).*

Am Ende stünde eventuell noch ein kritisches Eingehen auf die Erfolgschancen. Diese sind aufgrund der innerbetrieblichen Machtkonstellation eher als gering einzuschätzen, da der Prokurist und der Personalleiter abhängige leitende Angestellte zweier Geschäftsführer sind, die laut Textbeschreibung mental relativ unflexibel erscheinen. Falls der Fall (wie im Text dargestellt) bereits soweit eskaliert ist, dann erscheint die Situation unter Umständen zu verfahren, als dass die Arbeitsbeziehung zwischen den Kontrahenden noch zu retten wäre. Der Ausgang der Situation hängt sicher in starkem Maße vom „standing", sprich vom Grad der Erfolgsmotivierung des Personalleiters ab.

---

[295] Siehe im Kapitel 2.3. Selektive Wahrnehmung

Literaturverzeichnis

Balzereit, B., Betriebspsychologie. Paderborn/München 1980.

Baumgartner, I. et al., OE-Prozesse. Bern/Stuttgart/Wien 1996.

Bayer, H., Coaching-Kompetenz. München 1996.

Becker, H./ **Langosch**, I., Produktivität und Menschlichkeit. Stuttgart 1993.

Becker, H.S., Außenseiter. Frankfurt/Main 1979.

Berger, P. / **Luckmann**, T., Die gesellschaftliche Konstruktion der Wirklichkeit. Frankfurt 1982 [1969].

Blake, M. / **Mouton**, J., The Managerial Grid. Houston 1964.

Born, M. / **Eiselin**, St., Teams - Chancen und Gefahren. Bern 1996.

Bornewasser, M., Einführung in die Sozialpsychologie. Heidelberg 1979.

Breisig, T., It's Team Time. Eichenzell 1990.

Brinkmann, D., Mobbing, Bulling, Bossing, Treibjagd am Arbeitsplatz. Heidelberg 1995.

Brocher, T., Gruppendynamik und Erwachsenenbildung. Braunschweig 1976.

Brodtmann, E. / **Brodtmann**, T., Erfolgreiche Betriebs- und Unternehmensführung. Düsseldorf 1992.

Comelli, G. / **Rosenstiel**, L.v., Führung und Motivation. München 1995.

Dankwart, R., Pawlows Hunde. Stuttgart 1993.

Decker F., team working. München 1994.

Dewey, J., Democracy and Education. New York 1917.

Ederer, F., Das betriebliche Rechnungswesen. In: Betrieb und Wirtschaft 24/1997.

Erikson, E.H., Kindheit und Gesellschaft. Stuttgart 1987.

European Foundation of Quality Management, Selbstbewertung für Unternehmen. Brüssel 1996.

Eyer, E. et al., Selbst- und Fremdbeurteilung bei Vergütung vonTeamarbeit. In: Personalführung 7/1999, S. 32-35

Faller, M., Innere Kündigung. München 1993 [1991].

Fiedler, F.E., A Theory of Leadership Effectiveness. New York 1967.

Francis, D., /**Young**, D., Mehr Erfolg im Team. Hamburg 1995.

French, W.L. / Bell, C.H., Organisationsentwicklung. Bern Stuttgart Wien 1973.

Friedrichs, J., Methoden der Empirischen Sozialforschung. Reinbek 1996 [1979].

Fürstenberg, F., Grundlagen der Betriebssoziologie. Köln und Opladen 1964.

Gerdes, K., Explorative Sozialforschung. Stuttgart 1979.

Goffmann, E., The Presentation of Self in Everyday Life. Garden City 1959.

Grimm, B.A., Macht und Verantwortung. Wiesbaden 1996.

Grunewald, W., Psychologische Gesetzmäßigkeiten der Gruppenarbeit in: Personalführung 9/1996, S. 741 ff.

Habermas, J., Theorie des kommunikativen Handelns (Band 1). Frankfurt Main 1984.

Hammer,M. Champy, J., Business-Reengineering. Frankfurt Main 1993.

Heckhausen, H., Motivation. Berlin Heidelberg New York 1989.

Heinzel, F., Management ist nicht nur Menschenführung. Wien 1996.

Helle, H.J., Verstehende Soziologie und Theorie der Symbolischen Interaktion. Stuttgart 1992.

Hentze, J., Personalführungslehre. Bern Stuttgart Wien 1997.

Hersey, P. Blanchard, K.H., Management of Organizational Behavior. Englewood Cliffs 1972.

Herzberg, F.H., Work and the Nature of Man. Cleveland 1969 [1959].

Hofstätter, P.R., Gruppendynamik. Reinbek 1986 [1957].

Höhn, R., Führungsbrevier der Wirtschaft. Bad Harzburg 1977.

Homans, G.C., Elementarformen sozialen Verhaltens. Opladen 1972.

Huhn, G., Das Flow-Erleben als Schlüssel für Lernen, Wachstum und Motivation. In: Personalführung 6 1999, S. 24-30.

Hurrelmann, K., Handbuch der Sozialisationsforschung. Weinheim 1982.

Imai, M., Kaizen. München 1992.

Institute for International Research (Hg.), Effizienz durch Menschlichkeit. Stuttgart 1995.

Jeuschede, G., Grundlagen der Führung. Wiesbaden 1994.

Kälui, K. Müri, P., Sich und andere führen. Thun 1997.

Käsler, D., Grundlagen der Soziologie. Stuttgart 1976.

Katzenbach, Smith, Teamkurve. 1993

Kerner, S., Die Geheimnisse der Kommunikation. München 1982.

Kienbaum, D. (Hg.), Benchmarking Personal. Stuttgart 1997.

Kieser, A. / **Reber,** G. / **Wunderer,** R., Handwörterbuch der Führung. Stuttgart 1995.

Klages, H., Der Wertewandel in den westlichen Bundesländern. In: Berliner Institut für sozialwissenschaftliche Studien public 2 1991, S. 99-118.

Knebel, H., / **Zander,** E., Kleine Führungspraxis vom Spezialisten zur Führungskraft Heidelberg 1996.

Konrad, S. / **Hendl,** C., Stark durch Gefühle. Augsburg 1997.

Kotler, P.H., Marketing. Stuttgart 1995.

Krech, D. / **Crutchfield,** R.S., Grundlagen der Psychologie Band 1. Weinheim/Basel 1974.

Kreckel, R., Soziologisches Denken. Opladen 1976.

Kuhn, G., Die situativ-kooperative Führung als aktuelles Führungskonzept. in: Fortschrittliche Betriebsführung 3 1983, S.10.

Lawler, E.E., Motivation in Organisationen. Bern Stuttgart 1977.

Lewin, K., Feldtheorie in den Sozialwissenschaften. Bern Stuttgart/Wien 1963.

Lenk, K., Politische Soziologie. Stuttgart 1982.

Lilge, W., Menschenbilder als Frührungsgrundlage. in: Zeitschrift der Führung und Organisation 1 1981.

Maslow, A.H., Motivation and Personality. New York 1954.

McGregor, D., The Human Side of Enterprise. New York 1960.

Mead, G.H., Mind Self and Society. Chicago 1952 [1930].

Meier, R. Führen mit Zielen. Berlin Bonn Regensburg 1995.

Meier, R., Team Power. Regensburg, Bonn 1996.

Merkle, H.L., Dienen und Führen. Frankfurt Main 1979.

Mertens, W./**Fuchs,** G., Krise der Sozialpsychologie. München 1978.

Merton, R.K., Social Theory and Social Structure. London 1961.

Miner, J.B., Theories of Organizational Behavior. Hinsdale 1985.

Müller, St., Hawthorne-Effekt. in WIST 4 1983.

Nanus, B., Visionäre Führung. Frankfurt Main 1994.

Obermann, Ch. / **Schiel,** F., Trainingspraxis 22 erfolgreiche Seminare. Köln 1997.

Oechsler, W.A., Personalwirtschaft. München 1991.

Ogger, G., Nieten in Nadelstreifen. München 1992.

Ouchi, W., Theory Z. Reading Massachusetts 1981.

Panse, W., Der Wandel in der heutigen Führungsphilosophie, in: Hamburger Abendblatt. Informationsblätter für Personalchefs, Januar 1986 Nr. 16.

Petermann, U., Kinder und Jugendliche besser verstehen. München 1985.

Petz, M.F., Führen-Fördern-Coachen. Wien 1997.

Rahn, H., Betriebliche Führung. Ludwigshafen 1990.

Röllinghoff, St., Die Individualisierung des Personaleinsatzes. München/Mehring 1996.

Rosenstiel, L.v., Betriebsklima geht jeden an!. München 1992.

Rosenstiel, L.v., Mitarbeiterführung in Wirtschaft und Verwaltung. München 1972.

Rosenstiel, L.v., Organisationspsychologie. Stuttgart 1977.

Rosenstiel, v., L./ Regnet, E./ Domsch, M. (Hg.), Führung von Mitarbeitern. Stuttgart 1993.

Schein, E., Organisationspsychologie. Wiesbaden 1980.

Scheuch, E.K., Grundbegriffe der Soziologie. Stuttgart 1975.

Scheuer, A., Konstruktiver Umgang mit Konflikten, Vortragsunterlagen an der Fachhochschule Rosenheim vom 03.12.1990.

Schlag, H.-G., Abenteuer Führung. München 1993.

Schneider, H. J. (Hg.), Mensch und Arbeit. Köln 1997.

Scholz, Ch., Personalmanagement. München 1993.

Schuler, H., Organisationspsychologie. Bern/Göttingen 1995.

Schütz, A., Gesammelte Aufsätze Band 3. Den Haag 1958.

Schwarz, G. / Heintel, P. / Weyrer, M. / Stattler, H., Gruppendynamik. Wien 1993.

Scott-Morgan, P., Die heimlichen Spielregeln. Frankfurt/Main 1996[1994].

Senge, P., Feldbuch zur Fünften Disziplin, Kunst und Praxis der lernenden Organisation. Stuttgart 1996.

Shibutani, T., Reference Groups as Perspectives, in: American Journal of Sociology. LX 1955, S.562 – 569.

Siems, L., / Schwäbisch, M. Anleitung zum sozialen Lernen. Reinbek 1984.

Sigl, H., Die Führungskraft – beneidet und gescholten. In: Personalführung 7/1999, S. 12-14.

Sprenger, R.K., Das Prinzip der Selbstverantwortung. Frankfurt/Main 1995.

Sprenger, R.K., Mythos Motivation. Frankfurt/Main 1991.

Stalk, G. / **Hout,** T.M., Zeitwettbewerb. Frankfurt/Main 1990.

Stopp, U., Betriebliche Sozialpsychologie. Grafenau 1979.

Straßer, E., Vortragsunterlagen zur „Lernenden Organisation", Fachhochschule Rosenheim 30.10.1996.

Studnitz, A., In sechs Schritten zur Teamarbeit. In: Financial Times vom 2.5.2000, S. 39.

Tannenbaum, R. / **Schmidt,** W., How to Choose a Leadership Pattern, in: Havard Business Review 1958, S. 95 ff.

Turner, R., Roletaking, Role Standpoint and Reference Group Behavior. In: American Jounal of Sociology 1956.

Vester, F., Denken, Lernen, Vergessen. München 1978.

Vopel, K., Teamentwicklung Teil 4 und 5. Salzhausen 1993.

Vroom, V., Motivation. New York/London/Sydney 1964.

Wagner, H., Führung. Münster 1989.

Wagner, K. / **Nowak,** U., Personalwirtschaft. Rosenheim 1997 [1994].

Wagner, K., Zwischen Ideologie und Alltag. Regensburg 1991.

Warnecke, H. J., Revolution der Unternehmenskultur. Berlin 1993.

Weber, M., Soziologische Grundbegriffe. Tübingen 1981 [1921].

Weidner, J., Mit Biß zum Erfolg. Aggression im Management. In: Personalführung 6/1998, S. 12f.

Westermann, B., / **Lutz,** R., Nichts ist praktischer als eine gute Theorie. in: Rosenheimer Hochschulhefte 1995.

Wildenmann, B., Professionell Führen. Berlin 1995.

Windau, P. v. / **Schumacher,** M., Strategien für Sieger. Frankfurt/Main 1996.

Wunderer, R. / **Grunwald,** W., Führungslehre Band 1, Grundlagen der Führung. Berlin u.a. 1980.

Yong, L.M.S., Leonard Personality Inventory, Kuala Lumpur 1999.

Zehnder, E., Führung 2000. in: Personalführung 5/1995, S. 470 ff.

Zimbardo, P.G., Psychologie. Berlin 1993.

Abbildungsverzeichnis

Abbildung 1:	Untersuchungsgegenstand der Soziologie	14
Abbildung 2:	Gegenstand von Soziologie und Psychologie	16
Abbildung 3:	EFQM-Modell	19
Abbildung 4:	Verhaltenskreislauf nach V. H. Vroom	21
Abbildung 5:	Frau im Experiment zur Selektiven Wahrnehmung nach W. E. Hill	25
Abbildung 6:	Hägar und die Erde	27
Abbildung 7:	Die Leiter der Schlußfolgerungen nach Ch. Argyris	27
Abbildung 8:	Der M.I.T- Lernkreis	28
Abbildung 9:	Exemplarischer Fragebogen zur Erfolgsmotivierung nach M. Seligman	30
Abbildung 10:	I, Me and Self nach George H. Mead	31
Abbildung 11:	Sedimente in der Sozialisation	34
Abbildung 12:	Bedürfnispyramide nach Maslow	35
Abbildung 13:	Verlauf der situativen Bedürfniswahrnehmung nach Krech und Crutchfield	36
Abbildung 14:	Von der Bedürfnispyramide von Maslow zur Motivationspyramide der Personalführung	38
Abbildung 15:	Beispielhafter Ablauf einer nachträglichen kognitiven Bestätigung	45
Abbildung 16:	Grade der Frustration	46
Abbildung 17:	Frustrationsmanagement durch Lernen	49
Abbildung 18:	Memo-Box Frustration	50
Abbildung 19:	Die Ampel-Methode als Ausweg aus der Frustration	57
Abbildung 20:	Extrinsisches und intrinsisches Motivationsmix nach Warnecke	62
Abbildung 21:	Operationalisierte Kriterien von Frustration bzw. Motivation im Polaritätenprofil	63
Abbildung 22:	Memo-Box Motivationsarten	64
Abbildung 23:	Magisches Dreieck der Leistungsmotivation	66

Abbildungsverzeichnis 191

Abbildung 24: Herzbergs Zwei-Faktoren-Untersuchung in der Zusammenschau der Ergebnisse.. 69

Abbildung 25: Folgerungen aus der Zwei-Faktoren-Theorie im Überblick............... 71

Abbildung 26: Job-enrichment... 72

Abbildung 27: Job-enlargement.. 72

Abbildung 28: Verhaltenskreislauf des 57jährigen Herrn Leimann........................... 79

Abbildung 29: Der Zielvereinbarungskreislauf... 81

Abbildung 30: Leistungverhalten und -motivation zwischen „Objekt" und „Subjekt" 87

Abbildung 31: Leistungsverhalten und -motivation: Die „subjektive" blackbox wird geöffnet.. 89

Abbildung 32: Organisationstruktur der Dreherei I im Spiegelbild ungeplanter Situationsänderungen 93

Abbildung 33: Organisationsstruktur der Dreherei I infolge von Teamentwicklung... 95

Abbildung 34: Beispiel einer moderierten Zielvereinbarungs-Pinwand..................... 96

Abbildung 35: Structure follows Strategy 100

Abbildung 36: Formen von Distanznähe... 103

Abbildung 37: Idealtypische Darstellung der verschiedenen Primärgruppen angesichts einer übergeordneten Sekundärgruppe..................................... 104

Abbildung 38: Vergleichslinien im Konformitätsexperiment von Asch................... 106

Abbildung 39: Meinungskonvergenz in bezug auf „abweichendes Verhalten" bei BWL-Studenten.. 107

Abbildung 40: Der Prozeß der Rollenbildung nach Berger und Luckmann 109

Abbildung 41: Gruppenmitglieder aus Sicht des Gruppenleiters............................... 111

Abbildung 42: Drei Beispiele für Persönlichkeitsprofile.. 112

Abbildung 43: Darstellung von Einzelbeziehungen für ein Soziogramm................. 116

Abbildung 44: Kommunikationsstrukturen im Soziogramm..................................... 116

Abbildung 45: Teamkurve (Katzenbach & Smith) 120

Abbildung 46: Vier der fünf Phasen von Teamentwicklung nach Tuckman (1964) 122

Abbildung 47: Leistungskurve von Projektgruppen... 123

Abbildung 48: Gruppenvorteile hinsichtlich der Fehlerrate, Organisationsaufwand, Ideen.. 124

Abbildung 49: Aktivitätsverteilung in Gruppen 125
Abbildung 50: Das Team – Chancen und Risiken in der Praxis 126
Abbildung 51: Memo-Box Gruppe 127
Abbildung 52: Betriebliches Führungsverhalten im Spiegelbild gesellschaftlicher Epochen 136
Abbildung 53: Führungsfeld nach Kurt Lewin (1938) 137
Abbildung 54: Führungserfolge im Experiment nach Lewin 139
Abbildung 55: Checkliste autoritärer bzw. kooperativer Führung 140
Abbildung 56: Führungseigenschaften 2000 141
Abbildung 57: Hofstätters gruppendynamischer Ansatz 142
Abbildung 58: Wandel der Erziehungsziele seit Begründung der Bundesrepublik ... 143
Abbildung 59: Die Variablen des situativen Ansatzes im Überblick 144
Abbildung 60: Empirische Methoden der Führungsforschung 145
Abbildung 61: „Führung" – operationalisiert im Fragebogen 147
Abbildung 62: Das Kontigenzmodell nach Fiedler 149
Abbildung 63: Situative Bedingungen für eine kooperative Führung 151
Abbildung 64: Gefahren autoritärer und kooperativer Führung 151
Abbildung 65: Menschenbilder im Wandel der Zeit 158
Abbildung 66: Der Führungs-KAIZEN 162
Abbildung 67: Optische Darstellung des Führungkontinuums nach Tannenbaum und Schmidt 163
Abbildung 68: „Fieberkurve" einer skalaren Einteilung im Selbst- und Fremdbild 165
Abbildung 69: Bezugspersonen des Führungsfeedbacks in der Personalbeurteilung .. 166
Abbildung 70: Verhaltensgitter der Führung nach Blake und Mouton 169
Abbildung 71: Vier Matrixfelder nach Hersey und Blanchard 171
Abbildung 72: Glockenkurve nach der Reifegradtheorie 173
Abbildung 73: Die Reifegradtheorie nach dem amerikanischen Original 174
Abbildung 74: Memo-Box Führung (Zusammenhänge zwischen Führungsverhalten, Führungsstil und Menschenbild) 177/178

MIX
Papier aus verantwortungsvollen Quellen
Paper from responsible sources
FSC® C105338

If you have any concerns about our products,
you can contact us on
ProductSafety@springernature.com

In case Publisher is established outside the EU,
the EU authorized representative is:
**Springer Nature Customer Service Center GmbH
Europaplatz 3, 69115 Heidelberg, Germany**

Printed by Libri Plureos GmbH
in Hamburg, Germany